학문 탐구 대상으로서
조용필 노래의 언어

허영진 지음

한국문화사

학문 탐구 대상으로서
조용필 노래의 언어

1판 1쇄 2020년 11월 6일

지 은 이 | 허영진
펴 낸 이 | 김진수
펴 낸 곳 | 한국문화사
등   록 | 제1994-9호
주   소 | 서울특별시 성동구 광나루로 130 서울숲 IT캐슬 1310호
전   화 | 02-464-7708
팩   스 | 02-499-0846
이 메 일 | hkm7708@hanmail.net
홈페이지 | http://hph.co.kr

ISBN 978-89-6817-937-2 93700

- 이 책의 내용은 저작권법에 따라 보호받고 있습니다.
- 잘못된 책은 구매처에서 바꾸어 드립니다.
- 책값은 뒤표지에 있습니다.

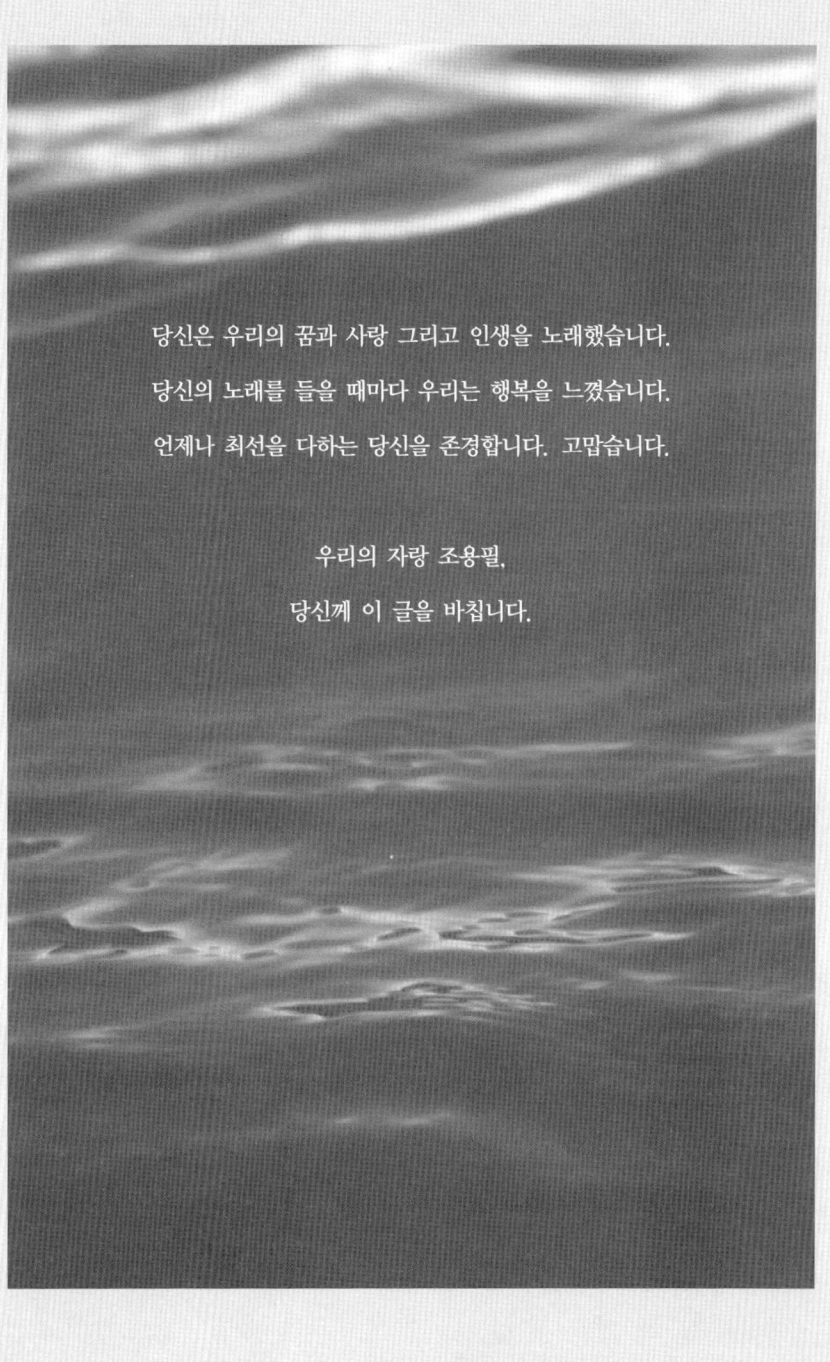

당신은 우리의 꿈과 사랑 그리고 인생을 노래했습니다.
당신의 노래를 들을 때마다 우리는 행복을 느꼈습니다.
언제나 최선을 다하는 당신을 존경합니다. 고맙습니다.

우리의 자랑 조용필,
당신께 이 글을 바칩니다.

| 머리말 |

　필자가 조용필 노래에 매혹된 것은 지금으로부터 약 40년 전인 초등학교 2학년 무렵이다. 1980년대 초반, TV와 라디오에서 울려 퍼지던 그의 노랫소리는 불우한 삶 속의 한 줄기 빛이자 위안이 되었다. 그리고 조용필 노래는 오직 조용필의 스타일로 불러야만 제맛이 난다는 사실을 우연히 깨달은 후부터는 모창에 도전하였다. 무모한 도전은 한순간도 멈춘 적이 없었다. 그래서 누군가에게 필자는 조용필 모창에 미친 괴짜로 각인되었으리라 짐작된다.

　20대 중반, 대학원에 진학한 이후에는 국어국문학 전공을 살려 언젠가는 조용필과 그의 노래에 관한 글을 쓰고 싶다는 소망을 갖게 되었다. 하지만 소망은 그 이후 20년 동안 이루지 못했다. 아니, 잊고 살았다. 천신만고 끝에 박사학위를 취득하고는 연구자, 교육자로서의 일상적인 삶을 살았다. 그러다가 어느 날 문득 깨달았다. '그동안 나는 무엇을 소망했나?', '지금의 내 꿈은 무엇인가?', '아직도 이루지 못한 나의 소망과 꿈을 실현하려면 무엇부터 시작할까?' 우선은 부끄럽더라도 이 글을 세상에 공개함으로써 그 첫걸음을 시작하고자 한다.

　고전시가 문학 전공자로서 오늘날 대중가요도 조선시대의 가곡이나 시조처럼 노래이자 시로써 인식된다는 것, 우리의 마음과 생각을 가장 잘 표현하는 예술 장르라는 사실은 간과될 수 없다고 본다. 대중가요는 음악 소리와 목소리로 우리의 오감을 자극하는 한편, 음악 메시지와 언어 메시지로서 우리와 소통하고 있다. 특히 최근의 화두로 급부상한 '문화·소통·통섭·융합'은 우리의 대중가요가 학문 탐구 대상으로서 중시되어야 할 당위성을 부여한다.

  이 글은 대중가요의 언어 메시지를 주목한 것으로 국민가수 조용필의 노래를 탐구 대상으로 삼는다. 수많은 조용필의 노래 중에서도 특별히 조용필이 작곡한 노래, 즉 자작곡을 대상으로 출현 어휘의 통계 산출과 결과 분석을 통해 그 의미를 파악해 보았다. 그런데 이 글에서는 학술 데이터의 제시가 불가피하여 구성 비율이 다소 불균형하게 되었다. 학문적 탐색 과정에서 제시한 다수의 통계 도표가 번잡하다고 느껴지는 독자라면 제4장에서의 논의만을 살펴보길 권한다.

  제1장은 이 글을 구상하게 된 동기와 연구 대상을 소개한 것이다. 이 장에서는 대중가요에 관한 학문적 탐색이 요구되는 시대적 배경, 그리고 그 첫 번째 탐구 대상으로 조용필과 그의 노래를 선택한 이유를 밝혔다.

  제2장에서는 연구 개요를 제시하였다. 우선 연구 대상을 조용필의 자작곡으로 한정하게 된 이유를 이야기했다. 그 후에는 각각의 연구 단계를 설명하고, 통계 산출 및 통계 자료의 정리 방법을 소개하였다.

  제3장은 조용필 노래의 언어에 관한 통계 산출 결과를 품사별, 기간별, 출현 양상별로 종합·정리한 것이다. 이 과정에서 출현 어휘의 의미, 출현 횟수, 수록곡과 같은 기본 정보를 모두 확인하였다.

  제4장에서는 앞서 산출한 통계 결과를 바탕으로 조용필 노래의 언어를 분석했다. 조용필 <정규 앨범>의 발매 시점을 기준으로 전반기와 후반기로 나눈 후 시기별 중요 어휘와 특이 어휘를 중심으로 논의하였다.

  부록의 도표는 통계 산출 과정의 일부분으로 어휘의 출현 양상을 요약한 것이다.

이 글은 조용필 노래와 조용필 연구를 본격화하기 위한 마중물이다. 그래서 부득이 통계상 출현 어휘의 의미를 파악하는 데 집중할 수밖에 없었다. 조용필이 부른 모든 노래에 관한 감상과 해설은 다음을 기약한다. 음악 공부를 하지 않아서 작곡가 조용필의 음악성을 오롯이 드러내지 못한 아쉬움도 너무나도 크게 느껴진다. 지금의 부끄러움과 아쉬움을 교훈 삼아 훗날 조용필 평전의 완간을 축하할 수 있는 그 날을 맞이했으면 좋겠다.

코로나-19로 인해 모두의 심신이 지쳐가고 있다. 어려운 여건 속에서도 출간을 도와주신 도서출판 한국문화사 김진수 대표님과 조정흠 차장님 그리고 편집을 담당한 진나경 선생님께 감사드린다.

2020년 11월 6일
허영진

| 목차 |

머리말 | V

제1장 | 서설

"왜, 조용필과 조용필의 노래인가?"   3

제2장 | 연구 개요

1. 문제 제기   7
2. 연구 대상 및 연구 방법   9
   2.1. 연구 대상   9
   2.2. 연구 방법   22

제3장 | 통계 산출 결과

1. 품사별 출현 양상과 해당 어휘   31
2. 기간별 출현 양상   41
   2.1. 전 기간 출현 어휘   41
   2.2. 전반기 출현 어휘   57
   2.3. 후반기 출현 어휘   67
   2.4. 전 기간 중복출현 어휘   77
3. 단독출현 어휘와 출현 어휘의 증감   84
   3.1. 전반기   84
   3.2. 후반기   108

제4장 | 통계 결과 분석 "조용필 노래의 언어 메시지"

1. 조용필 〈정규 앨범〉 제1집~제11집　　　　　　　　135
   1.1. 중요 어휘의 경우　　　　　　　　　　　　135
   1.2. 특이 어휘의 경우　　　　　　　　　　　　157
2. 조용필 〈정규 앨범〉 제12집~제19집　　　　　　　168
   2.1. 중요 어휘의 경우　　　　　　　　　　　　169
   2.2. 특이 어휘의 경우　　　　　　　　　　　　219

참고문헌 | 227
부록 | 229

제1장

서설

"왜, 조용필과 조용필의 노래인가?"

조용필(趙容弼)은 화성인이다. 그는 1950년 3월 경기도 화성시에서 태어났다. 화성(和聲), 즉 완벽한 하모니로 지난 50여 년간 대중과 함께 소통하고 공감을 나눈 가수가 바로 조용필이다.

우리는 그의 이름 앞에 "가왕, 국민가수, 20세기 최고의 가수, 슈퍼스타, 작은 거인, 오빠"라는 수식어를 사용함으로써 조용필이 이룩한 대중음악사적 업적과 위상을 드러낸다. 당사자는 인터뷰 때마다 "그냥, 가수 조용필"이면 만족한다고 수차례 강조한 바 있다. 그러나 우리는 그 앞에 '영원한'을 더함으로써 대중가요계의 거장에 대한 존경심과 예우를 갖춘다. 그동안 우리가 알게 모르게 조용필의 노래로부터 받은 감동과 위안, 에너지는 엄청난 것이었다.

이와 더불어 가수 조용필에 관한 우리의 관심과 애정도 역시 폭발적으로 증가했다. 심지어 어느 경우에는 가수 조용필에 대한 호감도가 노래로까지 전이되기도 했다. 조용필이 부른 노래라서 대중적인 반향을 불러일으켰고, 인기곡을 부른 가수라서 조용필은 더욱더 스포트라이트를 받았다. 이러한 선순환 작용은 조용필의 광팬(光fan)층에는 희소식이 아닐 수 없지만, 다수의 대중을 향한 온전한 이해와 객관적 평가를 주저하게도 만든다. 따라서 가수 조용필과 조용필의 노래는 구분될 필요가 있다.

대중가요를 저급한 노래로 인식하고, 대중가수를 부당하게 대우하던 때가 있었다. 대중가요는 가장 값싸고 쉬운 오락이고, 언제든지 교체할 수 있는 오락물이 대중가수였다. 그러나 오늘날 대중가요와 대중가수의 위상과 역할은 과거와 판연히 다르다. 미국의 포크 록 가수인 밥 딜런은 노벨 문학상(2016)을 수상했다. BTS를 위시한 K-POP은 전 세계에 한류 문화를 전파하는 데 선봉장 역할을 한다.

과거와 다른 지금은 문화예술과 산업의 통합, 전공 학제 간 융합을 추구한다. 이미 인공지능의 시대를 맞이했고, 포스트 코로나를 준비할 때이다. 이와 같은 변혁의 시대를 맞이하여 대중가요와 대중가수에 관한 새로운 인식에 기여하는 학문적 탐색이 절실해 보인다. 그렇다면 지금의 우리는 "누구의, 무엇을, 어떻게" 찾아 나서는 것이 좋을까?

조용필과 그의 노래는 학문 탐구 대상으로서 1순위 자격을 충족하고도 남음이 있다. 우리나라 대중가요사에서 최초, 최고, 최다, 최장 타이틀의 상당수는 조용필이 갖고 있다. 지난 50여 년간 이어진 조용필의 노래는 대중가요의 음악 메시지와 대중을 향한 언어 메시지로서 탐색해 볼 만하다.

제2장

연구 개요

1. 문제 제기

그동안 우리는 조용필의 노래[1]에 열광적으로 반응하였다. 그의 혁신적인 사운드와 세련된 편곡은 시공을 초월하여 우리의 오감을 자극한다. 반면 조용필이 우리에게 전한 언어 메시지를 경청하는 데는 다소 소홀했던 듯하다. '위대한 탄생'의 환상적인 연주와 조용필의 목소리는 귓가에 맴돌지만, 조용필이 노래로써 무엇을 말했는지에 관해서는 선뜻 생각나지 않는다.

다른 장르와 마찬가지로 대중가요에서도 음악 못지않게 그 노랫말을 중요 요소로 본다. 대중가요 가수이자 작곡가인 조용필 또한 노랫말을 중요시했다. 싱어송라이터로서 조용필은 언어 메시지를 지속적으로 전해 주었으나, 우리는 음악 소리에 귀 기울이느라 그의 언어를 차분히 살피지 못했다.

그렇다면 그동안 조용필이 우리에게 전한, 전하고자 한 언어 메시지는 무엇일까? 그 의미를 읽어낼 때 비로소 조용필 음악에 대한 온전한 평가가 가능할 것이다. 그간 몇몇 연구자[2]에 의해서 조용필 노래의 주제와

---

1   조용필이 그동안 발매한 <정규 앨범>, 스페셜 앨범, DVD 정보와 전곡의 원문은 YPC프로덕션에서 서비스 중인 조용필 공식 홈페이지 사이트에서 누구나 확인이 가능하다. http://www.choyongpil.com/hello/music 참고.
2   홍호표(2007), 「조용필 노래의 맹자적 특성에 관한 연구」, 성균관대 박사논문; 김익두(2010), 『상아탑에서 본 국민가수 조용필의 음악 세계 : 정한의 노래, 민족의 노래』, 평민사; 하명숙(2015), 「조용필 대중가요에서 노랫말의 역할과 특성 연구-박건호·하지영·김순곤·양인자를 중심으로-」, 한국방송통신대 석사논문 등

사상, 전반적인 특징이 밝혀진 바 있다. 그러나 객관적으로 검증 가능한 근거 자료로써 언어 그 자체를 주목하기보다는 노랫말의 해석과 감상에 주력한 듯한 인상을 준다.

따라서 이 글에서는 학문 탐구 대상으로서 조용필 노래의 언어에 관한 객관적 이해를 위해 자작곡에서의 출현 어휘를 품사별로 분류한 후, 통계 산출 및 결과 분석을 통해 조용필 노래의 언어 메시지를 파악할 것이다. 언어 메시지의 의미가 드러나면 우리의 삶과 세상에 대한 조용필의 관점 및 인식이 그동안 어떻게 변화, 발전하면서 대중과 소통하고 공감을 나누어 왔는가를 알 수 있게 되리라 기대한다.

2. 연구 대상 및 연구 방법

2.1. 연구 대상

2020년 10월 현재, 데뷔 52주년을 맞이한 조용필은 지난 34년('80~13) 동안 총 19장의 <정규 앨범>을 발매했다. <정규 앨범> 속에는 대중과 동고동락하면서 우리 시대와 함께한 조용필의 음악 인생과 철학이 고스란히 깃들어 있다.

【 조용필 <정규 앨범> 발매 현황 】

※ 2020년 10월 현재

앨범	발매 연도	발매처	수록 곡	곡명
1	1980	지구레코드	11	〈창밖의 여자〉, 〈돌아와요 부산항에〉, 〈단발머리〉, 〈잊혀진 사랑〉, 〈한오백년〉, 〈돌아오지 않는 강〉, 〈사랑은 아직도 끝나지 않았네〉, 〈정〉, 〈대전 블루스〉, 〈너무 짧아요〉, 〈슬픈 미소〉
2	1980	지구레코드	11	〈축복[촛불]〉, 〈잊기로 했네〉, 〈사랑은 아직도 끝나지 않았네〉, 〈인물현대사〉, 〈외로워 마세요〉, 〈간양록〉, 〈오빠 생각〉, 〈뜻밖의 이별〉, 〈세월〉, 〈슬픈 미소〉, 〈만나게 해주〉
3	1981	지구레코드	12	〈강원도 아리랑〉, 〈고추잠자리〉, 〈길 잃은 철새〉, 〈내 이름은 구름이여〉, 〈너의 빈자리〉, 〈님이여〉, 〈물망초〉, 〈미워 미워 미워〉, 〈여와 남〉, 〈일편단심민들레야〉, 〈잊을 수 없는 너〉, 〈황성옛터〉
4	1982	지구레코드	10	〈못 찾겠다 꾀꼬리〉, 〈생명〉, 〈꽃바람〉, 〈따오기〉, 〈난 아니야〉, 〈보고 싶은 여인아〉, 〈자존심〉, 〈산장의 여인〉, 〈비련〉, 민요 메들리
5	1983	지구레코드	10	〈산유화〉, 〈친구여〉, 〈한강〉, 〈여자의 정〉, 〈나는 너 좋아〉, 〈이별의 뒤안길〉, 〈황진이〉, 〈비 오는 거리〉, 〈선구자〉, 〈우울한 주말〉

앨범	발매연도	발매처	수록곡	곡명
6	1984	지구레코드	12	〈바람과 갈대〉, 〈그대 눈물이 마를 때〉, 〈가랑비〉, 〈내 입술에 그대 눈물〉, 〈나그네 바람〉, 〈정의 마음〉, 〈차라리 학이 되리라〉, 〈어떤 결정〉, 〈무정유정〉, 〈정말 모르겠네〉, 〈영원 속으로〉, 〈서로 믿는 우리 마음〉
7	1985	지구레코드	11	〈눈물로 보이는 그대〉, 〈어제, 오늘, 그리고〉, 〈프리마돈나〉, 〈나의 노래〉, 〈내가 어렸을 적엔〉, 〈그대여〉, 〈들꽃〉, 〈사랑하기 때문에〉, 〈미지의 세계〉, 〈아시아의 불꽃〉, 〈여행을 떠나요〉
8	1985	지구레코드	11	〈허공〉, 〈킬리만자로의 표범〉, 〈바람이 전하는 말〉, 〈그 겨울의 찻집〉, 〈벌써 잊었나〉, 〈사랑의 만가〉, 〈얄미운 님아〉, 〈상처〉, 〈내 청춘의 빈잔〉, 〈내 마음 당신 곁으로〉, 〈내 가슴에 내리는 비〉
9	1987	지구레코드	10	〈마도요〉, 〈진실한 사랑〉, 〈아하 그렇지〉, 〈이별 뒤의 사랑〉, 〈그대 발길 머무는 곳에〉, 〈사나이 결심〉, 〈타인〉, 〈사랑해요〉, 〈떠나가는 배〉, 〈청춘시대〉
10	1988	지구레코드	9	〈서울 서울 서울〉, 〈나도 몰라〉, 〈모나리자〉, 〈I Love 수지〉, 〈우주여행X〉, 〈서울 1987년〉, 〈회색의 도시〉, 〈목련꽃 사연〉, 〈I Love You〉
11	1989	지구레코드	6	〈Q〉, 〈꽃이 되고 싶어라〉, 〈인생이 장미꽃이라면〉, 〈눈이 오면 그대가 보고 싶다〉, 〈보라빛 여인〉, 〈말하라 그대들이 본 것이 무엇인가를〉
12	1990	현대음반	10	〈추억 속의 재회〉, 〈이젠 그랬으면 좋겠네〉, 〈그대의 향기는 흩날리고〉, 〈그대 숨결 속에서〉, 〈고궁〉, 〈해바라기〉, 〈내 모습〉, 〈나비비본의 추억〉, 〈나무야〉, 〈돌고 도는 인생〉
13	1991	서울음반	10	〈꿈〉, 〈꿈꾸던 사랑〉, 〈기다림〉, 〈꿈의 요정〉, 〈지울 수 없는 꿈〉, 〈아이마미〉, 〈꿈을 꾸며〉, 〈추억이 잠든 거리〉, 〈장미꽃 불을 켜요〉, 〈어제밤 꿈속에서〉
14	1992	서울음반	8	〈슬픈 베아트리체〉, 〈이별의 인사〉, 〈고독한 Runner〉, 〈추억에도 없는 이별〉, 〈흔적의 의미〉, 〈슬픈 오늘도, 기쁜 내일도〉, 〈흔들리는 나무〉, 〈Jungle City〉
15	1994	대영AV	8	〈남겨진 자의 고독〉, 〈예전 그대로〉, 〈도시를 떠나서〉, 〈영혼은 잠이 들고〉, 〈끝없는 날개짓 하늘로〉, 〈태양이 떠오를 때면〉, 〈어둠이 끝나면〉, 〈너의 그 느낌〉
16	1997	YPC	10	〈그리움의 불꽃〉, 〈마지막이 될 수 있게〉, 〈그대를 사랑해〉, 〈물결 속에서〉, 〈일몰〉, 〈바람의 노래〉, 〈사랑의 숙제〉, 〈애상〉, 〈판도라의 상자〉, 〈연인의 속삭임〉

앨범	발매연도	발매처	수록곡	곡명
17	1998	YPC	10	〈친구의 아침〉, 〈기다리는 아픔〉, 〈영혼의 끝날까지〉, 〈소망〉, 〈내 삶의 이유〉, 〈작은 천국〉, 〈나의 사랑은〉, 〈그 후〉, 〈독백〉, 〈처음 느낀 사랑이야〉
18	2003	YPC	10	〈태양의 눈〉, 〈오늘도〉, 〈일성〉, 〈With〉, 〈꽃이여〉, 〈도시의 Opera〉, 〈그 또한 내 삶인데〉, 〈진(珍)〉, 〈내일을 위해〉, 〈꿈의 아리랑〉
19	2013	YPC	10	〈Bounce〉, 〈Hello〉, 〈걷고 싶다〉, 〈충전이 필요해〉, 〈서툰 바람〉, 〈말해볼까〉, 〈널 만나면〉, 〈어느 날 귀로에서〉, 〈설렘〉, 〈그리운 것은〉

조용필은 1980년 〈정규 앨범〉 제1집을 발매한 이후, 평균적으로 2년마다 신곡을 발표하였다. 2020년 10월 현재, 총 19장의 〈정규 앨범〉에는 모두 189곡이 수록되었다.

1980년대에는 거의 매년 〈정규 앨범〉을 발매했고, 1980년(제1집, 제2집)과 1985년(제7집, 제8집)에는 두 차례나 앨범을 발표할 정도로 왕성한 활동상을 보여 주었다.

1990년대부터는 신곡 발표 간격이 점점 넓어져서 7년 전에 발매한 〈정규 앨범-Hello〉가 최근작이 된다. 현재 조용필은 스무 번째 〈정규 앨범〉을 준비 중인 것으로 알려졌다. 제18집이 제17집(1998) 발매 5년 후, 제19집이 제18집(2003) 발매 10년 후였다는 사실과 완벽을 추구하는 그의 앨범 작업 스타일로 미루어 보건대 신곡 발표에 관한 뉴스는 당분간 듣지 못할 듯하다.

이 글은 조용필의 스무 번째 〈정규 앨범〉 발매에 앞서 그동안 우리에게 열광과 감동의 순간을 선사한 조용필 노래의 언어에 관한 이해를 도모한 것이다. 언어 메시지의 파악을 위해 모든 〈정규 앨범〉에 수록된 노래 중에서 자작곡 83편을 연구 대상으로 선정하여 어휘의 출현 양상과 그 의미를 분석해 보았다.

물론 조용필도 대부분의 다른 가수와 마찬가지로 다수의 작사가와 작곡가로부터 곡을 받아 노래하기도 했다. 그 대표적인 예로,

〈돌아와요 부산항에〉, 〈친구여〉, 〈사랑하기 때문에〉, 〈허공〉, 〈킬리만자로의 표범〉, 〈그 겨울의 찻집〉, 〈그대 발길 머무는 곳에〉, 〈Q〉, 〈바람의 노래〉, 〈Bounce〉, 〈Hello〉

등[1]이 있다.

익히 알려진 바와 같이 '조용필'이라는 이름 석 자를 세상에 각인시킨 <돌아와요 부산항에>는 MBC·한국갤럽과 월간 조선에서 일반인과 대중음악 전문가를 대상으로 두 차례 실시한 설문조사에서 20세기 최고 대중가요로 선정된 노래이다. <친구여>는 아시아에서의 평화 구현과 우정을 위해 매년 개최한 Pax Musica 공연의 테마곡으로 대중가요 최초(1996)로 음악 교과서에 실렸다.

<사랑하기 때문에>는 비운의 가수이자 천재 작곡가로 알려진 유재하가 자신의 첫 앨범에 재녹음한 노래이고, <허공>으로 인해 당시의 청소년층이 트로트 열풍에 동참하게 되었다. 이 노래는 훗날 신군부에 의해 무참한 짓밟힌 1980년 서울의 봄을 "허공 속에 묻어야만 될 슬픈 옛이야기"라는 노랫말로 표현할 수밖에 없었던 숨겨진 이야기가 공개되기도 하였다.

<킬리만자로의 표범·그대 발길 머무는 곳에·바람의 노래>는 인생철학

---

[1] 너무나도 아쉽게도 조용필의 자작곡이 아니라는 단 하나의 이유만으로 이 글에서는 논외로 한다. 조용필이 콘서트 현장을 찾은 수만 명의 관객을 향해 "이 무대에서 저의 모든 노래를 부르려면 오늘 밤을 새워도 부족하다."라며 정중히 양해를 구할 때의 심정이 얼마나 안타깝고 아쉬운 것이었는지를 비로소 체감한다.

과 삶의 애환을 담은 곡으로서 노래방 애창곡 목록의 상위권에 자리한다. <그 겨울의 찻집·Q>는 <허공>과 함께 조용필 콘서트 현장에서 수만 명이 함께 부르는 떼창곡으로 유명하다. <Bounce>와 <Hello>는 영원한 젊은 오빠 조용필의 음악적 자기 혁신과 세대 통합이라는 시대정신을 보여 준 곡으로 이미 불후의 명곡 반열에 오른 듯하다. 하지만 엄밀히 말해서 이상의 것은 조용필이 부른 노래이기는 해도 조용필 스스로 창작한 노래[2], 즉 조용필의 자작곡은 아니므로 연구 대상에서 제외한다.

이 글에서 조용필의 전곡을 연구 대상으로 삼지 않은 이유는 싱어송라이터로서 조용필이 평생 동안 추구해 온 음악성과 창작 방식 그리고 대중적 선호도를 존중하기 때문이다. 싱어송라이터로서의 조용필은 악상을 악보에 먼저 기록한 후, 작사를 의뢰하는 창작 방식을 선호하는 스타일이다. 즉 누군가의 글이나 특정 주제의 구현에 알맞도록 작곡하기보다는 작곡 후에 작사를 의뢰함으로써 음악적 메시지와 사운드의 전달에 최적화된 노랫말을 찾는 것을 선호한다고 알려졌다.

그가 TV, 라디오 방송사를 주 무대로 왕성하게 활동했던 1980년대 당시의 메가 히트곡 중 상당수는 자작곡인 경우가 많다. 1990년대 중후반 이후 오늘날까지 즐겨 부르는 대부분의 노래 또한 자작곡인 경우가 일반적이다.

<정규 앨범> 타이틀곡의 상당수도 자작곡이다. 총 19장의 <정규 앨범> 중에서 12장이 자작곡을 타이틀곡으로 삼는다. 그만큼 조용필 자신에게도 자작곡은 각별한 의미를 받아들여진다. 그리고 대중적 선호도,

---

[2] 혼동을 피하기 위해 이하 조용필이 작곡한 노래의 경우에 '조용필 노래·자작곡'으로, 조용필이 작곡하지 않은 노래는 '조용필의 노래'로, 모든 '조용필 노래'와 '조용필의 노래'를 포괄할 때는 '전곡(全曲)'으로 구분하여 표기한다.

즉 인기곡 역시 자작곡인 경우가 대부분이다. 콘서트의 레퍼토리 또한 자작곡을 위주로 구성된다.

【 조용필 <정규 앨범>의 타이틀곡 현황 】

※ 2020년 10월 현재

앨범	앨범 명	타이틀곡	작곡가	작사가
1	창밖의 여자	창밖의 여자	조용필	배명숙
2	축복[촛불]	축복[촛불]	조용필	이희우
3	미워 미워 미워 / 여와남	고추잠자리	조용필	김순곤
4	못 찾겠다 꾀꼬리	못 찾겠다 꾀꼬리	조용필	김순곤
5	친구여	산유화	조용필	정광우
		친구여	이호준	하지영
		한강	조용필	김순곤
6	눈물의 파티	눈물의 파티	이범희	박건호
7	여행을 떠나요	여행을 떠나요	조용필	하지영
8	허공	허공	정풍송	정욱
9	사랑과 인생과 나	마도요	조용필	박건호
		그대 발길 머무는 곳에	이호준	하지영
10	Part 1 '88 조용필	모나리자	조용필	박건호
11	10집 Part 2	Q	김희갑	양인자
		말하라 그대들이 본 것이 무엇인가를	김희갑	양인자
12	추억속의 재회	추억속의 재회	조용필	최은정
13	The Dreams	꿈	조용필	조용필
14	CHO YONG PIL	슬픈 베아트리체	조용필	곽태요
15	조용필과 위대한 탄생	남겨진 자의 고독	최태완	이현규
16	Eternally	그리움의 불꽃	김정욱	조은두
17	Ambition	친구의 아침	박강영	박주연
18	Over The Rainbow	태양의 눈	조용필	김성환
19	Hello	Hello	Scott Krippayne·Niclas Lundin·Maria Marcus	최우미·Rap Making 버벌진트

요컨대 자작곡은 대중성과 예술성을 모두 성취한 조용필 노래를 상징하는 대표작이자 콘서트의 중요 레퍼토리로서 대중과의 소통·교감의 근간이다.

2.1.1. 조용필 자작곡

조용필의 음악 인생은 전속 소속사 및 주요 활동상을 기준으로 편의상 전반기(제1집~제11집)와 후반기(제12집~현재)로 나누어 살펴볼 수 있다.

전반기는 첫 <정규 앨범>을 발매한 1980년부터 1989년까지로 조용필이 지구레코드사 전속 가수로서 방송매체를 중심으로 왕성하게 활동한 시기이다. 이 기간 동안 조용필은 연평균 1장 이상의 <정규 앨범>을 발매하였다. 이러한 사실은 조용필의 음악적 열정에 대한 찬탄과 경외심을 동시에 느끼게 한다. 하지만 다른 한편으로는 소속사와의 10년 전속 계약의 준수를 위해 의무적으로 발매해야만 했던 몇몇 앨범이 그 자신의 음악사에 관한 정당한 평가를 가로막는 장애 요인이 될 줄은 미처 예상하지 못했기에 일말의 아쉬움이 남는다.

후반기는 전속 계약 종료 이후 1인 기획사[3]를 독자 설립하여 활동하기 시작한 1990년대 초반부터 현재까지에 해당한다. 이 시기에는 막강한 티켓 파워의 위력과 초대형 콘서트 문화의 진수를 보여 주고 있다. 후반기야말로 YPC프로덕션 대표로서의 조용필이 그 어느 곳에도 속박되지 않고 자유롭게 자신만의 음악 세계와 음악 활동을 추구한 때로 여전히 현재 진행 중이다.

---

3   조용필은 우리나라 연예인 최초로 오늘날 세칭, "걸어 다니는 기업"인 1인 기획사를 만든 장본인이다.

【 조용필 자작곡 현황 】

※ 2020년 10월 현재

앨범	발매연도	발매처	총수록곡	작곡 곡(비율)	작곡 곡명
1	1980	지구레코드	11	4(36.3%)	〈창밖의 여자〉, 〈단발머리〉, 〈너무 짧아요〉, 〈슬픈 미소〉
2	1980	지구레코드	11	3(27.2%)	〈축복[촛불]〉, 〈간양록〉, 〈슬픈 미소〉
3	1981	지구레코드	12	7(58.3%)	〈고추잠자리〉, 〈내 이름은 구름이여〉, 〈너의 빈자리〉, 〈물망초〉, 〈여와 남〉, 〈일편단심민들레야〉, 〈잊을 수 없는 너〉
4	1982	지구레코드	10	6(60.0%)	〈못 찾겠다 꾀꼬리〉, 〈생명〉, 〈꽃바람〉, 〈난 아니야〉, 〈자존심〉, 〈비련〉
5	1983	지구레코드	10	4(40.0%)	〈산유화〉, 〈한강〉, 〈나는 너 좋아〉, 〈황진이〉
6	1984	지구레코드	12	1(8.3%)	〈정의 마음〉
7	1985	지구레코드	11	7(63.6%)	〈눈물로 보이는 그대〉, 〈어제, 오늘, 그리고〉, 〈나의 노래〉, 〈그대여〉, 〈미지의 세계〉, 〈아시아의 불꽃〉, 〈여행을 떠나요〉
8	1985	지구레코드	11	0(0%)	
9	1987	지구레코드	10	2(20%)	〈마도요〉, 〈사랑해요〉
10	1988	지구레코드	9	9(100%)	〈서울 서울 서울〉, 〈나도 몰라〉, 〈모나리자〉, 〈I Love 수지〉, 〈우주여행X〉, 〈서울 1987년〉, 〈회색의 도시〉, 〈목련꽃 사연〉, 〈I Love You〉
11	1989	지구레코드	6	0(0%)	
12	1990	현대음반	10	7(70.0%)	〈추억속의 재회〉, 〈이젠 그랬으면 좋겠네〉, 〈그대의 향기는 흩날리고〉, 〈고궁〉, 〈해바라기〉, 〈나비리본의 추억〉, 〈나무야〉
13	1991	서울음반	10	10(100%)	〈꿈〉, 〈꿈꾸던 사랑〉, 〈기다림〉, 〈꿈의 요정〉, 〈지울 수 없는 꿈〉, 〈아이마미〉, 〈꿈을 꾸며〉, 〈추억이 잠든 거리〉, 〈장미꽃 불을 켜요〉, 〈어제밤 꿈속에서〉
14	1992	서울음반	8	8(100%)	〈슬픈 베아트리체〉, 〈이별의 인사〉, 〈고독한 Runner〉, 〈추억에도 없는 이별〉, 〈흔적의 의미〉, 〈슬픈 오늘도, 기쁜 내일도〉, 〈흔들리는 나무〉, 〈Jungle City〉
15	1994	대영AV	8	1(12.5%)	〈끝없는 날개짓 하늘로〉
16	1997	YPC	10	5(50%)	〈그대를 사랑해〉, 〈물결 속에서〉, 〈일몰〉, 〈애상〉, 〈판도라의 상자〉
17	1998	YPC	10	3(30%)	〈소망〉, 〈작은 천국〉, 〈처음 느낀 사랑이야〉
18	2003	YPC	10	5(50%)	〈태양의 눈〉, 〈일성〉, 〈With〉, 〈도시의 Opera〉, 〈꿈의 아리랑〉
19	2013	YPC	10	1(10%)	〈어느 날 귀로에서〉

조용필의 <정규 앨범>에는 총 189곡이 수록되었는데, 이 가운데에서 자작곡은 모두 83곡(43.9%)이다. <정규 앨범>에 수록된 자작곡의 비중이 상당히 높은 편으로 싱어송라이터로서의 면모를 여실히 보여 준다고 생각한다.

조용필은 1968년 그룹 '애트킨즈'의 기타리스트로 데뷔한 이래로 꾸준히 자신의 노래를 작곡, 작사해서 불렀다. 전반기 제1집~제11집에 수록된 113곡 중 43곡(38.05%), 후반기 12집~19집에 수록된 76곡 중 40곡(52.63%)이 자작곡이다. 전반기 총 11장의 앨범당 평균 3.9곡, 후반기 총 8장의 앨범당 평균 5곡이 자작곡이다.

의도적으로 자작곡을 배제한 <정규 앨범>이 5장이라는 사실을 감안하면 자작곡의 비중과 싱어송라이터로서의 면모가 더욱더 부각된다. 조용필 <정규 앨범> 중에서 제8집, 제11집은 자작곡이 전무하다. 제6집과 제15집 그리고 제19집에는 단 1곡만을 수록했을 뿐이다.

제8집은 1985년 4월에 발매된 제7집 이후 불과 7개월 만에 당시 소속사인 지구레코드사의 요청에 의해 성인가요 스타일의 노래 11편이 수록된 앨범으로 자작곡이 전혀 실리지 않았다. 제11집은 1988년 발매한 제10집의 Part-2에 해당하는 스페셜 앨범으로 김희갑·양인자 부부가 전곡을 작사, 작곡했다. 제6집은 제8집의 경우와 마찬가지의 이유로 발매한 앨범이라서 <정의 마음>만이 수록되었다. 제15집은 조용필의 전속 밴드인 '위대한 탄생'의 멤버가 작사, 작곡한 노래로 구성한 것이다. 음악적 변화와 혁신을 통해 세대 간 소통과 화합을 이룩한 것으로 높이 평가받는 제19집에도 <걷고 싶다> 1편이 실렸을 뿐이다. 반면 제10집과 제13집 그리고 제14집은 자작곡만으로 구성했다.

【 조용필 자작곡의 작사가 】

※ 2020년 10월 현재

작사가	곡	곡명(앨범)
김성환	1	〈태양의 눈(18)〉
김형윤	1	〈여와 남(3)〉
나현욱	1	〈소망(17)〉
박주연	1	〈이젠 그랬으면 좋겠네(12)〉
배명숙	1	〈창밖의 여자(1)〉
석훈	1	〈그대의 향기는 흩날리고(12)〉
소수옥	1	〈아시아의 불꽃(7)〉
송호근	1	〈어느 날 귀로에서(19)〉
신봉승	1	〈간양록(2)〉
양근승	1	〈꽃바람(4)〉
유현종	1	〈슬픈 미소(1·2)〉
윤철	1	〈너무 짧아요(1)〉
이규형	1	〈I Love You(10)〉
이명희	1	〈잊을 수 없는 너(3)〉
이주현	1	〈일편단심민들레야(3)〉
이현규	1	〈끝없는 날갯짓 하늘로(15)〉
임보경	1	〈With(18)〉
임석호	1	〈너의 빈자리(3)〉
장두익	1	〈황진이(5)〉
전종현	1	〈내 이름은 구름이여(3)〉
정광우	1	〈산유화(5)〉
조종순	1	〈자존심(4)〉
주철환	1	〈도시의 Opera(18)〉
안혜란	2	〈나도 몰라(10)〉, 〈회색의 도시(10)〉
이애경	2	〈작은 천국(17)〉, 〈꿈의 아리랑(18)〉
이희우	2	〈축복[촛불](2)〉, 〈물망초(3)〉
전옥숙	2	〈생명(4)〉, 〈서울 1987년(10)〉
최은정	2	〈추억속의 재회(12)〉, 〈고궁(12)〉
곽태요	3	〈Jungle City(14)〉, 〈고독한 Runner(14)〉, 〈슬픈 베아트리체(14)〉
이건우	3	〈해바라기(12)〉, 〈애상(16)〉, 〈판도라의 상자(16)〉
장경아	3	〈추억에도 없는 이별(14)〉, 〈흔들리는 나무(14)〉, 〈흔적의 의미(14)〉
박건호	5	〈단발머리(1)〉, 〈마도요(9)〉, 〈모나리자(10)〉, 〈목련꽃 사연(10)〉, 〈이별의 인사(14)〉
하지영	5	〈그대여(7)〉, 〈미지의 세계(7)〉, 〈어제, 오늘, 그리고(7)〉, 〈여행을 떠나요(7)〉, 〈사랑해요(9)〉
김순곤	7	〈고추잠자리(3)〉, 〈난 아니야(4)〉, 〈못 찾겠다 꾀꼬리(4)〉, 〈나는 너 좋아(5)〉, 〈한강(5)〉, 〈나무야(12)〉, 〈나비리본의 추억(12)〉
양인자	7	〈나의 노래(7)〉, 〈눈물로 보이는 그대(7)〉, 〈I Love 수지(10)〉, 〈서울 서울 서울(10)〉, 〈우주여행X(10)〉, 〈물결 속에서(16)〉, 〈일몰(16)〉

작사가	곡	곡명(앨범)
김선진	9	〈기다림(13)〉, 〈꿈꾸던 사랑(13)〉, 〈꿈을 꾸며(13)〉, 〈꿈의 요정(13)〉, 〈장미꽃 불을 켜요(13)〉, 〈지울 수 없는 꿈(13)〉, 〈추억이 잠든 거리(13)〉, 〈슬픈 오늘도, 기쁜 내일도(14)〉, 〈처음 느낀 사랑이야(17)〉

총 83곡의 작사가는 모두 37명(조용필 포함)인 것으로 확인된다. 위의 표에서 알 수 있듯이 대부분의 작사가가 1~2곡의 노랫말을 썼다. 이렇듯 다수의 작사가에게 노랫말을 의뢰한 것은 음악적 완성도와 다양성을 추구하기 위함이다.

조용필은 음악적 도전과 새로운 시도를 위해 복수 이상의 작사가에게 노랫말을 의뢰하고, 그중에서 가장 알맞은 것을 선택하고는 음악에 적합하도록 노랫말을 수정한다. 특정 작곡가-작사가라는 조합이 이루어내는 안정감보다는 음악적 완성도와 다양성을 위해 다방면에서 최적화된 노랫말을 찾았고, 그 의미가 좀 더 잘 드러날 수 있게 수정 또 수정하였다.

전반기에는 김순곤·하지영·양인자의 노랫말이 다수 보인다[4]. 오늘날 이 세 사람은 전업 작사가로서 대가의 반열에 올랐는데, 당시에는 비전업 작사가였다.

양인자는 소설가이자 극작가로 활동하다가 작사가로 전업하여 대성공을 이루었다. 조용필의 노래 중에서 <킬리만자로의 표범·바람이 전하는 말·그 겨울의 찻집·Q>는 양인자가 작사하고, 남편 김희갑이 작곡한 것이다. 우리나라에서 가장 긴 19분 30초의 러닝 타임을 갖는 <말하라 그대들이 본 것이 무엇인가를>도 김희갑·양인자 부부의 작품이다.

김순곤과 하지영도 그 출발은 여느 아마추어 작가의 경우와 별반 다르지 않았다. 하지영은 조용필 <정규 앨범>의 녹음을 담당한 이태경(현 (주)서울사운드' 대표) 아내로 우연한 기회에 필명으로 <친구여>를 작사

---

[4] 하명숙(2015), 앞의 논문, 54-140쪽 참고.

한 인연을 계기로 전업 작사가로서의 본격적인 활동을 전개하였다.

　김순곤은 본래 응용미술을 전공한 미술학도였는데, 역시나 우연한 기회에 TBC의 가사 공모전에 응모한 <고추잠자리>가 대상을 수상한 것을 계기로 조용필과 인연을 맺는다. <못 찾겠다 꾀꼬리>를 기점으로 전업 작사가로 데뷔하여 조용필 노래의 노랫말을 전담하다시피 했다.

　그리고 TV 드라마의 주제곡으로 불린 노래는 해당 드라마의 극작가가 노랫말을 쓰고 조용필이 작곡했다. 이것은 마치 오늘날의 콜라보레이션을 연상케 한다. 당시 신봉승(<간양록>), 이희우(<물망초·축복[촛불]>, 양근승(<꽃바람>)은 극본을, 장두익(<황진이>)은 연출을 담당했다.

　후반기에는 김선진·박주연·이건우·이애경·장경아 등 신예 작사가와의 협업이 이루어졌는데, 특히 주철환·김성환·송호근 등 비전업 작사가의 노랫말로 작곡한 사실이 눈에 띈다. 주철환은 한국 예능 PD의 시초로 현재 아주대에서 교수로, 김성환은 방송 작가로 활동 중이다. 송호근 교수는 서울대에서 정년퇴직한 후 현재 포항공대의 석좌교수로 있다.

　이와 같이 조용필은 전업과 비전업의 구분 없이 다양한 노랫말을 노래했다. 자신의 음악과 걸맞다고 생각되면 신인의 노랫말이라도 과감히 채택하였다. 과거 조용필과의 협업을 버거워하던 어느 무명의 작사가는 이제는 제법 이름난 전문가로 다방면에서 활동 중이다.

　조용필은 작곡에 심혈을 기울였을 뿐만 아니라 좋은 노랫말을 얻기 위한 노력을 게을리하지 않았다. 그래서 더더욱 조용필 노래의 언어는 간과될 수 없다고 본다. 좋은 곡과 좋은 노랫말의 조합은 지금의 현실이나 유명세에 안주하지 않겠다는 조용필의 음악철학과 신념을 잘 보여준다. 그것은 우연한 만남에 의한 것이기도 했고, 인연에 의한 것이기도 했는데 무엇보다도 중요한 것은 조용필의 과감한 선택과 부단한 노력이 아닐까 생각된다.

2.1.2. 조용필 작사곡

조용필은 작곡가로서뿐만 아니라 작사가로서도 자신의 언어 메시지를 표현하였다. 그동안 <정규 앨범>에 수록된 조용필 작사 곡은 모두 9편(4.76%)으로 전곡을 감안하면 상대적으로 적어 보인다. 하지만 작품 수의 다소나 대중적 인지도 여부가 작사가로서의 역량을 가늠하는 절대적 기준과 노랫말을 소홀히 했다는 근거가 되지 않는다. 오히려 후반기 들어서는 자작곡 수가 증가함과 동시에 작사 곡의 비중이 점차 높아진다. 조용필이 작사한 노래는 다음과 같다.

【조용필 작사곡 현황】

※ 2020년 10월 현재

앨범	발매연도	발매처	총수록곡	작사 곡(비율)	작사 곡명
1	1980	지구레코드	11	0(0%)	
2	1980	지구레코드	11	0(0%)	
3	1981	지구레코드	12	0(0%)	
4	1982	지구레코드	10	1(10%)	〈비련〉
5	1983	지구레코드	10	0(0%)	
6	1984	지구레코드	12	1(8.3%)	〈정의 마음〉
7	1985	지구레코드	11	1(9.09%)	〈내가 어렸을 적엔〉
8	1985	지구레코드	11	0(0%)	
9	1987	지구레코드	10	0(0%)	
10	1988	지구레코드	9	0(0%)	
11	1989	지구레코드	6	0(0%)	
12	1990	현대음반	10	0(0%)	
13	1991	서울음반	10	3(30%)	〈꿈〉, 〈아이마미〉, 〈어제밤 꿈속에서〉
14	1992	서울음반	8	0(0%)	
15	1994	대영AV	8	0(0%)	
16	1997	YPC	10	1(10%)	〈그대를 사랑해〉
17	1998	YPC	10	0(0%)	

앨범	발매연도	발매처	총수록곡	작사 곡(비율)	작사 곡명
18	2003	YPC	10	2(20%)	〈일성〉, 〈꿈의 아리랑〉
19	2013	YPC	10	0(0%)	

2.2. 연구 방법

2.2.1. 연구 단계

이 글에서는 조용필 자작곡의 어휘 통계와 메시지 분석을 위해 83편의 자작곡을 대상으로 1. 원곡 출처 및 노랫말 파악 → 2. 노랫말 어휘의 품사 분류 → 3. 통계 산출 및 정리 → 4. 결과 분석 순으로 진행하였다. 지면 관계상 모든 단계에 이루어진 어휘 분류와 데이터 기록은 싣지 않는다. 대신 그 일부는 부록으로 제시하였다. 이해를 돕고자 연구 단계를 도식화하면 다음과 같다.

제1단계	원곡 정보 및 원문 파악 - 제2장 ▷ 조용필 〈정규 앨범〉 발매 현황 파악 ▷ 원곡의 작곡가와 작사가 확인 ▷ 노랫말 원문과 텍스트 확보

제2단계	조용필 노래의 어휘 - 제2장 ▷ 분석 대상 어휘 선정 ▷ 자작곡과 작사곡 어휘의 품사 분류

제3단계	통계 산출 및 재정리 - 제3장 ▷ 전 기간 출현 어휘 파악 및 정리 ▷ 전반기 출현 어휘별 정리 및 증감 현황 파악 ▷ 후반기 출현 어휘별 정리 및 증감 현황 파악

제4단계	통계 결과 분석 - 제4장 ▷ 전반기 중요 어휘 · 특이 어휘 분석 ▷ 후반기 중요 어휘 · 특이 어휘 분석

2.2.2. 통계 자료 확보

이 글에서는 객관적 통계 산출을 위해서 자작곡의 노랫말을 형태소 단위로 세분한 후, 품사별로 1차 분류하여 기본적 의미를 파악했다. 다음의 표는 <꿈>에서 출현한 어휘를 품사별로 분류한 것이다. 1차 분류 결과, <꿈>은 총 112개 어휘가 7개의 품사(MA, MM, NN, NP, VA, VV, VX)로 이루어졌다는 사실을 알 수 있다.

【<꿈> □ 작곡 조용필 □ 작사 조용필】

표제어	연번	품사	의미
화려하다	01	VA	환하게 빛나며 곱고 아름답다
도시	02	NN	일정한 지역의 중심이 되는 사람이 많이 사는 지역
그리다	03	VV	사랑하는 마음으로 간절히 생각하다
찾아오다	04	VV	볼일을 보거나 특정한 사람을 만나기 위하여 그와 관련된 곳에 오다
그곳	05	NP	거기를 문어적으로 이르는 말
춥다	06	VA	대기의 온도가 낮다
험하다	07	VA	땅의 형세가 발을 디디기 어려울 만큼 사납고 가파르다
곳	08	NN	공간적인 또는 추상적인 일정한 자리나 지역
여기저기	09	NN	여러 장소를 통틀어 이르는 말
헤매다	10	VV	갈 바를 몰라 이리저리 돌아다니다
초라하다	11	VA	겉모양이나 옷차림이 호졸근하고 궁상스럽다
문턱	12	NN	문짝의 밑이 닿는 문지방의 윗부분
뜨겁다	13	VA	손이나 몸에 상당한 자극을 느낄 정도로 온도가 높다
눈물	14	NN	눈알 바깥면의 위에 있는 눈물샘에서 나오는 분비물
먹다	15	VV	음식 따위를 입을 통하여 배 속에 들여보내다
머나멀다	16	VA	몹시 멀다
길	17	NN	시간의 흐름에 따라 개인의 삶이나 역사적 발전 따위가 전개되는 과정
찾다	18	VV	현재 없는 것을 얻거나 사람을 만나려고 여기저기를 살피다
여기	19	NP	말하는 이에게 가까운 곳을 가리키는 지시 대명사
꿈	20	NN	실현하고 싶은 희망이나 이상
찾다	21	VV	현재 없는 것을 얻거나 사람을 만나려고 여기저기를 살피다
여기	22	NP	말하는 이에게 가까운 곳을 가리키는 지시 대명사
괴롭다	23	VA	몸이나 마음이 편하지 않고 고통스럽다
험하다	24	VA	땅의 형세가 발을 디디기 어려울 만큼 사납고 가파르다

표제어	연번	품사	의미
이	25	MM	말하는 이가 생각하고 있는 대상을 가리킬 때 쓰는 말
길	26	NN	시간의 흐름에 따라 개인의 삶이나 역사적 발전 따위가 전개되는 과정
오다	27	VV	움직여 위치를 옮기다
이	28	MM	말하는 이가 생각하고 있는 대상을 가리킬 때 쓰는 말
세상	29	NN	사람이 살고 있는 모든 사회를 통틀어 이르는 말
어디	30	NP	잘 모르는 어느 곳을 가리키는 지시 대명사
숲	31	NN	수풀의 준말
어디	32	NP	잘 모르는 어느 곳을 가리키는 지시 대명사
늪	33	NN	땅바닥이 우묵하게 뭉떵 빠지고 늘 물이 괴어 있는 곳
그	34	MM	듣는 이에게 가까이 있는 대상을 가리킬 때 쓰는 말
누구	35	NP	잘 모르는 사람을 가리키는 인칭 대명사
말하다	36	VV	생각이나 느낌 따위를 말로 나타내다
않다	37	VX	앞말이 뜻하는 행동을 부정하는 말
사람	38	NN	생각하고 언어를 사용하며 도구를 만들어 쓰고 사회를 이루어 사는 동물
저마다	39	MA	각각의 사람이나 사물마다
고향	40	NN	자기가 태어나서 자란 곳
찾아가다	41	VV	볼일을 보거나 특정한 사람을 만나려고 그와 관련된 곳으로 가다
나	42	NP	일인칭 대명사
지금	43	NN	말하는 바로 이때
홀로	44	MA	자기 혼자서만
남다	45	VV	다 쓰지 않거나 정해진 수준에 이르지 잃아 나머지가 있게 되다
빌딩	46	NN	내부에 많은 임대 사무실이 있는 서양식의 고층 건물
속	47	NN	안쪽 부분
헤매다	48	VV	갈 바를 몰라 이리저리 돌아다니다
초라하다	49	VA	겉모양이나 옷차림이 호졸근하고 궁상스럽다
골목	50	NN	큰길에서 들어가 동네 안을 이리저리 통하는 좁은 길
뜨겁다	51	VA	손이나 몸에 상당한 자극을 느낄 정도로 온도가 높다
눈물	52	NN	눈알 바깥면의 위에 있는 눈물샘에서 나오는 분비물
먹다	53	VV	음식 따위를 입을 통하여 배 속에 들여보내다
저기	54	NP	말하는 이나 듣는 이로부터 멀리 있는 곳을 가리키는 지시 대명사
저	55	MM	말하는 이와 듣는 이로부터 멀리 있는 대상을 가리킬 때 쓰는 말
별	56	NN	천체 가운데 성운처럼 퍼지는 모양을 가진 천체를 제외한 모든 천체
나	57	NP	일인칭 대명사
마음	58	NN	사람이 본래부터 지닌 성격이나 품성
알다	59	VV	교육, 경험, 사고 행위를 통하여 사물이나 상황에 대한 지식을 갖추다
나	60	NP	일인칭 대명사
꿈	61	NN	실현하고 싶은 희망이나 이상

표제어	연번	품사	의미
알다	62	VV	교육, 경험, 사고 행위를 통하여 사물이나 상황에 대한 지식을 갖추다
괴롭다	63	VA	몸이나 마음이 편하지 않고 고통스럽다
때	64	NN	시간의 어떤 순간이나 부분
슬프다	65	VA	원통한 일을 겪거나 불쌍한 일을 보고 마음이 아프고 괴롭다
노래	66	NN	가사에 곡조를 붙여 목소리로 부를 수 있게 만든 음악
부르다	67	VV	곡조에 맞추어 노래의 가사를 소리 내다
슬퍼지다	68	VV	원통한 일을 겪거나 불쌍한 일을 보고 마음이 아프고 괴롭게 되다
때	69	NN	시간의 어떤 순간이나 부분
차라리	70	MA	저리하는 것보다 이리하는 것이 나음을 이르는 말
눈	71	NN	빛의 자극을 받아 물체를 볼 수 있는 감각 기관
감다	72	VV	눈꺼풀을 내려 눈동자를 덮다
싶다	73	VX	앞말이 뜻하는 행동을 하고 싶은 마음이나 욕구가 있음을 나타내는 말
고향	74	NN	자기가 태어나서 자란 곳
향기	75	NN	꽃, 향, 향수 따위에서 나는 좋은 냄새
듣다	76	VV	사람이나 동물이 소리를 감각 기관을 통해 알아차리다
저기	77	NP	말하는 이나 듣는 이로부터 멀리 있는 곳을 가리키는 지시 대명사
저	78	MM	말하는 이와 듣는 이로부터 멀리 있는 대상을 가리킬 때 쓰는 말
별	79	NN	천체 가운데 성운처럼 퍼지는 모양을 가진 천체를 제외한 모든 천체
나	80	NP	일인칭 대명사
마음	81	NN	사람이 본래부터 지닌 성격이나 품성
알다	82	VV	교육, 경험, 사고 행위를 통하여 사물이나 상황에 대한 지식을 갖추다
나	83	NP	일인칭 대명사
꿈	84	NN	실현하고 싶은 희망이나 이상
알다	85	VV	교육, 경험, 사고 행위를 통하여 사물이나 상황에 대한 지식을 갖추다
괴롭다	86	VA	몸이나 마음이 편하지 않고 고통스럽다
때	87	NN	시간의 어떤 순간이나 부분
슬프다	88	VA	원통한 일을 겪거나 불쌍한 일을 보고 마음이 아프고 괴롭다
노래	89	NN	가사에 곡조를 붙여 목소리로 부를 수 있게 만든 음악
부르다	90	VV	곡조에 맞추어 노래의 가사를 소리 내다
이	91	MM	말하는 이가 생각하고 있는 대상을 가리킬 때 쓰는 말
세상	92	NN	사람이 살고 있는 모든 사회를 통틀어 이르는 말
어디	93	NP	잘 모르는 어느 곳을 가리키는 지시 대명사
숲	94	NN	수풀의 준말
어디	95	NP	잘 모르는 어느 곳을 가리키는 지시 대명사
늪	96	NN	땅바닥이 우묵하게 뭉떵 빠지고 늘 물이 괴어 있는 곳
그	97	MM	듣는 이에게 가까이 있는 대상을 가리킬 때 쓰는 말

표제어	연번	품사	의미
누구	98	NP	잘 모르는 사람을 가리키는 인칭 대명사
말하다	99	VV	생각이나 느낌 따위를 말로 나타내다
않다	100	VX	앞말이 뜻하는 행동을 부정하는 말
슬퍼지다	101	VV	원통한 일을 겪거나 불쌍한 일을 보고 마음이 아프고 괴롭게 되다
때	102	NN	시간의 어떤 순간이나 부분
차라리	103	MA	저리하는 것보다 이리하는 것이 나음을 이르는 말
눈	104	NN	빛의 자극을 받아 물체를 볼 수 있는 감각 기관
감다	105	VV	눈꺼풀을 내려 눈동자를 덮다
싶다	106	VX	앞말이 뜻하는 행동을 하고자 하는 마음, 욕구가 있음을 나타내는 말
고향	107	NN	자기가 태어나서 자란 곳
향기	108	NN	꽃, 향, 향수 따위에서 나는 좋은 냄새
듣다	109	VV	사람이나 동물이 소리를 감각 기관을 통해 알아차리다
고향	110	NN	자기가 태어나서 자란 곳
향기	111	NN	꽃, 향, 향수 따위에서 나는 좋은 냄새
듣다	112	VV	사람이나 동물이 소리를 감각 기관을 통해 알아차리다

2.1.3. 통계 산출 및 재정리

그리고 1차 분류한 결과를 전체 자작곡과 비교할 수 있도록 출현 횟수별로 재정리하였다. 출현 횟수별로 재정리하는 과정에서 수록 곡명과 해당 어휘의 사전적 의미[5]를 동시에 파악했다. 왜냐하면 동일한 어휘가 다른 노래에서도 자주 중복되고, 동음이의어가 다수 발견되기 때문이다. 모든 자작곡을 이와 같은 방식으로 재정리한 후, 종합하면 전체 어휘의 통계를 산출할 수 있다. 앞서 사례로 든 <꿈>의 경우, 다음의 표와 같이 총 112개 어휘가 56개 품사(MA 3개, MM 4개, NN 23개, NP 6개, VA 8개, VV 13개, VX 2개)로 분류된다.

---

[5] 국립국어원 표준국어대사전(https://stdict.korean.go.kr/main/main.do) 참고.

어휘	출현 횟수	품사	의미
나	5	NP	일인칭 대명사
고향	4	NN	자기가 태어나서 자란 곳
때	4	NN	시간의 어떤 순간이나 부분
알다	4	VV	교육, 경험, 사고 행위를 통하여 사물이나 상황에 대한 지식을 갖추다
어디	4	NP	잘 모르는 어느 곳을 가리키는 지시 대명사
괴롭다	3	VA	몸이나 마음이 편하지 않고 고통스럽다
꿈	3	NN	실현하고 싶은 희망이나 이상
듣다	3	VV	사람이나 동물이 소리를 감각 기관을 통해 알아차리다
향기	3	NN	꽃, 향, 향수 따위에서 나는 좋은 냄새
감다	2	VV	눈꺼풀을 내려 눈동자를 덮다
그	2	MM	듣는 이에게 가까이 있는 대상을 가리킬 때 쓰는 말
노래	2	NN	가사에 곡조를 붙여 목소리로 부를 수 있게 만든 음악
누구	2	NP	잘 모르는 사람을 가리키는 인칭 대명사
눈	2	NN	빛의 자극을 받아 물체를 볼 수 있는 감각 기관
눈물	2	NN	눈알 바깥면의 위에 있는 눈물샘에서 나오는 분비물
늪	2	NN	땅바닥이 우묵하게 뭉떵 빠지고 늘 물이 괴어 있는 곳
뜨겁다	2	VA	손이나 몸에 상당한 자극을 느낄 정도로 온도가 높다
마음	2	NN	사람이 본래부터 지닌 성격이나 품성
말하다	2	VV	생각이나 느낌 따위를 말로 나타내다
먹다	2	VV	음식 따위를 입을 통하여 뱃속에 들여보내다
별	2	NN	천체 가운데 성운처럼 퍼지는 모양을 가진 천체를 제외한 모든 천체
부르다	2	VV	곡조에 맞추어 노래의 가사를 소리 내다
세상	2	NN	사람이 살고 있는 모든 사회를 통틀어 이르는 말
숲	2	NN	수풀의 준말
슬퍼지다	2	VV	원통한 일을 겪거나 불쌍한 일을 보고 마음이 아프고 괴롭게 되다
슬프다	2	VA	원통한 일을 겪거나 불쌍한 일을 보고 마음이 아프고 괴롭다
싶다	2	VX	앞말이 뜻하는 행동을 하고 싶은 마음, 욕구가 있음을 나타내는 말
않다	2	VX	앞말이 뜻하는 행동을 부정하는 말
여기	2	NP	말하는 이에게 가까운 곳을 가리키는 지시 대명사
이	3	MM	말하는 이가 생각하고 있는 대상을 가리킬 때 쓰는 말
저	2	MM	말하는 이와 듣는 이로부터 멀리 있는 대상을 가리킬 때 쓰는 말
저기	2	NP	말하는 이나 듣는 이로부터 멀리 있는 곳을 가리키는 지시 대명사
차라리	2	MA	저리하는 것보다 이리하는 것이 나음을 이르는 말
찾다	2	VV	현재 없는 것을 얻거나 사람을 만나려고 여기저기를 살피다
찾아가다	2	VV	볼일을 보거나 특정한 사람을 만나려고 그와 관련된 곳으로 가다

어휘	출현 횟수	품사	의미
초라하다	2	VA	겉모양이나 옷차림이 호졸근하고 궁상스럽다
험하다	2	VA	땅의 형세가 발을 디디기 어려울 만큼 사납고 가파르다
헤매다	2	VV	갈 바를 몰라 이리저리 돌아다니다
골목	1	NN	큰길에서 들어가 동네 안을 이리저리 통하는 좁은 길
곳	1	NN	공간적인 또는 추상적인 일정한 자리나 지역
그곳	1	NP	거기를 문어적으로 이르는 말
그리다	1	VV	사랑하는 마음으로 간절히 생각하다
길	2	NN	시간의 흐름에 따라 개인의 삶이나 역사적 발전 따위가 전개되는 과정
남다	1	VV	다 쓰지 않거나 정해진 수준에 이르지 않아 나머지가 있게 되다
도시	1	NN	일정한 지역의 중심이 되는 사람이 많이 사는 지역
머나멀다	1	VA	몹시 멀다
문턱	1	NN	문짝의 밑이 닿는 문지방의 윗부분
빌딩	1	NN	내부에 많은 임대 사무실이 있는 서양식의 고층 건물
사람	1	NN	생각하고 언어를 사용하며 도구를 만들어 쓰고 사회를 이루어 사는 동물
속	1	NN	안쪽 부분
여기저기	1	NN	여러 장소를 통틀어 이르는 말
오다	1	VV	움직여 위치를 옮기다
저마다	1	MA	각각의 사람이나 사물마다
지금	1	NN	말하는 바로 이때
춥다	1	VA	대기의 온도가 낮다
홀로	1	MA	자기 혼자서만
화려하다	1	VA	환하게 빛나며 곱고 아름답다

출현 어휘만으로 그 의미를 요약해 보면, <꿈은> "내 고향이 어디인지 (불현듯) 알았을 때, 괴로워하며 꿈에서나마 향기(=고향의 노래)를 듣는" 노래인 것으로 파악된다.

제3장

통계 산출 결과

1. 품사별 출현 양상과 해당 어휘

통계 산출 결과를 종합해 본 결과, 조용필 노래는 모두 9221개 어휘로 구성되었다고 말할 수 있겠다. 이 가운데에서 중복출현 어휘를 동일한 것으로 간주하면, 조용필 노래는 총 1197개의 어휘를 사용하여 노랫말을 완성했다는 사실을 알 수 있다. 그리고 1197개의 어휘를 「21세기 세종계획안」의 분류 체계에 따라 종합·정리하면, 다음과 같이 총 1137개의 품사가 확인된다.

【품사 분류 및 출현 양상】

품사 대분류	소분류(약호)	총 출현 횟수(비율%)	해당 어휘 수(비율%)
체언	명사(NN)	3360(36.4%)	502(44.1%)
	대명사(NP)	1018(11.0%)	28(2.4%)
	수사(NR)	19(0.2%)	5(0.4%)
	소계	4397(47.6%)	535(47.0%)
용언	동사(VV)	2344(25.4%)	340(29.8%)
	형용사(VA)	1016(11.0%)	125(11.0%)
	보조용언(VX)	351(3.8%)	15(1.3%)
	지정사(VC)	·	·
	소계	3711(40.2%)	479(42.1%)
수식언	관형사(MM)	297(3.2%)	17(1.4%)
	부사(MA)	450(4.8%)	72(6.3%)
	소계	747(8.1%)	89(7.8%)
관계언	격조사(JK)	66(0.7%)	3(0.2%)
	보조사(JX)	75(0.8%)	9(0.7%)
	접속조사(JC)	·	·
	소계	141(1.5%)	12(1.0%)
기타[1] 소계		225(2.4%)	21(1.8%)
총합		9221(100%)	1137(100%)

요컨대 조용필의 노래 중 자작곡은 모두 83편이고, 다수의 작가에 의해 마련된 그 노래에는 1197개의 어휘가 출현하며, 동음이의어를 동일 어휘로 간주하면 총 1137회의 품사 분류가 가능하다는 것이다.

명사(NN) 502개

IC회로, TV, 가로등, 가슴², 가슴속, 가시밭길, 가을빛, 가족, 간밤, 간양록, 강, 강물, 강아지, 거리, 거울, 거짓, 것, 겨울, 견우직녀, 결국, 결, 계곡, 계단, 계절, 고개³, 고뇌, 고독, 고백, 고추잠자리, 고통, 고향, 골목, 골짜기, 곳, 과거, 광야, 광풍, 괴로움, 교회당, 구름, 굽이, 귀, 귀로, 그날, 그늘, 그때, 그리움, 그림, 그림자, 금침, 기대, 기쁨, 기슭, 기약, 기억, 기차, 길⁴, 길목, 깊이, 꼬마, 꽃, 꽃그늘, 꽃다발, 꽃물, 꽃바람, 꽃상여, 꽃씨, 꽃잎, 꽃향기, 꾀꼬리, 꿈⁵, 꿈결, 꿈길, 꿈속, 끝, 나그네, 나날, 나무, 나비, 나비리본, 낙엽, 날⁶, 날개, 날갯짓, 남, 남자, 납색, 내일, 냇물, 너머, 넋, 네온사인, 년, 노, 노도, 노랑나비, 노래, 노을, 눈, 눈길, 눈망울, 눈물, 눈보라, 눈빛, 눈앞, 늪, 님, 다발, 단발머리, 단청, 달, 달님, 달빛, 대답, 대로, 대신, 대지, 댕기, 도박사, 도시, 돌, 돌쩌귀, 동쪽, 동화, 두려움, 뒤, 뒷산, 들꽃, 등불, 땅, 때, 때문, 떨기, 뜰, 뜻, 램프, 로켓, 리본, 마도요, 마음, 마음속, 마지막, 만남, 만큼, 말, 머리, 머릿결, 먹구름, 먼동, 메아리,

---

1 영어 및 감탄사, 접두사, 접미사, 어미 21개(And, Firecracker, Forget, I, LOVE, MISS, My, Never, Runner, See, Wanna, YOU, 그래, 끼리, 도록, 되다, 씩, 안녕, 어즈버, 쯤, 한)로 이 글의 분석 대상에서 제외(이하 'EX'로 표시)한다. 더불어 독자적 의미를 갖지 않으나 다수 출현하는 조사 '를'과 어미 '을'도 논외로 한다.
2 마음이나 생각/ 배와 목 사이의 앞부분
3 목의 뒷등이 되는 부분/ 산이나 언덕을 넘어 다니도록 길이 나 있는 비탈진 곳
4 시간의 흐름에 따라 개인의 삶이나 역사적 발전 따위가 전개되는 과정/ 지나갈 수 있게 땅 위에 낸 일정한 너비의 공간
5 실현하고 싶은 희망이나 이상/ 잠자는 동안 여러 가지 사물을 보고 듣는 정신 현상
6 지구가 한 번 자전하는 동안

모나리자, 모두, 모래, 모래성, 모습, 목, 목련, 목련꽃, 목소리, 몸, 무렵, 무지개, 문, 문턱, 물, 물건, 물결, 물망초, 물방울, 물새, 미래, 미련, 미소, 미안, 미움, 미지, 민들레, 밀어, 바다, 바람, 바람결, 바로, 바보, 바퀴, 반, 발밑, 밤, 밤새, 밤하늘, 방, 방랑, 배, 배낭, 배반, 백골, 베고니아, 베아트리체, 벨, 벽, 벽계수, 벽련화, 별, 별리, 보랏빛, 북, 불, 불꽃, 불멸, 불빛, 비, 비밀, 비바람, 빈자리, 빌딩, 빗물, 빗속, 빛, 뺨, 뿌리, 뿐, 사냥꾼, 사람, 사랑, 사막, 사연, 사이, 사진, 산, 산고, 산유화, 산중, 살풀이, 삶, 삼경, 상자, 상처, 새[7], 새벽, 새벽달, 새소리, 색깔, 샘, 생각, 생명, 샹들리에, 서러움, 서로, 서리, 서울, 석양, 선물, 선영, 설움, 섬, 세계, 세상, 세상일, 세월, 소녀, 소리, 소망, 소원, 소음, 속[8], 속삭임, 손, 손길, 손마디, 손수건, 손짓, 수지, 순간, 순종, 술래, 술래잡기, 술잔, 숨, 숨결, 숨소리, 숲, 숲속, 슬픔, 시간, 시련, 시선, 시작, 시절, 신문, 신호, 싹, 쓴웃음, 씨, 아가씨, 아기새, 아래, 아름, 아리랑, 아리아리랑, 아스팔트, 아시아, 아이, 아이마미, 아침, 아픔, 안, 안개, 안개, 앞, 애, 애기, 약속, 양귀비, 얘기, 어깨, 어둠, 어른, 어버이, 어제, 어젯밤, 어지럼, 억년, 언덕, 언약, 얼굴, 엄마, 여기저기, 여름, 여인, 여자, 여행, 역사, 연기, 연분, 연속, 엽서, 영원, 영혼, 옆, 옛날, 옛일, 오늘, 오래전, 오랫동안, 오후, 온밤, 옷, 옷깃, 왕자, 외기러기, 외로움, 요정, 욕심, 우주, 우체국, 운명, 웃음, 원앙, 월, 위로, 유리, 은색, 은하수, 음성, 의미, 이[9], 이국, 이끼, 이름, 이별, 이상, 이슬, 이야기, 이유, 이제, 인사, 인생, 인형, 일, 일편단심, 입, 입김, 입맞춤, 입술, 잎, 잎새, 자국, 자리, 자욱, 자장가, 자존심, 자취, 작별, 잔, 잠, 잠시, 잡초, 장고, 장난감, 장미, 장미꽃, 저녁, 저녁노을, 적, 전, 전봇대, 전부, 전생, 절망, 젊은이, 젊음, 정, 정글, 정처, 제일, 조각, 종이배, 죄, 줄, 줄기[10], 지구, 지금,

---

7 사이의 준말/ 하늘을 자유로이 날 수 있는 짐승을 통틀어 이르는 말
8 안쪽 부분/ 어떤 현상이나 상황, 일의 안이나 가운데
9 사람의 뜻을 나타내는 말

지난날, 지붕, 지상, 진실, 질문, 차, 착각, 찬바람, 창, 창가, 창문, 채, 처음, 천국, 천사, 철부지, 철새, 청산, 청초, 청춘, 촛불, 최선, 추억, 축복, 축제, 춘풍, 춤, 친구, 커피숍, 키, 타인, 태양, 통곡, 파도, 판도라, 평화, 표시, 표정, 풀잎, 품, 풍선, 피눈물, 하나[11], 하늘, 하루, 하루해, 한[12], 한강, 한걸음, 한곳, 한낮, 한마디, 한세월, 한숨, 한잔, 한참, 함성, 합창, 해[13], 해바라기, 햇살, 행복, 향기, 허공, 허리, 혹성, 혼, 혼자, 화분, 화살, 화신, 환상, 황금빛, 황진이, 회색, 후, 후회, 휘파람, 휴일, 흔적, 희망

대명사(NP) 28개

거기, 건, 그, 그것, 그곳, 그녀, 그대, 그이, 나, 날[14], 내, 너, 누가, 누구, 당신, 무엇, 아무[15], 아무것, 어디, 언제, 여기, 우리, 이[16], 이것, 이곳, 저기, 저편, 저편

수사(NR) 5개

둘, 몇, 사, 천, 하나[17]

동사(VV) 339개

가다[18], 가로지르다, 가리다, 가슴앓이하다, 가시다, 가져가다, 간직하다, 갇히다, 감다, 감추다, 걱정되다, 건너다, 걷다, 걸다, 괴로워하

---

10 잇대어 뻗어 나가는 물이나 산 따위의 갈래/ 고등 식물에 있어서 기본 기관의 하나
11 뜻, 마음, 생각 따위가 한결같거나 일치한 상태
12 몹시 원망스럽고 억울하거나 안타깝고 슬퍼 응어리진 마음
13 지구가 태양을 한 바퀴 도는 동안/ 태양을 일상적으로 이르는 말
14 나를이 줄어든 말
15 어떤 사람을 특별히 정하지 않고 이르는 인칭 대명사
16 가까이 있거나 생각하고 있는 대상을 가리키는 지시 대명사
17 수효를 세는 맨 처음 수
18 일정한 시간이 되거나 일정한 곳에 이르다/ 한곳에서 다른 곳으로 장소를 이동하다

다, 굳다, 굴러가다, 굴러다니다, 권하다, 그리다[19], 그리워하다, 기다리다, 기대다, 기도하다, 기억되다, 기억하다, 깃들다, 깔리다, 깜박이다, 깨다, 깨물다, 깨우다, 꺼지다, 꺾이다, 껴안다, 꽃피다, 꿈꾸다, 끌어안다, 끝나다, 나가다, 나누다[20], 나다[21], 나오다, 날다, 날리다, 날아가다, 날아오다, 남겨지다, 남기다, 남다, 내놓다, 내다[22], 내려앉다, 내리다[23], 내밀다, 넘다, 넘치다, 노래하다, 놓다[24], 느끼다, 늦다, 다가가다, 다가서다, 다가오다, 다하다[25], 달래다, 달려가다, 달려오다, 담기다, 담다, 닿다, 대다, 더하다, 던지다, 데려가다, 돌다, 돌아가다, 돌아보다, 돌아서다, 돌아오다, 돌이키다, 되다[26], 되살아나다, 두근거리다, 두다, 뒤돌아보다, 뒤로하다, 듣다, 들려오다, 들리다, 들이다, 듯하다, 딛다, 따다, 따르다, 떠나가다, 떠나다, 떠돌다, 떠오르다, 떨구다, 떨리다, 뛰다, 뛰어가다, 뜨다, 뜯다, 띄우다, 띠다, 마르다, 마시다, 마주하다, 만나다, 만들다, 말다, 말하다, 망설이다, 맞이하다, 맞추다, 맴돌다, 맹세하다, 맺다, 맺히다, 머무르다, 머물다, 먹다, 멀리하다, 멀어지다, 멈추다, 메다, 모르다, 모으다, 목메다, 목메다, 몰려오다, 몰아치다, 못하다, 무너지다, 무뎌지다, 묶다, 묻다[27], 묻히다, 물들다, 물어보다, 미워하다, 미치다, 믿다, 밀리다, 바라보

---

19 사랑하는 마음으로 간절히 생각하다/ 연필, 붓 따위로 어떤 사물의 모양을 그와 닮게 선이나 색으로 나타내다
20 말이나 이야기, 인사 따위를 주고받다/ 몫을 분배하다/ 하나를 둘 이상으로 가르다
21 길, 통로, 창문 따위가 생기다/ 신체 표면이나 땅 위에 솟아나다
22 소리, 냄새 따위를 밖으로 드러내다
23 눈, 비, 서리, 이슬 따위가 오다/ 위에 있는 것을 낮은 곳 또는 아래로 끌어당기거나 늘어뜨리다
24 논의의 대상으로 삼다/ 잡거나 쥐고 있던 물체를 일정한 곳에 두다
25 어떤 것이 끝나거나 남아 있지 아니하다/ 어떤 일을 완수하다
26 괜찮거나 바람직하다/ 다른 것으로 바뀌거나 변하다/ 새로운 신분이나 지위를 가지다/ 어떤 때나 시기, 상태에 이르다
27 무엇을 밝히거나 알아내기 위하여 대답이나 설명을 요구하는 내용으로 말하다/ 물건을 흙이나 다른 물건 속에 넣어 보이지 않게 쌓아 덮다

다, 반기다, 반짝이다, 받다, 밝다, 밝히다, 밤새다, 방황하다, 배우다, 버리다[28], 벗어나다, 베다, 변하다, 보고, 보내다, 보다[29], 보이다, 보채다, 부딪치다, 부르다[30], 부서지다, 부풀다, 불다[31], 불어오다[32], 비다, 비추다, 비치다, 빗다, 빛나다, 빠져들다, 빠지다, 뿌리다, 사라지다, 사랑하다, 사로잡다, 살다, 살아가다, 살피다, 상하다, 새기다, 새다, 생각나다, 생각하다, 생기다, 서다, 서두르다, 서성거리다, 서성이다, 설레다, 세다, 소리치다, 속다, 속삭이다, 손잡다, 솟아나다, 솟아오르다, 숙이다, 숨다, 숨죽이다, 쉬다[33], 스며들다, 스치다, 슬퍼지다, 슬퍼하다, 시들다, 시작하다, 싣다, 쌓다, 쌓이다, 쏟아지다, 쓰다, 쓰러지다, 쓸리다, 씻기다, 씻다, 아물다, 아쉬워하다, 아파하다, 안기다, 안다, 안되다, 앉다, 알다, 알리다, 앗다, 앞서가다, 애타다, 야위다, 약속하다, 얘기하다, 어깨너머, 어리다[34], 어쩌다, 어찌하다, 얼다, 얼룩지다, 여미다, 여울지다, 엮다, 열다[35], 오다[36], 외치다, 용서하다, 우기다, 울다, 울렁이다, 울리다[37], 울먹이다, 울부짖다, 움직이다, 웃다, 원하다, 위하다, 이루어지다, 이르다[38], 이별하다, 일렁이다, 잃다, 잃어버리다, 입다, 있다[39], 잊다, 잊히다, 자다, 잠들다, 잠

---

28 가지고 있을 필요가 없는 물건을 내던지거나 쏟거나 하다
29 눈으로 대상의 존재나 형태적 특징을 알다/ 사람을 만나다
30 곡조에 맞추어 노래의 가사를 소리 내다/ 말이나 행동 따위로 다른 사람의 주의를 끌거나 오라고 하다/ 무엇이라고 가리켜 말하거나 이름을 붙이다
31 바람이 일어나서 어느 방향으로 움직이다/ 입김을 내거나 바람을 일으키다
32 바람이 이쪽으로 불다/ 바람이 일어나서 어느 방향으로 움직이다
33 입이나 코로 공기를 들이마셨다 내보냈다 하다/ 피로를 풀려고 몸을 편안히 두다
34 눈에 눈물이 조금 괴다
35 닫히거나 잠긴 것을 트거나 벗기다/ 모임이나 회의 따위를 시작하다
36 움직여 위치를 옮기다/ 비, 눈, 서리나 추위 따위가 내리거나 닥치다/ 말하는 때나 시기에 이르다/ 어떤 사람이 말하는 사람 혹은 기준 쪽으로 움직여 위치를 옮기다
37 어떤 물체가 소리를 내다/ 억누르기 힘든 감정이나 참기 어려운 아픔으로 눈물을 흘리게 하다
38 어떤 장소나 시간에 닿다

자다, 잡다, 잡히다, 재촉하다, 저물다, 적다, 적시다[40], 접다, 젓다, 젖다, 조각나다, 좋아하다, 주다[41], 주어지다, 주저앉다, 지나가다, 지나다, 지나치다, 지내다, 지니다, 지다[42], 지우다, 지치다, 지켜보다, 지키다, 짓다, 짙어지다, 찾다, 찾아가다, 찾아오다, 채우다, 쳐다보다, 출렁이다, 춤추다[43], 취하다, 치다[44], 커지다, 켜다, 타다, 타오르다, 타협하다, 털어놓다, 트다, 파고들다, 파도치다, 퍼지다, 펼치다, 포옹하다, 품다, 피다, 피어나다, 피우다, 하다[45], 함께하다, 해보다, 했다, 향하다, 헤매다, 헤어나다, 헤어지다, 휘감다, 흐르다[46], 흔들거리다, 흔들다, 흔들리다, 흘러가다[47], 흩날리다, 흩어지다

형용사(VA) 125개

가깝다, 가득하다, 간곳없다, 간절하다, 같다[48], 거세다, 거칠다, 검다, 검푸르다, 고단하다, 고독하다, 곱다, 괜하다, 괴롭다, 귀엽다, 그렇다, 그립다, 기쁘다, 길다[49], 깊다, 까마득하다, 까맣다, 끊임없다,

---

39 사람이나 동물이 어느 곳에서 떠나거나 벗어나지 아니하고 머물다
40 물 따위의 액체를 묻혀 젖게 하다/ 감정, 정서, 지친 마음 따위를 부드러워지게 하다
41 물건 따위를 남에게 건네어 가지거나 누리게 하다
42 꽃이나 잎 따위가 시들어 떨어지다/ 해나 달이 서쪽으로 넘어가다
43 장단에 맞추거나 흥에 겨워 팔다리와 몸을 율동적으로 움직여 뛰놀다/ 비유적으로 몹시 기뻐 날뛰다
44 바람이 세차게 불거나 비, 눈 따위가 세차게 뿌리다/ 손이나 물건 따위를 부딪쳐 소리 나게 하다
45 다른 사람에게 특별한 방식으로 어떤 영향을 주거나 대하다/ 사람이나 동물, 물체 따위가 행동이나 작용을 이루다/ 어떠한 결과를 이루어내다/ 이르거나 말하다
46 시간이나 세월이 지나가다/ 액체 따위가 낮은 곳으로 내려가거나 넘쳐서 떨어지다
47 공중이나 물 위에 떠서 미끄러지듯이 나아가다/ 시간이나 세월이 지나가다
48 다른 것과 비교하여 그것과 다르지 않다/ 서로 다르지 않고 하나이다/ 추측, 불확실한 단정을 나타내는 말
49 이어지는 시간상의 한 때에서 다른 때까지의 동안이 오래다/ 잇닿아 있는 물체의 두 끝이 서로 멀다

끝없다, 낯설다, 낯익다, 넓다, 높다, 눈부시다, 다르다, 다정하다, 달콤하다, 답답하다, 덧없다, 두렵다, 따뜻하다, 따스하다, 뜨겁다, 많다, 맑다, 머나멀다, 멀다, 멍하다, 목마르다, 무겁다, 무섭다, 밉다, 부드럽다, 붉다, 사랑스럽다, 새롭다, 서글프다, 서럽다, 소중하다, 속절없다, 수많다, 수줍다, 숱하다, 쉽다, 슬프다, 시리다, 시원하다, 신비하다, 싫다, 싱그럽다, 쓸쓸하다, 아니다, 아득하다, 아련하다, 아름답다, 아쉽다, 아프다, 안타깝다, 야속하다, 어김없다, 어둡다, 어렵다, 어리다[50], 어여쁘다, 어지럽다, 없다[51], 여리다, 연약하다, 영원하다, 옳다, 외롭다, 이러하다, 이렇게, 이르다[52], 익다, 익숙하다, 있다[53], 자욱하다, 자유롭다, 작다, 정답다, 좋다, 즐겁다, 지루하다, 진실하다, 짙다, 짧다, 차갑다, 차다, 찬란하다, 철없다, 초라하다, 춥다, 커다랗다, 크다, 투명하다, 편하다, 푸르다, 필요하다, 하얗다, 한없다, 행복하다, 허전하다, 험하다, 화려하다, 황홀하다, 희다, 희미하다, 힘겹다, 힘들다

보조용언(VX) 15개

가다, 나가다, 내다[54], 놓다[55], 듯하다, 말다, 버리다[56], 보다[57], 싶다, 않다[58], 오다[59], 있다[60], 주다[61], 지다[62], 하다[63]

---

50 나이가 적다
51 사람, 동물, 물체 따위가 실제로 존재하지 않는 상태이다/ 어떤 사실이나 현상이 현실로 존재하지 않는 상태이다/ 어떤 일이 가능하지 않다
52 대중이나 기준을 잡은 때보다 앞서거나 빠르다
53 어떤 사실이나 상태가 존재하는 상태/ 어떤 일을 이루거나 발생하는 것이 가능함을 나타내는 말
54 앞말이 뜻하는 행동이 스스로의 힘으로 끝내 이루어짐을 나타내는 말
55 앞말이 뜻하는 행동을 끝내고 그 결과를 유지함을 나타내는 말
56 앞말이 나타내는 행동이 이미 끝났음을 나타내는 말
57 앞말이 뜻하는 행동 후에 뒷말이 뜻하는 사실을 새로 깨달음을 나타내는 말/ 앞말이 뜻하는 행동이나 상태를 어렴풋이 인식하고 있음을 나타내는 말/ 어떤 행동을 시험 삼아 함을 나타내는 말

관형사(MM) 17개

그[64], 그런, 긴긴, 단, 두, 모든, 무슨, 보다[65], 아무[66], 어느, 어떤, 어인, 오랜, 이[67], 이런, 저, 한[68]

부사(MA) 72개

가끔, 가득, 가만히, 갑자기, 같이, 과연, 그냥, 그래도, 그러나, 그렇지만, 그만, 그저, 너무, 너무나, 늘, 다, 다시, 더, 더욱, 따라서, 때로, 또, 또다시, 뜻대로, 마냥, 마저, 멀리, 멀리멀리, 모두, 몰래, 못, 뱅뱅, 살며시, 살짝, 서리서리, 수없이, 쉬이, 쓸쓸히, 아니, 아마, 아주, 아직, 어느새, 어쩌다가, 어쩌면, 어쩐지, 어차피, 언제나, 언젠가, 얼마나, 오손도손, 오직, 와, 왜, 왠지, 우연히, 유난히, 이리저리, 이제야, 이토록, 자꾸, 저마다, 점점, 정녕, 차라리, 차마, 참, 텅, 하지만, 한번[69], 함께, 홀로

---

58 앞말이 뜻하는 상태를 부정하는 뜻을 나타내는 말/ 앞말이 뜻하는 행동을 부정하는 말
59 앞말이 뜻하는 행동이나 상태가 계속 진행됨을 나타내는 말
60 앞말이 뜻하는 행동이 계속 진행되고 있음을 나타내는 말/ 앞말이 뜻하는 행동이나 변화가 끝난 상태가 지속됨을 나타내는 말
61 앞 동사의 행위가 다른 사람의 행위에 영향을 미침을 나타내는 말
62 앞말이 뜻하는 상태로 됨을 나타내는 말/ 앞말이 뜻하는 대로 하게 됨을 나타내는 말
63 앞말이 뜻하는 행동을 하는 것이 필요함을 나타내는 말/ 앞말이 뜻하는 행동이나 상태를 의도함을 나타내는 말/
64 듣는 이에게 가까이 있는 대상을 가리킬 때 쓰는 말/ 확실하지 아니한 일을 가리킬 때 쓰는 말
65 말하는 이가 생각하고 있는 대상을 가리킬 때 쓰는 말
66 전혀 어떠한의 뜻을 나타내는 말
67 말하는 이가 생각하고 있는 대상을 가리킬 때 쓰는 말/ 대상을 가리킬 때 쓰는 말
68 그 수량이 하나임을 나타내는 말
69 어떤 일을 시험 삼아 시도함을 나타내는 말/ 일단 한 차례

격조사(JK) 3개
  로부터, 보다[70], 처음

보조사(JX) 9개
  그래, 까지, 따라, 마다, 만, 밖에, 부터, 뿐, 토록

---

70 비교의 뜻을 나타내는 격조사

2. 기간별 출현 양상

2.1. 전 기간 출현 어휘

조용필 자작곡 83편에서 보이는 1197개의 어휘를 출현 횟수, 출현 곡수, 품사별로 종합한 결과는 다음과 같다.

【전 기간 자작곡에서의 출현 어휘 종합】

출현 곡수	출현 횟수	어휘	품사	출현 곡수	출현 횟수	어휘	품사
57	253	나	NP	1	2	고뇌	NN
52	224	사랑	NN	1	1	고단하다	VA
41	125	내	NP	1	2	고백	NN
38	70	가슴	NN	1	2	고추잠자리	NN
37	98	마음	NN	1	2	골짜기	NN
36	207	그대	NP	1	2	과거	NN
32	90	속	NN	1	1	과연	MA
30	69	바람	NN	1	1	광야	NN
29	73	그	MM	1	2	광풍	NN
29	101	없다	VA	1	1	괜하다	VA
27	50	알다	VV	1	2	괴로움	NN
26	97	우리	NP	1	2	괴로워하다	VV
26	53	처럼	JK	1	1	교회당	NN
25	82	떠나다	VV	1	1	굳다	VV
25	58	이제	NN	1	1	굴러가다	VV
24	54	잊다	VV	1	1	굴러다니다	VV
23	55	가다	VV	1	1	권하다	VV
23	88	것	NNB	1	1	귀	NN
23	51	눈물	NN	1	6	귀로	NN
22	48	없다	VA	1	2	귀엽다	VA
22	39	모두	MA	1	3	그늘	NN
22	66	꿈	NN	1	3	그래	JX
22	73	있다	VA	1	2	그래	EX

제3장 통계 산출 결과 | 41

출현곡수	출현횟수	어휘	품사	출현곡수	출현횟수	어휘	품사
21	47	보다	VV	1	3	그럴지만	MA
21	54	사랑하다	VV	1	1	그림	NN
21	70	찾다	VV	1	2	그이	NP
19	29	만	JX	1	1	금침	NN
19	44	싶다	VX	1	1	기슭	NN
19	44	않다	VX	1	3	기억되다	VV
19	41	추억	NN	1	1	기차	NN
18	33	슬프다	VA	1	1	긴긴	MM
18	38	하늘	NN	1	2	길다	VA
18	36	때	NN	1	2	길목	NN
18	45	울다	VV	1	1	깃들다	VV
17	75	너	NP	1	2	까마득하다	VA
17	35	버리다	VX	1	2	깔리다	VV
17	31	시간	NN	1	3	깨물다	VV
17	40	어디	NP	1	6	꺼지다	VV
17	45	저	MM	1	2	꺾이다	VV
16	45	남다	VV	1	1	꼬마	NN
16	53	모습	NN	1	1	꽃그늘	NN
15	26	가다	VX	1	4	꽃다발	NN
15	28	세월	NN	1	1	꽃물	NN
15	40	아름답다	VA	1	6	꽃바람	NN
14	22	날	NN	1	1	꽃상여	NN
14	29	만나다	VV	1	2	꽃씨	NN
14	39	멀다	VA	1	1	꽃잎	NN
14	24	슬픔	NN	1	28	꾀꼬리	NN
14	36	아직	MA	1	2	꿈	NN
14	32	이	MM	1	3	꿈결	NN
13	32	다시	MA	1	2	꿈길	NN
13	25	되다	VV	1	2	끊임없다	VA
13	23	못하다	VV	1	1	끌어안다	VV
13	23	별	NN	1	1	끝나다	VV
13	22	사람	NN	1	1	끼리	EX
13	31	하지만	MA	1	1	나가다	VV
13	21	헤매다	VV	1	2	나날	NN
12	17	밤	NN	1	6	나누다	VV
12	29	보이다	VV	1	2	나누다	VV
12	26	있다	VV	1	1	나다	VV
12	14	작다	VA	1	3	나비리본	NN
12	30	주다	VX	1	2	낙엽	NN
12	25	지금	NN	1	2	날개	NN

출현곡수	출현횟수	어휘	품사	출현곡수	출현횟수	어휘	품사
12	20	하다	VX	1	3	날아오다	VV
12	19	혼자	NN	1	2	남	NN
11	34	곳	NN	1	2	남자	NN
11	24	그립다	VA	1	2	남색	NN
11	30	기다리다	VV	1	4	낯설다	VA
11	29	말	NN	1	1	낯익다	VA
11	20	말하다	VV	1	1	내놓다	VV
11	22	세상	NN	1	1	내다	VX
11	26	어둠	NN	1	1	내다	VV
11	26	있다	VX	1	1	내려앉다	VV
11	16	지다	VX	1	1	내리다	VV
11	20	지우다	VV	1	2	너무나	MA
10	17	감다	VV	1	2	넋	NN
10	31	모르다	VV	1	2	넓다	VA
10	12	미소	NN	1	3	넘다	VV
10	31	보다	VX	1	3	년	NNB
10	10	사이	NN	1	1	노	NN
10	21	살다	VV	1	1	노도	NN
10	40	왜	MA	1	1	노랑나비	NN
10	19	이별	NN	1	1	놓다	VV
10	21	있다	VA	1	1	놓다	VV
9	23	거리	NN	1	1	눈길	NN
9	21	곁	NN	1	1	눈보라	NN
9	21	구름	NN	1	1	눈앞	NN
9	19	그리움	NN	1	2	늪	NN
9	22	끝없다	VA	1	1	다가가다	VV
9	27	너무	MA	1	3	다가서다	VV
9	22	누가	NP	1	1	다발	NN
9	21	누구	NP	1	3	단발머리	NN
9	16	눈빛	NN	1	2	단청	NN
9	20	모든	MM	1	2	달래다	VV
9	20	부르다	VV	1	6	달려가다	VV
9	16	사라지다	VV	1	2	달콤하다	VA
9	25	여기	NP	1	1	담기다	VV
9	22	오다	VX	1	1	답답하다	VA
9	15	외롭다	VA	1	1	닿다	VV
9	16	지치다	VV	1	1	대다	VV
9	14	푸르다	VA	1	2	대답	NN
9	14	한	MM	1	2	대로	NNB
8	23	그곳	NP	1	1	대신	NN

출현곡수	출현횟수	어휘	품사	출현곡수	출현횟수	어휘	품사
8	24	꿈꾸다	VV	1	1	댕기	NN
8	29	눈	NN	1	1	더욱	MA
8	11	느끼다	VV	1	2	더하다	VV
8	14	님	NN	1	3	던지다	VV
8	13	돌아서다	VV	1	1	덧없다	VA
8	11	많다	VA	1	2	데려가다	VV
8	34	말다	VV	1	1	도록	EC
8	33	바다	NN	1	1	도박사	NN
8	17	생각하다	VV	1	2	돌아보다	VV
8	45	아니다	VA	1	2	돌이키다	VV
8	13	아프다	VA	1	2	돌쩌귀	NN
8	11	얼굴	NN	1	2	동쪽	NN
8	31	오늘	NN	1	1	동화	NN
8	13	하나	NR	1	1	두근거리다	VV
8	16	하다	VV	1	1	두려움	NN
7	16	같다	VA	1	2	두렵다	VA
7	44	그	MM	1	1	뒤돌아보다	VV
7	15	그렇게	VA	1	1	뒤돌아서다	VV
7	13	길	NN	1	2	뒤로하다	VV
7	14	날아가다	VV	1	1	뒷산	NN
7	8	다	MA	1	3	들다	VV
7	11	다가오다	VV	1	3	들려오다	VV
7	11	도시	NN	1	1	들이다	VV
7	23	돌아오다	VV	1	1	등불	NN
7	18	떠나가다	VV	1	1	딛다	VV
7	24	무엇	NP	1	2	따다	VV
7	10	물들다	VV	1	2	따뜻하다	VA
7	14	바라보다	VV	1	3	따라	JX
7	7	보다	VX	1	1	따라서	MA
7	16	불다	VV	1	1	떠돌다	VV
7	10	서다	VV	1	2	떨구다	VV
7	13	어둡다	VA	1	2	떨기	NN
7	20	언제나	MA	1	2	또다시	MA
7	13	웃다	VV	1	2	뛰다	VV
7	13	위	NN	1	4	뛰어가다	VV
7	15	이름	NN	1	1	뜬다	VV
7	14	인생	NN	1	2	뜰	NN
7	13	있다	VX	1	1	뜻대로	MA
7	12	지나가다	VV	1	2	띄우다	VV
7	20	지다	VX	1	1	띠다	VV

출현곡수	출현횟수	어휘	품사	출현곡수	출현횟수	어휘	품사
7	8	함께	MA	1	1	램프	NN
7	8	화려하다	VA	1	1	로부터	JK
7	16	흐르다	VV	1	2	로켓	NN
6	10	곱다	VA	1	2	리본	NN
6	25	그	NP	1	1	마냥	MA
6	25	그렇다	VA	1	10	마도요	NN
6	11	길다	VA	1	2	마르다	NN
6	11	깊다	VA	1	2	마시다	VV
6	10	까지	JX	1	2	마음속	NN
6	18	꽃	NN	1	1	만큼	NNB
6	22	노래	NN	1	1	말다	VX
6	15	당신	NP	1	2	맑다	VA
6	9	되다	VV	1	1	망설이다	VV
6	11	두	MM	1	1	맞이하다	VV
6	10	듣다	VV	1	1	맞추다	VV
6	14	또	MA	1	1	맹세하다	VV
6	12	뜨겁다	VA	1	1	맺다	VV
6	12	머물다	VV	1	1	머리	NN
6	19	버리다	VV	1	1	머릿결	NN
6	14	변하다	VV	1	1	머무르다	VV
6	9	부터	JX	1	1	먹구름	NN
6	7	비다	VV	1	2	먹다	VV
6	13	빛	NN	1	1	먼동	NN
6	12	빛나다	VV	1	1	멀리멀리	MA
6	16	소리	NN	1	1	멀리하다	VV
6	8	손	NN	1	1	메다	VV
6	7	순간	NN	1	2	몇	NR
6	10	쉬다	VV	1	17	모나리자	NNP
6	16	싫다	VA	1	2	모래성	NN
6	13	아쉽다	VA	1	2	모르다	VV
6	8	앞	NN	1	4	모으다	VV
6	9	얘기하다	VV	1	6	모이다	VV
6	14	어느	MM	1	1	목	NN
6	15	어제	NN	1	2	목련	NN
6	8	언제	NP	1	2	목련꽃	NN
6	14	언젠가	MA	1	3	목마르다	VA
6	16	영원하다	VA	1	2	목메다	VV
6	16	위하다	VV	1	2	몰래	MA
6	13	이렇게	VA	1	1	몰려오다	VV
6	16	잃다	VV	1	1	몸	NN

출현곡수	출현횟수	어휘	품사	출현곡수	출현횟수	어휘	품사
6	13	입술	NN	1	1	무겁다	VA
6	16	저기	NP	1	1	무렵	NNB
6	19	좋다	VA	1	1	무섭다	VA
6	10	지나다	VV	1	2	묶다	VV
6	9	처음	NN	1	3	문	NN
6	9	친구	NN	1	1	문턱	NN
6	16	파도	NN	1	6	묻다	VV
6	7	하얗다	VA	1	2	묻히다	VV
6	12	해	NN	1	1	물건	NN
6	7	햇살	NN	1	2	물망초	NN
6	15	흐르다	VV	1	1	물방울	NN
5	7	가다	VV	1	9	물어보다	VV
5	7	같다	VA	1	2	미안	NN
5	8	걷다	VV	1	1	미움	NN
5	5	고통	NN	1	2	미치다	VV
5	11	그런	MM	1	8	민들레	NN
5	7	그리워하다	VV	1	1	밀어	NN
5	9	그림자	NN	1	2	밉다	VA
5	8	기쁨	NN	1	1	바람결	NN
5	12	길	NN	1	1	바로	NNB
5	8	꿈속	NN	1	1	바퀴	NN
5	12	돌다	VV	1	1	밖에	JX
5	11	들리다	VV	1	1	반	NN
5	10	따르다	VV	1	4	반기다	VV
5	17	떨리다	VV	1	3	반짝이다	VV
5	5	멀어지다	VV	1	2	발밑	NN
5	19	못	MA	1	1	밝다	VV
5	11	믿다	VV	1	1	밝히다	VV
5	15	부르다	VV	1	1	밤새	NN
5	6	불빛	NN	1	3	방	NN
5	8	불어오다	VV	1	2	방랑	NN
5	7	붉다	VA	1	2	방황하다	VV
5	16	비	NN	1	1	배	NN
5	10	비바람	NN	1	1	배낭	NN
5	9	숨	NN	1	1	배반	NN
5	7	스치다	VV	1	2	배우다	VV
5	7	쓸쓸하다	VA	1	1	백골	NN
5	7	아무	MM	1	2	뱅뱅	MA
5	5	아침	NN	1	1	벗어나다	VV
5	10	안다	VV	1	1	베고니아	NN

출현곡수	출현횟수	어휘	품사	출현곡수	출현횟수	어휘	품사
5	13	약속	NN	1	1	베다	VV
5	15	어리다	VA	1	2	베아트리체	NNP
5	8	영혼	NN	1	3	벨	NN
5	10	오다	VV	1	1	벽계수	NN
5	12	오다	VV	1	1	벽련화	NN
5	13	잃어버리다	VV	1	1	별리	NN
5	12	자꾸	MA	1	2	보고	VV
5	6	잡다	VV	1	1	보다	MM
5	9	짓다	VV	1	5	보랏빛	NN
5	7	채	NNB	1	1	보채다	VV
5	7	태양	NN	1	1	부드럽다	VA
5	12	하루	NN	1	2	부딪치다	VV
5	14	향하다	VV	1	1	부르다	VV
5	7	흔들리다	VV	1	2	부서지다	VV
5	15	희망	NN	1	3	부풀다	VV
4	5	가로등	NN	1	1	북	NN
4	8	간절하다	VA	1	6	불	NN
4	6	간직하다	VV	1	1	불다	VV
4	7	강	NN	1	2	불멸	NN
4	5	강물	NN	1	4	비추다	VV
4	7	고개	NN	1	4	빈자리	NN
4	9	그냥	MA	1	3	빗다	VV
4	8	그녀	NP	1	4	빗물	NN
4	11	기대다	VV	1	2	빗속	NN
4	7	날다	VV	1	2	빠져들다	VV
4	8	남기다	VV	1	3	뺨	NN
4	8	내리다	VV	1	4	뿌리	NN
4	5	달빛	NN	1	1	뿐	NNB
4	7	되다	VV	1	1	사	NR
4	5	땅	NN	1	1	사냥꾼	NN
4	6	뜨다	VV	1	1	사로잡다	VV
4	6	묻다	VV	1	4	사막	NN
4	11	물결	NN	1	1	사진	NN
4	16	미련	NN	1	2	산	NN
4	4	보내다	VV	1	2	산고	NN
4	4	불꽃	NN	1	6	산유화	NN
4	8	서로	NN	1	2	산중	NN
4	12	소중하다	VA	1	1	살며시	MA
4	4	수많다	VA	1	4	살아가다	VV
4	9	숨결	NN	1	1	살짝	MA

출현곡수	출현횟수	어휘	품사	출현곡수	출현횟수	어휘	품사
4	5	숨다	VV	1	1	살풀이	NN
4	5	쉽다	VA	1	2	살피다	VV
4	6	아래	NN	1	1	삼경	NN
4	9	아쉬워하다	VV	1	3	상자	NN
4	5	어깨	NN	1	2	상하다	VV
4	7	언덕	NN	1	3	새	NN
4	6	영원	NN	1	2	새기다	VV
4	8	외로움	NN	1	1	새다	VV
4	7	이슬	NN	1	2	새롭다	VA
4	4	이야기	NN	1	1	새벽달	NN
4	5	잠	NN	1	1	색깔	NN
4	6	젖다	VV	1	1	샘	NN
4	6	주다	VV	1	1	생각	NN
4	6	지다	VV	1	1	생각나다	VV
4	12	지키다	VV	1	1	샹들리에	NN
4	5	초라하다	VA	1	1	서두르다	VV
4	4	타오르다	VV	1	1	서리	NN
4	5	피다	VV	1	1	서리서리	MA
4	10	하다	VV	1	3	서성이다	VV
4	8	행복	NN	1	36	서울	NN
4	7	향기	NN	1	2	석양	NN
4	6	홀로	MA	1	1	선물	NN
4	8	흘러가다	VV	1	1	선영	NN
4	6	흩어지다	VV	1	2	설움	NN
4	4	희미하다	VA	1	1	섬	NN
3	56	l	EX	1	1	세다	VV
3	41	Love	EX	1	1	세상일	NN
3	5	가득	MA	1	1	소원	NN
3	4	가리다	VV	1	1	소음	NN
3	4	감추다	VV	1	4	속다	VV
3	9	같이	MA	1	1	속삭임	NN
3	3	고독	NN	1	1	속절없다	VA
3	9	고독하다	VA	1	1	손마디	NN
3	7	고향	NN	1	2	손수건	NN
3	8	괴롭다	VA	1	1	손잡다	VV
3	4	그것	NP	1	1	손짓	NN
3	6	그날	NN	1	1	솟아오르다	VV
3	6	그래도	MAJ	1	2	수없이	MA
3	4	그러나	MAJ	1	1	수줍다	VA
3	3	그리다	VV	1	9	수지	NNP

출현 곡수	출현 횟수	어휘	품사	출현 곡수	출현 횟수	어휘	품사
3	5	기억하다	VV	1	2	순종	NN
3	3	깜박이다	VV	1	11	술래	NN
3	3	깨다	VV	1	1	술래잡기	NN
3	5	끝	NN	1	1	술잔	NN
3	3	나누다	VV	1	2	숨죽이다	VV
3	17	나무	NN	1	1	숱하다	VA
3	7	내일	NN	1	1	쉬이	MA
3	3	냇물	NN	1	2	슬퍼지다	VV
3	9	노을	NN	1	2	시선	NN
3	4	눈부시다	VA	1	1	신문	NN
3	5	늘	MA	1	2	신비하다	VA
3	5	늦다	VV	1	1	신호	NN
3	6	다르다	VA	1	1	싣다	VV
3	3	달	NN	1	1	싱그럽다	VA
3	5	돌	NN	1	1	싹	NN
3	5	되다	EX	1	2	쌓다	VV
3	5	두다	VV	1	2	쏟아지다	VV
3	11	뒤	NN	1	1	쓰다	VV
3	9	듯하다	VX	1	3	쓰러지다	VV
3	5	따스하다	VA	1	1	쓸리다	VV
3	6	떠오르다	VV	1	1	쓸쓸히	MA
3	8	마다	JX	1	1	씨	NN
3	6	마저	MA	1	1	씩	EX
3	4	마지막	NN	1	1	씻기다	VV
3	4	만남	NN	1	1	씻다	VV
3	6	맴돌다	VV	1	1	아가씨	NN
3	8	맺히다	VV	1	1	아기새	NN
3	5	멀리	MA	1	3	아니	MA
3	11	멈추다	VV	1	2	아득하다	VA
3	4	목소리	NN	1	1	아련하다	VA
3	3	무슨	MM	1	1	아름	NNB
3	5	무지개	NN	1	21	아리랑	NNP
3	9	물	NN	1	2	아리아리랑	NNP
3	9	바보	NN	1	4	아마	MA
3	9	받다	VV	1	1	아무것	NP
3	4	밤새다	VV	1	3	아물다	VV
3	3	비치다	VV	1	2	아스팔트	NN
3	4	빌딩	NN	1	6	아시아	NN
3	4	분	JX	1	9	아이마미	NNP
3	4	삶	NN	1	4	아주	MA

출현곡수	출현횟수	어휘	품사	출현곡수	출현횟수	어휘	품사
3	3	상처	NN	1	1	아파하다	VV
3	8	새	NN	1	3	안	NN
3	7	서러움	NN	1	1	안기다	VV
3	5	소리치다	VV	1	11	안녕	EX
3	3	소망	NN	1	1	안되다	VV
3	9	손길	NN	1	2	안타깝다	VA
3	5	슬퍼하다	VV	1	2	알리다	VV
3	6	시리다	VA	1	1	앗다	VV
3	4	시작	NN	1	4	앞서가다	VV
3	3	시절	NN	1	8	애	NN
3	3	아이	NN	1	4	애기	NN
3	4	아픔	NN	1	1	야속하다	VA
3	3	안개	NN	1	1	야위다	VV
3	3	앉다	VV	1	2	약속하다	VV
3	7	열다	VV	1	1	양귀비	NNP
3	4	원하다	VV	1	2	어김없다	VA
3	12	의미	NN	1	1	어깨너머	VV
3	6	이곳	NP	1	1	어느	MM
3	4	인사	NN	1	1	어느새	MA
3	5	일	NN	1	5	어떤	MM
3	5	있다	VV	1	1	어리다	VV
3	5	잊히다	VV	1	1	이버이	NN
3	4	자리	NN	1	1	어여쁘다	VA
3	4	잠들다	VV	1	2	어인	MM
3	10	장미꽃	NN	1	2	어즈버	EX
3	7	적시다	VV	1	2	어지럼	NN
3	7	전하다	VV	1	2	어지럽다	VA
3	10	정녕	MA	1	2	어쩌다	VV
3	5	지난날	NN	1	1	어쩌다가	MA
3	5	지다	VV	1	1	어쩐지	MA
3	6	진실	NN	1	2	어찌하다	VV
3	15	짧다	VA	1	2	어차피	MA
3	7	차라리	MA	1	5	억년	NN
3	3	창가	NN	1	1	언약	NN
3	7	찾아가다	VV	1	1	얻다	VV
3	3	채우다	VV	1	2	얼룩지다	VV
3	4	춤추다	VV	1	3	없다	VA
3	7	타다	VV	1	3	여미다	VV
3	4	텅	MA	1	2	여울지다	VV
3	4	하다	VV	1	4	여인	NN

출현곡수	출현횟수	어휘	품사	출현곡수	출현횟수	어휘	품사
3	6	한마디	NN	1	1	역사	NN
3	4	한번	MA	1	1	엮다	VV
3	4	한숨	NN	1	1	연기	NN
3	3	헤어지다	VV	1	1	연분	NN
3	3	흔들다	VV	1	1	연속	NN
3	7	흔적	NN	1	3	연약하다	VA
3	7	흘러가다	VV	1	1	열다	VV
3	5	힘겹다	VA	1	1	엽서	NN
2	44	You	EX	1	3	옆	NN
2	3	가깝다	VA	1	2	옛날	NN
2	2	가끔	MA	1	2	옛일	NN
2	6	갑자기	MA	1	3	오다	VV
2	3	강아지	NN	1	1	오다	VV
2	2	거울	NN	1	1	오랜	MM
2	4	건너다	VV	1	1	오손도손	MA
2	4	계절	NN	1	1	오후	NN
2	2	골목	NN	1	3	온밤	NN
2	6	굽이	NN	1	1	옳다	VA
2	2	그때	NN	1	2	옷	NN
2	3	그리다	VV	1	1	옷깃	NN
2	4	그만	MA	1	2	와	MA
2	4	그저	MA	1	2	왕자	NN
2	3	기대	NN	1	1	외기러기	NN
2	4	기도하다	VV	1	2	외치다	VV
2	6	기쁘다	VA	1	4	요정	NN
2	5	기약	NN	1	2	욕심	NN
2	5	기억	NN	1	3	용서하다	VV
2	3	깊이	NN	1	1	우기다	VV
2	2	까맣다	VA	1	1	우연히	MA
2	3	깨우다	VV	1	4	우주	NN
2	3	꽃피다	VV	1	1	우체국	NN
2	2	꽃향기	NN	1	2	운명	NN
2	3	나가다	VX	1	1	울렁이다	VV
2	5	나그네	NN	1	3	울리다	VV
2	3	나다	VV	1	1	울먹이다	VV
2	4	나비	NN	1	1	울부짖다	VV
2	3	나오다	VV	1	1	움직이다	VV
2	4	날	NP	1	2	웃음	NN
2	6	날갯짓	NN	1	1	원앙	NN
2	2	날리다	VV	1	1	월	NN

출현곡수	출현횟수	어휘	품사	출현곡수	출현횟수	어휘	품사
2	3	남겨지다	VV	1	2	위로	NN
2	2	내밀다	VV	1	1	유난히	MA
2	3	너머	NN	1	1	유리	NN
2	2	넘치다	VV	1	2	유혹	NN
2	2	네온사인	NN	1	2	은색	NN
2	4	노래하다	VV	1	1	은하수	NN
2	4	높다	VA	1	4	음성	NN
2	3	놓다	VX	1	2	이	NNB
2	5	눈망울	NN	1	1	이	NP
2	3	다정하다	VA	1	1	이	MM
2	3	다하다	VV	1	2	이것	NP
2	3	다하다	VV	1	1	이국	NN
2	5	단	MM	1	2	이끼	NN
2	3	달님	NN	1	2	이러하다	VA
2	3	달려오다	VV	1	2	이루어지다	VV
2	3	담다	VV	1	2	이르다	VV
2	4	대지	NN	1	1	이리저리	MA
2	5	더	MA	1	1	이상	NN
2	4	돌아가다	VV	1	2	이유	NN
2	4	되다	VV	1	1	이제야	MA
2	4	되살아나다	VV	1	2	이토록	MA
2	2	둘	NR	1	2	익다	VA
2	3	들꽃	NN	1	1	익숙하다	VA
2	4	때로	MA	1	2	인연	NN
2	4	때문	NNB	1	2	인형	NN
2	2	뜻	NN	1	1	일렁이다	VV
2	3	마주하다	VV	1	6	일편단심	NN
2	4	만들다	VV	1	1	입김	NN
2	5	머나멀다	VA	1	1	입다	VV
2	3	멍하다	VA	1	1	입맞춤	NN
2	10	메아리	NN	1	1	잎	NN
2	3	모래	NN	1	2	잎새	NN
2	5	몰아치다	VV	1	1	자국	NN
2	2	무너지다	VV	1	1	자다	VV
2	6	무뎌지다	VV	1	1	자욱	NN
2	5	물새	NN	1	1	자욱하다	VA
2	6	미래	NN	1	3	자유롭다	VA
2	5	미워하다	VV	1	3	자장가	NN
2	4	미지	NN	1	2	자존심	NN
2	13	밀리다	VV	1	1	자취	NN

출현곡수	출현횟수	어휘	품사	출현곡수	출현횟수	어휘	품사
2	3	밤하늘	NN	1	1	작별	NN
2	4	벽	NN	1	2	잠들다	VV
2	3	보다	VV	1	2	잠시	NN
2	12	보다	JK	1	3	잠자다	VV
2	3	비밀	NN	1	1	잡초	NN
2	4	빠지다	VV	1	3	잡히다	VV
2	3	뿌리다	VV	1	1	장고	NN
2	4	사랑스럽다	VA	1	1	장난감	NN
2	2	사연	NN	1	2	장미	NN
2	3	새벽	NN	1	1	재촉하다	VV
2	2	새소리	NN	1	1	저녁	NN
2	6	생기다	VV	1	1	저녁노을	NN
2	12	생명	NN	1	2	저물다	VV
2	3	서글프다	VA	1	3	적	NNB
2	2	서럽다	VA	1	1	적다	VV
2	4	서성거리다	VV	1	2	전	NN
2	2	설레다	VV	1	1	전봇대	NN
2	6	세계	NN	1	2	전부	NN
2	16	소녀	NN	1	1	전생	NN
2	8	속	NN	1	1	절망	NN
2	3	속삭이다	VV	1	6	젊은이	NN
2	2	솟아나다	VV	1	2	점점	MA
2	2	숙이다	VV	1	1	젓다	VV
2	4	숨소리	NN	1	1	정글	NN
2	3	숲	NN	1	2	정답다	VA
2	2	숲속	NN	1	3	정말	NN
2	2	쉬다	VV	1	1	정처	NN
2	2	스며들다	VV	1	2	젖다	VV
2	3	시들다	VV	1	3	제일	NN
2	4	시련	NN	1	1	조각	NN
2	3	시원하다	VA	1	2	조각나다	VV
2	3	시작하다	VV	1	1	종이배	NN
2	2	쌓이다	VV	1	2	좋아하다	VV
2	4	쓴웃음	NN	1	1	죄	NN
2	3	아무	NP	1	3	주어지다	VV
2	3	애타다	VV	1	2	주저앉다	VV
2	2	얘기	NN	1	2	줄	NN
2	3	어렵다	VA	1	1	즐겁다	VA
2	2	어른	NN	1	1	지내다	VV
2	2	어젯밤	NN	1	1	지다	VV

출현곡수	출현횟수	어휘	품사	출현곡수	출현횟수	어휘	품사
2	3	어쩌면	MA	1	2	지루하다	VA
2	3	얼마나	MA	1	1	지붕	NN
2	11	엄마	NN	1	2	지상	NN
2	4	여기저기	NN	1	3	지켜보다	VV
2	3	여름	NN	1	1	진실하다	VA
2	3	여리다	VA	1	2	질문	NN
2	2	여자	NN	1	2	짙다	VA
2	9	여행	NN	1	1	짙어지다	VV
2	5	오래전	NN	1	1	쯤	EX
2	5	오랫동안	NN	1	1	차다	VA
2	6	오직	MA	1	3	차마	MA
2	2	왠지	MA	1	9	착각	NN
2	2	울리다	VV	1	1	찬란하다	VA
2	5	이런	MM	1	1	참	MA
2	2	이르다	VA	1	1	창	NN
2	4	이별하다	VV	1	1	창문	NN
2	3	입	NN	1	1	천	NR
2	3	잔	NN	1	2	천국	NN
2	3	저마다	MA	1	1	천사	NN
2	6	저편	NP	1	4	철부지	NN
2	3	적시다	VV	1	1	청산	NN
2	5	젊음	NN	1	1	청초	NN
2	4	접다	VV	1	10	촛불	NN
2	5	정	NN	1	2	최선	NN
2	2	줄기	NN	1	3	축복	NN
2	3	지구	NN	1	1	춘풍	NN
2	20	지나치다	VV	1	3	출렁이다	VV
2	2	지니다	VV	1	1	춤	NN
2	4	차	NN	1	2	춤추다	VV
2	5	차갑다	VA	1	1	춥다	VA
2	4	찬바람	NN	1	1	취하다	VV
2	5	찾아오다	VV	1	1	치다	VV
2	6	철새	NN	1	3	치다	VV
2	3	철없다	VA	1	1	커다랗다	VA
2	4	청춘	NN	1	2	커지다	VV
2	4	쳐다보다	VV	1	1	커피숍	NN
2	2	축제	NN	1	1	크다	VA
2	10	켜다	VV	1	2	타협하다	VV
2	3	키	NN	1	1	털어놓다	VV
2	2	타인	NN	1	6	토록	JX

출현곡수	출현횟수	어휘	품사	출현곡수	출현횟수	어휘	품사
2	4	표정	NN	1	1	통곡	NN
2	4	하다	VV	1	1	투명하다	VA
2	3	한번	MA	1	1	트다	VV
2	3	함께하다	VV	1	2	파고들다	VV
2	3	행복하다	VA	1	1	파도치다	VV
2	2	허공	NN	1	3	판도라	NN
2	5	환상	NN	1	3	퍼지다	VV
2	10	황홀하다	VA	1	2	편하다	VA
2	3	후	NN	1	1	펼치다	VV
2	3	휘감다	VV	1	4	평화	NN
2	2	흐리다	VV	1	2	포옹하다	VV
2	5	희다	VA	1	1	표시	NN
2	6	힘들다	VA	1	3	풀잎	NN
1	8	And	EX	1	1	품	NN
1	6	Asia	EX	1	1	품다	VV
1	6	Firecracker	EX	1	1	풍선	NN
1	4	Forget	EX	1	1	피눈물	NN
1	1	IC회로	EX	1	3	피어나다	VV
1	7	MISS	EX	1	1	피우다	VV
1	4	My	EX	1	1	필요하다	VA
1	4	Never	EX	1	13	하나	NN
1	3	Runner	EX	1	4	하루해	NN
1	8	See	EX	1	2	한	EX
1	1	TV	EX	1	2	한	NN
1	8	Wanna	EX	1	3	한강	NN
1	4	가득하다	VA	1	2	한걸음	NN
1	2	가로지르다	VV	1	3	한곳	NN
1	1	가만히	MA	1	1	한낮	NN
1	4	가슴	NN	1	1	한세월	NN
1	2	가슴속	NN	1	2	한없다	VA
1	1	가슴앓이하다	VV	1	2	한잔	NN
1	1	가시다	VV	1	2	한참	NN
1	2	가시밭길	NN	1	1	함성	NN
1	2	가을빛	NN	1	1	합창	NN
1	1	가져가다	VV	1	2	해	NN
1	1	가족	NN	1	7	해바라기	NN
1	1	간곳없다	VA	1	1	해보다	VV
1	1	간밤	NN	1	4	했다	VV
1	1	간양록	NNP	1	1	허리	NN
1	1	같히다	VV	1	1	허전하다	VA

출현곡수	출현횟수	어휘	품사	출현곡수	출현횟수	어휘	품사
1	3	거기	NP	1	2	험하다	VA
1	4	거세다	VA	1	1	헤어나다	VV
1	2	거짓	NN	1	1	혹성	NN
1	2	거칠다	VA	1	2	혼	NN
1	1	걱정되다	VV	1	1	화분	NN
1	1	건	NNB	1	1	화살	NN
1	1	건	NP	1	1	화신	NN
1	1	걸다	VV	1	1	황금빛	NN
1	2	검다	VA	1	3	황진이	NNP
1	1	검푸르다	VA	1	7	회색	NN
1	2	겨울	NN	1	2	후회	NN
1	1	견우직녀	NN	1	1	휘파람	NN
1	1	결국	NN	1	1	휴일	NN
1	8	계곡	NN	1	2	흔들거리다	VV
1	1	계단	NN	1	2	흩날리다	VV
1	6	고개	NN				

　이상의 종합 결과, 1197개 어휘가 평균적으로 3.3곡에 출현한다는 사실이 확인된다. 그중에서 288개(24.0%)는 4곡 이상에서 출현하고, 4곡 미만에서 출현하는 어휘도 909개(75.9%)나 된다.

　가장 많은 곡에서 출현한 어휘는 총 57곡에서 출현한 '나(57)'이다. 그다음으로 '사랑(52)' → '내(41)' → '가슴(38)' → '마음(37)' → '그대(36)' → '속(32)' → '바람(30)' → '그·없다(29)' → '알다(27)' → '우리·처럼(26)' 순이다.

　1197개의 어휘는 전 기간 동안 평균 7.7회 출현한다. 이 중에서 287개는 8회 이상, 8회 미만인 것은 910개이다. 가장 많이 출현한 어휘는 총 253회 출현한 '나'이다. '나' 다음으로 '사랑(224)' → '그대(207)' → '내(125)' → '없다(101)' → '마음(98)' → '우리(97)' → '속(90)' → '것(88)' → '떠나다(82)' 순으로 출현 횟수가 많다.

2.2. 전반기 출현 어휘

1980년 제1집부터 1989년 제11집까지 <정규 앨범>에 수록된 자작곡 43편에서의 출현 어휘는 총 814개이다. 전반기 출현 어휘를 종합하면 다음의 표와 같다.

【 전반기 자작곡에서의 출현 어휘 】

출현 횟수	출현 곡수	어휘	품사	출현 횟수	출현 곡수	어휘	품사
137	28	나	NP	2	1	광풍	NN
94	23	사랑	NN	2	1	귀엽다	VA
81	15	그대	NP	2	2	그러나	MAJ
65	22	마음	NN	2	1	그만	MA
58	18	내	NP	2	1	그이	NP
56	3	I	EX	2	2	기쁨	NN
55	13	없다	VA	2	1	길다	VA
53	12	우리	NP	2	1	길다	VA
44	2	You	EX	2	2	까맣다	VA
43	7	너	NP	2	1	깔리다	VV
42	8	찾다	VV	2	2	깜박이다	VV
41	3	Love	EX	2	1	꺾이다	VV
40	1	서울	NN	2	1	껴안다	VV
34	14	가다	VV	2	1	꽃씨	NN
34	9	떠나다	VV	2	1	꿈길	NN
31	6	것	NNB	2	1	꿈속	NN
31	16	그	MM	2	1	끊임없다	VA
31	15	바람	NN	2	2	나누다	VV
31	9	잊다	VV	2	1	나다	VV
30	19	가슴	NN	2	1	낙엽	NN
30	2	그	MM	2	1	날	NP
30	14	눈물	NN	2	1	날개	NN
30	10	보다	VV	2	2	날리다	VV
28	1	꾀꼬리	NN	2	1	남	NN
27	14	알다	VV	2	2	남기다	VV
27	7	있다	VA	2	1	납색	NN
26	5	바다	NN	2	1	너머	NN
25	6	왜	MA	2	1	넓다	VA
25	9	울다	VV	2	1	넘다	VV

출현 횟수	출현 곡수	어휘	품사	출현 횟수	출현 곡수	어휘	품사
24	7	남다	VV	2	1	놓다	VX
24	10	사랑하다	VV	2	1	눈부시다	VA
23	6	모르다	VV	2	2	다	MA
23	7	저	MM	2	1	달래다	VV
22	4	아니다	VA	2	1	달콤하다	VA
21	7	이	MM	2	1	담다	VV
21	11	처럼	JK	2	1	대답	NN
20	4	그	NP	2	1	데려가다	VV
20	8	속	NN	2	1	돌아보다	VV
20	7	이제	NN	2	1	동쪽	NN
18	5	곳	NN	2	1	되다	XS
18	4	노래	NN	2	2	둘	NR
18	6	말	NN	2	1	들꽃	NN
18	2	무엇	NP	2	1	듯하다	VX
18	7	싶다	VX	2	1	따다	VV
17	8	때	NN	2	2	땅	NN
17	1	모나리자	NNP	2	2	떠오르다	VV
17	3	못	MA	2	1	떨기	NN
17	10	하늘	NN	2	1	또	MA
16	4	너무	MA	2	1	뛰다	VV
16	4	떨리다	VV	2	2	뜻	NN
16	6	만나다	VV	2	1	띄우다	VV
16	5	보이다	VV	2	1	마시다	VV
16	2	소녀	NN	2	1	마주하다	VV
16	6	않다	VX	2	2	맴돌다	VV
16	7	어디	NP	2	1	머무르다	VV
16	4	여기	NP	2	1	모으다	VV
15	4	거리	NN	2	1	목련꽃	NN
15	6	구름	NN	2	1	묶다	VV
15	3	그렇다	VA	2	2	묻다	VV
15	4	꽃	NN	2	1	물망초	NN
15	6	당신	NP	2	1	미래	NN
15	4	비	NN	2	1	미안	NN
15	7	아직	MA	2	1	미치다	VV
15	3	오늘	NN	2	1	밉다	VA
14	7	그리움	NN	2	1	반	NN
14	7	날	NN	2	1	반기다	VV
14	7	버리다	VX	2	1	발밑	NN
14	8	별	NN	2	1	방랑	NN
14	8	사람	NN	2	1	방황하다	VV

출현 횟수	출현 곡수	어휘	품사	출현 횟수	출현 곡수	어휘	품사
14	9	세월	NN	2	1	배우다	VV
14	5	있다	VV	2	1	뱅뱅	MA
14	4	주다	VX	2	1	변하다	VV
13	4	누가	NP	2	1	보다	VV
13	2	돌아오다	VV	2	2	불꽃	NN
13	4	보다	VX	2	2	불어오다	VV
13	5	소리	NN	2	1	붉다	VA
13	3	좋다	VA	2	1	비밀	NN
13	2	짧다	VA	2	1	빗속	NN
13	1	하나	NN	2	1	산	NN
13	8	한	MM	2	1	산고	NN
12	3	그립다	VA	2	1	산중	NN
12	9	모두	NN	2	2	살다	VV
12	3	미련	NN	2	2	상처	NN
12	3	버리다	VV	2	1	상하다	VV
12	3	어리다	VA	2	1	새벽	NN
12	4	오다	VX	2	2	설레다	VV
12	6	하다	VV	2	1	설움	NN
11	3	그곳	NP	2	1	속삭이다	VV
11	5	꿈	NN	2	1	손수건	NN
11	6	끝없다	VA	2	2	순간	NN
11	6	돌아서다	VV	2	2	숨죽이다	VV
11	3	멈추다	VV	2	1	시들다	VV
11	3	부르다	VV	2	1	시선	NN
11	1	술래	NN	2	1	시원하다	VA
11	4	아름답다	VA	2	1	시작하다	VV
11	1	안녕	EX	2	2	시절	NN
11	2	엄마	NN	2	1	신비하다	VA
11	6	없다	VA	2	1	쏟아지다	VV
11	3	위하다	VV	2	1	아스팔트	NN
11	6	인생	NN	2	2	아이	NN
11	6	하나	NR	2	2	안개	NN
11	6	헤매다	VV	2	1	안타깝다	VA
10	5	곁	NN	2	2	앉다	VV
10	4	그런	MM	2	1	알리다	VV
10	4	누구	NP	2	1	애타다	VV
10	6	님	NN	2	2	어둡다	VA
10	5	되다	VV	2	1	어인	MM
10	4	들리다	VV	2	1	어즈버	EX
10	1	마도요	NN	2	1	어지럼	NN

출현 횟수	출현 곡수	어휘	품사	출현 횟수	출현 곡수	어휘	품사
10	8	만	JX	2	1	어지럽다	VA
10	5	부르다	VV	2	1	여울지다	VV
10	1	생명	NN	2	2	여자	NN
10	5	지나가다	VV	2	2	영원	NN
10	1	촛불	NN	2	1	옛일	NN
10	4	흐르다	VV	2	1	옷	NN
9	5	가다	VX	2	1	외치다	VV
9	5	기다리다	VV	2	2	울리다	VV
9	3	돌다	VV	2	1	웃음	NN
9	3	물	NN	2	1	유혹	NN
9	1	물어보다	VV	2	1	은색	NN
9	3	받다	VV	2	1	이	NNB
9	3	생각하다	VV	2	1	이러하다	VA
9	1	수지	NNP	2	1	이루어지다	VV
9	6	슬픔	NN	2	1	이토록	MA
9	3	싫다	VA	2	1	인형	NN
9	3	아쉽다	VA	2	1	입	NN
9	3	이름	NN	2	1	잎새	NN
9	3	잃다	VV	2	1	자존심	NN
9	3	입술	NN	2	1	잠들다	VV
9	1	착각	NN	2	1	잠들다	VV
9	7	추억	NN	2	1	장미	NN
9	2	하지만	MA	2	1	장미꽃	NN
9	1	황홀하다	VA	2	1	저마다	MA
8	1	And	EX	2	1	저물다	VV
8	1	See	EX	2	1	적시다	VV
8	1	Wanna	EX	2	1	점점	MA
8	2	같이	MA	2	1	젖다	VV
8	1	계곡	NN	2	1	좋아하다	VV
8	3	그냥	MA	2	1	주저앉다	VV
8	4	날아가다	VV	2	1	줄	NN
8	2	노을	NN	2	1	질문	NN
8	3	뜨겁다	VA	2	1	짙다	VA
8	3	말다	VV	2	1	차	NN
8	4	머물다	VV	2	1	차갑다	VA
8	3	멀다	VA	2	1	찬바람	NN
8	4	모습	NN	2	2	창가	NN
8	3	물결	NN	2	1	채	NNB
8	1	민들레	NN	2	2	채우다	VV
8	6	밤	NN	2	1	쳐다보다	VV

출현횟수	출현곡수	어휘	품사	출현횟수	출현곡수	어휘	품사
8	5	세상	NN	2	2	축제	NN
8	3	숨결	NN	2	1	춤추다	VV
8	4	슬프다	VA	2	2	타오르다	VV
8	1	애	NN	2	2	타인	NN
8	1	여행	NN	2	2	태양	NN
8	3	이렇게	VA	2	1	파고들다	VV
8	4	있다	VA	2	1	포옹하다	VV
8	3	저기	NP	2	1	한	XP
8	4	지금	NN	2	1	한	NN
8	4	지다	VX	2	1	한없다	VA
7	1	MISS	EX	2	1	함성	NN
7	2	그렇게	VA	2	2	햇살	NN
7	3	깊다	VA	2	1	행복	NN
7	2	뒤	NN	2	1	향하다	VV
7	5	듣다	VV	2	2	헤어지다	VV
7	1	메아리	NN	2	1	혼	NN
7	5	못하다	VV	2	2	화려하다	VA
7	3	비바람	NN	2	1	후	NN
7	1	속	NN	2	1	휘감다	VV
7	2	손길	NN	2	2	흔들다	VV
7	4	쉬다	VV	2	2	희망	NN
7	3	안다	VV	2	2	희미하다	VA
7	2	어제	NN	1	1	IC회로	NN
7	5	이별	NN	1	1	가슴앓이하다	VV
7	4	있다	VX	1	1	가시다	VV
7	3	자꾸	MA	1	1	가져가다	VV
7	2	지키다	VV	1	1	가족	NN
7	5	하다	VX	1	1	간밤	NN
7	3	하루	NN	1	1	간양록	NNP
7	5	해	NN	1	1	감추다	VV
7	1	회색	NN	1	1	걱정되다	VV
6	1	Asia	EX	1	1	건	NP
6	1	Firecracker	EX	1	1	건너다	VV
6	4	가다	VV	1	1	검푸르다	VA
6	3	걷다	VV	1	1	견우직녀	NN
6	2	굽이	NN	1	1	계단	NN
6	4	그리워하다	VV	1	1	골목	NN
6	4	길	NN	1	1	광야	NN
6	1	꺼지다	VV	1	1	교회당	NN
6	1	꽃바람	NN	1	1	굴러가다	VV

출현 횟수	출현 곡수	어휘	품사	출현 횟수	출현 곡수	어휘	품사
6	5	눈	NN	1	1	권하다	VV
6	3	눈빛	NN	1	1	귀	NN
6	4	다시	MA	1	1	그것	NP
6	3	되다	VV	1	1	그때	NN
6	3	두	MM	1	1	그리다	VV
6	3	떠나가다	VV	1	1	그리다	VV
6	2	맺히다	VV	1	1	그림	NN
6	1	모이다	VV	1	1	금침	NN
6	1	묻다	VV	1	1	기대다	VV
6	4	물들다	VV	1	1	기차	NN
6	4	사라지다	VV	1	1	긴긴	MM
6	1	산유화	NN	1	1	까지	JX
6	2	생기다	VV	1	1	깨우다	VV
6	4	손	NN	1	1	꼬마	NN
6	3	숨	NN	1	1	꽃그늘	NN
6	1	아시아	NN	1	1	꽃물	NN
6	4	아프다	VA	1	1	꿈꾸다	VV
6	3	얘기하다	VV	1	1	끼리	XS
6	3	언제나	MA	1	1	나가다	VX
6	2	언젠가	MA	1	1	나가다	VV
6	4	얼굴	NN	1	1	나다	VV
6	3	웃다	VV	1	1	나오다	VV
6	1	일편단심	NN	1	1	날다	VV
6	2	있다	VX	1	1	남자	NN
6	2	전하다	VV	1	1	낯설다	VA
6	1	젊은이	NN	1	1	내놓다	VV
6	1	정녕	MA	1	1	내다	VX
6	2	철새	NN	1	1	내다	VV
6	4	푸르다	VA	1	1	내려앉다	VV
6	3	한마디	NN	1	1	내밀다	VV
6	4	흐르다	VV	1	1	내일	NN
6	3	흘러가다	VV	1	1	넘치다	VV
5	3	곱다	VA	1	1	네온사인	NN
5	2	괴롭다	VA	1	1	노	NN
5	2	그날	NN	1	1	노도	NN
5	2	눈망울	NN	1	1	노랑나비	NN
5	3	도시	NN	1	1	놓다	VV
5	2	물새	NN	1	1	놓다	VV
5	4	미소	NN	1	1	눈길	NN
5	3	바라보다	VV	1	1	눈보라	NN

출현횟수	출현곡수	어휘	품사	출현횟수	출현곡수	어휘	품사
5	2	바보	NN	1	1	눈앞	NN
5	2	불다	VV	1	1	늘	MA
5	4	비다	VV	1	1	다정하다	VA
5	1	어떤	MM	1	1	다하다	VV
5	1	억년	NN	1	1	닿다	VV
5	4	지다	VX	1	1	대다	VV
5	4	지우다	VV	1	1	댕기	NN
5	2	짓다	VV	1	1	돌아가다	VV
5	2	타다	VV	1	1	두다	VV
5	2	파도	NN	1	1	뒤돌아서다	VV
5	3	혼자	NN	1	1	뒷산	NN
5	2	희다	VA	1	1	들이다	VV
4	1	My	EX	1	1	등불	NN
4	1	Never	EX	1	1	뜨다	VV
4	3	가로등	NN	1	1	뜯다	VV
4	1	가슴	NN	1	1	띠다	VV
4	4	감다	VV	1	1	로켓	NN
4	1	갑자기	MA	1	1	마냥	MA
4	2	강	NN	1	1	마다	JX
4	3	강물	NN	1	1	만큼	NNB
4	2	계절	NN	1	1	많다	VA
4	2	고개	NN	1	1	맺다	VV
4	2	그래도	MAJ	1	1	먹구름	NN
4	2	그림자	NN	1	1	먼동	NN
4	2	기도하다	VV	1	1	멀리	MA
4	2	길	NN	1	1	멀리멀리	MA
4	1	꽃다발	NN	1	1	멀리하다	VV
4	2	끝	NN	1	1	멀어지다	VV
4	1	나그네	NN	1	1	메다	VV
4	2	나비	NN	1	1	모든	MM
4	2	내리다	VV	1	1	목	NN
4	2	노래하다	VV	1	1	몰려오다	VV
4	3	느끼다	VV	1	1	몸	NN
4	3	달빛	NN	1	1	무렵	NNB
4	2	대지	NN	1	1	무섭다	VA
4	2	따스하다	VA	1	1	무슨	MM
4	2	말하다	VV	1	1	미워하다	VV
4	3	목소리	NN	1	1	밀어	NN
4	2	미지	NN	1	1	바퀴	NN
4	2	부터	JX	1	1	밝히다	VV

출현횟수	출현곡수	어휘	품사	출현횟수	출현곡수	어휘	품사
4	1	빈자리	NN	1	1	밤하늘	NN
4	1	빗물	NN	1	1	배	NN
4	2	빛나다	VV	1	1	배낭	NN
4	1	서로	NN	1	1	백골	NN
4	3	숨다	VV	1	1	벗어나다	NN
4	2	숨소리	NN	1	1	베고니아	NN
4	2	슬퍼하다	VV	1	1	베다	VV
4	2	쓴웃음	NN	1	1	벽계수	NN
4	1	아마	MA	1	1	별리	NN
4	2	앞	NN	1	1	보내다	VV
4	1	앞서가다	VV	1	1	보채다	VV
4	1	애기	NN	1	1	북	NN
4	2	어깨	NN	1	1	불다	VV
4	2	어둠	NN	1	1	불빛	NN
4	3	언제	NP	1	1	비치다	VV
4	1	여인	NN	1	1	빠지다	VV
4	2	영원하다	VA	1	1	뿐	JX
4	1	오직	MA	1	1	사	NR
4	2	외로움	NN	1	1	살풀이	NN
4	3	외롭다	VA	1	1	삼경	NN
4	1	우주	NN	1	1	새벽달	NN
4	3	위	NN	1	1	색깔	NN
4	1	음성	NN	1	1	생각	NN
4	1	이런	MM	1	1	생각나다	VV
4	2	이슬	NN	1	1	서두르다	VV
4	4	이야기	NN	1	1	서럽다	VA
4	1	젊음	NN	1	1	서리	NN
4	2	접다	VV	1	1	서리서리	MA
4	1	정	NN	1	1	서성거리다	VV
4	2	젖다	VV	1	1	선영	NN
4	3	지치다	VV	1	1	세다	VV
4	1	차라리	MA	1	1	소리치다	VV
4	1	철부지	NN	1	1	소음	NN
4	1	켜다	VV	1	1	속삭임	NN
4	3	텅	MA	1	1	속절없다	VA
4	1	평화	NN	1	1	손마디	NN
4	3	피다	VV	1	1	손짓	NN
4	2	하다	VV	1	1	솟아나다	VV
4	1	하루해	NN	1	1	수줍다	VA
4	1	했다	VV	1	3	숙이다	VV

출현 횟수	출현 곡수	어휘	품사	출현 횟수	출현 곡수	어휘	품사
3	1	Forget	EX	1	1	술래잡기	NN
3	2	간직하다	VV	1	1	숱하다	VA
3	2	강아지	NN	1	1	숲속	NN
3	2	고향	NN	1	1	쉬다	VV
3	2	그녀	NP	1	1	쉬이	MA
3	1	그저	MA	1	1	시리다	VA
3	2	깊이	NN	1	1	싣다	VV
3	1	깨물다	VV	1	1	싹	NN
3	2	꽃피다	VV	1	1	쓰다	VV
3	2	냇물	NN	1	1	씨	NN
3	1	단발머리	NN	1	1	씻기다	VV
3	3	달	NN	1	1	씻다	VV
3	2	달님	NN	1	1	아가씨	NN
3	1	던지다	VV	1	1	아름	NNB
3	1	돌	NN	1	1	아무	NP
3	3	되다	VV	1	1	아침	NN
3	1	되살아나다	VV	1	1	아픔	NN
3	1	들다	VV	1	1	야속하다	VA
3	1	따라	JX	1	1	양귀비	NNP
3	2	따르다	VV	1	1	어느	MM
3	2	만남	NN	1	1	어른	NN
3	1	만들다	VV	1	1	어버이	NN
3	1	목마르다	VA	1	1	어여쁘다	VA
3	1	몰아치다	VV	1	1	엮다	VV
3	1	밀리다	VV	1	1	연분	NN
3	1	밖에	JX	1	1	열다	VV
3	1	반짝이다	VV	1	1	엽서	NN
3	2	밤새다	VV	1	1	영혼	NN
3	3	보다	VX	1	1	오다	VV
3	2	빌딩	NN	1	1	오랜	MM
3	1	빗다	VV	1	1	오손도손	MA
3	1	뺨	NN	1	1	옳다	VA
3	2	뿌리다	VV	1	1	우기다	VV
3	2	서다	VV	1	1	우연히	MA
3	2	서러움	NN	1	1	우체국	NN
3	1	서성이다	VV	1	1	원앙	NN
3	1	세계	NN	1	1	월	NN
3	1	소중하다	VA	1	1	유난히	MA
3	3	수많다	VA	1	1	은하수	NN
3	2	쉽다	VA	1	1	이	NP

출현횟수	출현곡수	어휘	품사	출현횟수	출현곡수	어휘	품사
3	2	시간	NN	1	1	이국	NN
3	1	시련	NN	1	1	이르다	VA
3	2	아니	MA	1	1	이리저리	MA
3	1	아쉬워하다	VV	1	1	이제야	MA
3	1	아주	MA	1	1	일	NN
3	1	어느	MM	1	1	잃어버리다	VV
3	2	어렵다	VA	1	1	입김	NN
3	2	언덕	NN	1	1	입다	VV
3	1	여기저기	NN	1	1	잎	NN
3	2	여름	NN	1	1	자국	NN
3	1	여미다	VV	1	1	자욱	NN
3	1	연약하다	VA	1	1	작별	NN
3	2	오다	VV	1	1	잠	NN
3	1	온밤	NN	1	1	잡초	NN
3	1	용서하다	VV	1	1	장고	NN
3	1	이곳	NP	1	1	재촉하다	VV
3	1	이별하다	VV	1	1	적다	VV
3	2	인사	NN	1	1	전봇대	NN
3	1	자장가	NN	1	1	젓다	VV
3	3	작다	VA	1	1	정처	NN
3	2	잔	NN	1	1	조각	NN
3	3	잡다	VV	1	1	종이배	NN
3	1	잡히다	VV	1	1	줄기	NN
3	1	적	NNB	1	1	즐겁다	VA
3	2	적시다	VV	1	1	지나다	VV
3	1	제일	NN	1	1	지다	VV
3	3	주다	VV	1	1	지붕	NN
3	2	지구	NN	1	1	쯤	XS
3	2	지다	VV	1	1	차다	VA
3	1	진실	NN	1	1	찬란하다	VA
3	2	찾아가다	VV	1	1	철없다	VA
3	3	처음	NN	1	1	청산	NN
3	1	출렁이다	VV	1	1	청초	NN
3	1	치다	VV	1	1	춘풍	NN
3	2	친구	NN	1	1	춤	NN
3	1	표정	NN	1	1	춤추다	VV
3	1	풀잎	NN	1	1	치다	VV
3	1	하다	VV	1	1	커다랗다	VA
3	2	하얗다	VA	1	1	크다	VA
3	1	한강	NN	1	1	키	NN

출현횟수	출현곡수	어휘	품사	출현횟수	출현곡수	어휘	품사
3	2	한번	MA	1	1	트다	VV
3	2	한숨	NN	1	1	파도치다	VV
3	3	함께	MA	1	1	펼치다	VV
3	2	행복하다	VA	1	1	품다	VV
3	1	황진이	NNP	1	1	피눈물	NN
3	2	흔들리다	VV	1	1	피우다	VV
2	1	가깝다	VA	1	1	한낮	NN
2	2	가득	MA	1	1	한번	MA
2	1	가리다	VV	1	1	향기	NN
2	1	가시밭길	NN	1	1	허공	NN
2	1	가을빛	NN	1	1	허리	NN
2	2	같다	VA	1	1	허전하다	VA
2	2	같다	VA	1	1	헤어나다	VV
2	1	검다	VA	1	1	혹성	NN
2	2	고독	NN	1	1	화분	NN
2	1	고백	NN	1	1	황금빛	NN
2	1	고추잠자리	NN	1	1	휘파람	NN
2	1	고통	NN	1	1	흩어지다	VV

2.3. 후반기 출현 어휘

1990년 제12집부터 2013년 제19집까지 <정규 앨범>에 수록된 자작곡 40편에서의 출현 어휘는 총 799개이다. 후반기 출현 어휘를 종합하면 다음의 표와 같다.

【후반기 자작곡에서의 출현 어휘】

출현횟수	출현곡수	어휘	품사	출현횟수	출현곡수	어휘	품사
130	29	사랑	NN	3	1	차마	MA
126	21	그대	NP	3	1	축복	NN
116	29	나	NP	3	2	춤추다	VV
70	24	속	NN	3	1	판도라	NN
67	23	내	NP	3	1	퍼지다	VV
57	17	것	NNB	3	1	피어나다	VV
55	17	꿈	NN	3	1	한곳	NN

출현횟수	출현곡수	어휘	품사	출현횟수	출현곡수	어휘	품사
48	17	떠나다	VV	3	2	한번	MA
46	15	있다	VA	3	2	함께하다	VV
45	16	없다	VA	2	1	가로지르다	VV
44	14	우리	NP	2	2	가리다	VV
40	18	가슴	NN	2	1	가슴속	NN
39	17	없다	VA	2	1	갑자기	MA
38	15	바람	NN	2	2	거울	NN
38	18	이제	NN	2	1	거짓	NN
36	13	그	MM	2	1	거칠다	VA
33	15	마음	NN	2	2	걷다	VV
32	11	너	NP	2	1	겨울	NN
32	15	처럼	JK	2	1	고뇌	NN
32	12	추억	NN	2	1	골짜기	NN
31	11	멀다	VA	2	1	과거	NN
30	11	사랑하다	VV	2	1	괴로움	NN
29	11	아름답다	VA	2	1	괴로워하다	VV
28	15	시간	NN	2	1	그래	EX
28	13	않다	VX	2	1	그래	JX
28	13	찾다	VV	2	1	그래도	MAJ
27	13	모두	MA	2	1	그만	MA
26	9	다시	MA	2	1	길목	NN
26	5	말다	VV	2	1	까마득하다	VA
26	12	싶다	VX	2	1	깨우다	VV
25	12	모습	NN	2	2	꽃향기	NN
25	14	슬프다	VA	2	1	나날	NN
24	10	어디	NP	2	1	나누다	VV
23	7	꿈꾸다	VV	2	1	나오다	VV
23	11	눈	NN	2	1	날	NP
23	13	알다	VV	2	2	너무나	MA
23	15	잊다	VV	2	1	넋	NN
23	10	지다	VX	2	2	눈부시다	VA
22	9	어둠	NN	2	1	늪	NN
22	10	저	MM	2	1	다정하다	VA
22	12	하지만	MA	2	1	단청	NN
21	10	가다	VV	2	1	대로	NNB
21	6	기다리다	VV	2	1	더하다	VV
21	9	남다	VV	2	2	돌	NN
21	9	눈물	NN	2	2	돌아서다	VV
21	10	버리다	VX	2	1	돌이키다	VV
21	1	아리랑	NNP	2	1	돌쩌귀	NN

출현횟수	출현곡수	어휘	품사	출현횟수	출현곡수	어휘	품사
21	7	아직	MA	2	1	두렵다	VA
21	8	하늘	NN	2	1	뒤로하다	VV
20	9	울다	VV	2	1	따뜻하다	VA
20	9	있다	VX	2	1	또다시	MA
19	10	때	NN	2	1	뜰	NN
19	11	만	JX	2	1	리본	NN
19	8	모든	MM	2	1	마르다	VV
19	8	살다	VV	2	1	마음속	NN
18	6	보다	VX	2	2	맑다	VA
18	9	주다	VX	2	1	맺히다	VV
17	10	가다	VX	2	1	먹다	VV
17	3	나무	NN	2	1	몇	NR
17	11	보다	VV	2	1	모래성	NN
17	8	지금	NN	2	1	모르다	VV
16	6	곳	NN	2	1	모으다	VV
16	8	말하다	VV	2	1	목련	NN
16	8	못하다	VV	2	1	목메다	VV
16	5	오늘	NN	2	1	몰래	MA
15	8	되다	VV	2	1	몰아치다	VV
15	2	때로	VV	2	2	못	MA
15	8	슬픔	MA	2	2	무너지다	VV
15	4	왜	NN	2	2	무슨	MM
15	10	있다	MA	2	1	묻히다	VV
15	7	지우다	VV	2	1	물결	NN
14	5	그	MM	2	2	반기다	VV
14	6	세상	NN	2	1	밤새	NN
14	6	세월	NN	2	1	밤하늘	NN
14	4	언제나	MA	2	1	베아트리체	NNP
14	7	있다	VA	2	1	보고	VV
14	9	혼자	NN	2	1	보다	MM
13	6	감다	VV	2	1	부딪치다	VV
13	8	만나다	VV	2	1	부서지다	VV
13	7	보이다	VV	2	2	불꽃	NN
13	6	빛	NN	2	1	불멸	NN
13	5	약속	NN	2	2	비다	VV
13	7	하다	VX	2	2	비치다	VV
13	3	희망	NN	2	1	빠져들다	VV
12	5	그곳	NP	2	2	사연	NN
12	8	그립다	VA	2	1	살피다	VV
12	4	떠나가다	VV	2	1	새기다	VV

출현횟수	출현곡수	어휘	품사	출현횟수	출현곡수	어휘	품사
12	5	또	MA	2	1	새롭다	VA
12	5	변하다	VV	2	2	새소리	NN
12	2	보다	JK	2	1	생명	NN
12	4	영원하다	VA	2	1	석양	NN
12	5	오다	VV	2	2	손	NN
12	3	의미	NN	2	1	손길	NN
12	8	이	MM	2	1	수없이	MA
12	5	이별	NN	2	1	순종	NN
12	4	잃어버리다	VV	2	2	스며들다	VV
12	6	지치다	VV	2	1	슬퍼지다	VV
12	4	향하다	VV	2	1	쌓다	VV
11	5	곁	NN	2	2	쌓이다	VV
11	3	끝없다	VA	2	1	아득하다	VA
11	5	너무	MA	2	1	아리아리랑	NNP
11	5	누구	NP	2	1	아무	NP
11	7	다가오다	VV	2	1	약속하다	VV
11	5	말	NN	2	1	얘기	NN
11	5	믿다	VV	2	1	어김없다	VA
11	5	불다	VV	2	2	어젯밤	NN
11	5	어느	MM	2	1	어쩌다	VV
11	5	어둡다	VA	2	1	어찌하다	VV
11	6	외롭다	VA	2	1	어차피	MA
11	9	작다	VA	2	1	얼룩지다	VV
11	4	파도	NN	2	1	없다	VA
11	6	하다	VV	2	1	옛날	NN
10	3	그렇다	VA	2	1	오직	MA
10	3	기대다	VV	2	1	와	MA
10	6	눈빛	NN	2	1	왕자	NN
10	5	돌아오다	VV	2	2	왠지	MA
10	7	많다	VA	2	1	욕심	NN
10	1	밀리다	VV	2	1	운명	NN
10	5	부르다	VV	2	1	위로	NN
10	5	사라지다	VV	2	1	이것	NP
10	6	사이	NN	2	1	이끼	NN
10	5	오다	VX	2	1	이유	NN
10	7	헤매다	VV	2	1	익다	VA
9	3	고독하다	VA	2	1	인연	NN
9	5	길다	VA	2	2	잠들다	VV
9	5	까지	JX	2	1	잠시	NN
9	5	누가	NP	2	1	전	NN

출현 횟수	출현 곡수	어휘	품사	출현 횟수	출현 곡수	어휘	품사
9	4	바라보다	VV	2	1	전부	NN
9	6	밤	NN	2	1	정답	VA
9	5	별	NN	2	2	젖다	VV
9	3	소중하다	VA	2	1	조각나다	VV
9	1	아이마미	NNP	2	1	줄기	NN
9	5	여기	NP	2	2	지나가다	VV
9	4	위	NN	2	5	지나치다	VV
9	5	지나다	VV	2	2	지니다	VV
9	2	흐르다	VV	2	1	지다	VV
8	4	간절하다	VA	2	1	지루하다	VA
8	1	같다	VA	2	1	지상	NN
8	5	거리	NN	2	1	차	NN
8	5	그렇게	VA	2	1	찬바람	NN
8	3	길	NN	2	1	천국	NN
8	7	날	NN	2	1	철없다	VA
8	4	모르다	VV	2	1	쳐다보다	VV
8	4	빛나다	VV	2	1	최선	NN
8	4	사람	NN	2	1	커지다	VV
8	3	새	NN	2	1	키	NN
8	5	생각하다	VV	2	1	타다	VV
8	4	어제	NN	2	2	타오르다	VV
8	4	언젠가	MA	2	1	타협하다	VV
8	2	장미꽃	NN	2	1	편하다	VA
8	3	저기	NP	2	2	하나	NR
8	5	푸르다	VA	2	1	한걸음	NN
7	4	길	NN	2	1	한잔	NN
7	5	느끼다	VV	2	1	한참	NN
7	2	듯하다	VX	2	1	해	NN
7	3	따르다	VV	2	1	험하다	VA
7	2	마다	JX	2	1	후회	NN
7	6	미소	NN	2	1	흐리다	VV
7	3	바다	NN	2	1	흔들거리다	VV
7	3	버리다	VV	2	1	흘러가다	VV
7	5	서다	VV	2	1	흩날리다	VV
7	5	스치다	VV	2	2	희미하다	VA
7	3	싫다	VA	1	1	TV	NN
7	4	쓸쓸하다	VA	1	1	가깝다	VA
7	5	아무	MM	1	1	가끔	MA
7	4	아프다	VA	1	1	가다	VV
7	3	열다	VV	1	1	가로등	NN

출현 횟수	출현 곡수	어휘	품사	출현 횟수	출현 곡수	어휘	품사
7	4	영혼	NN	1	1	가만히	MA
7	3	오다	VV	1	1	간곳없다	VA
7	4	웃다	VV	1	1	갇히다	VV
7	4	잃다	VV	1	1	강물	NN
7	1	해바라기	NN	1	1	같이	MA
7	3	흔적	NN	1	1	건	NNB
7	3	흘러가다	VV	1	1	걸다	VV
6	4	같다	VA	1	1	결국	NN
6	1	고개	NN	1	1	고단하다	VA
6	3	구름	NN	1	1	고독	NN
6	1	귀로	NN	1	1	골목	NN
6	2	기쁘다	VA	1	1	과연	MA
6	3	기쁨	NN	1	1	괜하다	VA
6	4	꿈속	NN	1	1	굳다	VV
6	1	나누다	VV	1	1	굴러다니다	VV
6	2	날갯짓	NN	1	1	그날	NN
6	3	날다	VV	1	1	그냥	MA
6	3	날아가다	VV	1	1	그때	NN
6	2	남기다	VV	1	1	그러나	MAJ
6	2	내일	NN	1	1	그런	MM
6	5	다	MA	1	1	그리다	VV
6	3	다르다	VA	1	1	그리워하다	VV
6	2	달려가다	VV	1	1	그저	MA
6	4	도시	NN	1	1	기슭	NN
6	3	마저	MA	1	1	깃들다	VV
6	2	무뎌지다	VV	1	1	깜박이다	VV
6	5	무엇	NP	1	1	꽃상여	NN
6	1	불	NN	1	1	꽃잎	NN
6	3	불어오다	VV	1	1	끌어안다	VV
6	3	아래	NN	1	1	끝	NN
6	3	아쉬워하다	VV	1	1	끝나다	VV
6	4	이름	NN	1	1	나가다	VX
6	3	있다	VX	1	1	나그네	NN
6	2	저편	NP	1	1	나누다	VV
6	3	좋다	VA	1	1	나다	VV
6	3	처음	NN	1	1	내리다	VV
6	4	친구	NN	1	1	내밀다	VV
6	1	켜다	VV	1	1	너머	NN
6	1	토록	JX	1	1	넘다	VV
6	3	행복	NN	1	1	넘치다	VV

출현횟수	출현곡수	어휘	품사	출현횟수	출현곡수	어휘	품사
6	3	향기	NN	1	1	네온사인	NN
6	4	홀로	MA	1	1	노을	NN
6	5	화려하다	VA	1	1	놓다	VX
6	3	흐르다	VV	1	1	다발	NN
6	1	힘들다	VA	1	1	달빛	NN
5	3	같다	VA	1	1	담기다	VV
5	3	곱다	VA	1	1	담다	VV
5	2	그	NP	1	1	답답하다	VA
5	2	그녀	NP	1	1	대신	NN
5	2	그리움	NN	1	1	더욱	MA
5	3	그림자	NN	1	1	덧없다	VA
5	2	기약	NN	1	1	도록	EC
5	2	기억	NN	1	1	도박사	NN
5	3	기억하다	VV	1	1	동화	NN
5	3	늦다	VV	1	1	되살아나다	VV
5	3	다하다	VV	1	1	두근거리다	VV
5	2	단	MM	1	1	두려움	NN
5	2	더	MA	1	1	뒤돌아보다	VV
5	3	두	MM	1	1	들꽃	NN
5	3	뜨다	VV	1	1	들리다	VV
5	2	머나멀다	VA	1	1	딛다	VV
5	4	무지개	NN	1	1	따라서	MA
5	1	보랏빛	NN	1	1	따스하다	VA
5	4	부터	JX	1	1	떠돌다	VV
5	4	불빛	NN	1	1	뜻대로	MA
5	4	붉다	VA	1	1	램프	NN
5	4	순간	NN	1	1	로부터	JK
5	2	시리다	VA	1	1	마주하다	VV
5	4	아니다	VA	1	1	만남	NN
5	4	얼굴	NN	1	1	만들다	VV
5	2	오래전	NN	1	1	말다	VX
5	2	오랫동안	NN	1	1	망설이다	VV
5	3	위하다	VV	1	1	맞이하다	VV
5	3	이렇게	VA	1	1	맞추다	VV
5	3	잊히다	VV	1	1	맹세하다	VV
5	2	자꾸	MA	1	1	머리	NN
5	3	지난날	NN	1	1	머릿결	NN
5	3	지다	VV	1	1	무겁다	VA
5	2	지키다	VV	1	1	문턱	NN
5	2	찾아오다	VV	1	1	물건	NN

출현 횟수	출현 곡수	어휘	품사	출현 횟수	출현 곡수	어휘	품사
5	4	채	NNB	1	1	물방울	NN
5	4	초라하다	VA	1	1	미움	NN
5	3	태양	NN	1	1	바람결	NN
5	2	하루	NN	1	1	바로	NNB
5	4	함께	MA	1	1	밝다	VV
5	1	해	NN	1	1	밤새다	VV
5	4	햇살	NN	1	1	배반	NN
5	2	환상	NN	1	1	벽련화	NN
5	3	흩어지다	VV	1	1	보다	VV
5	3	힘겹다	VA	1	1	부드럽다	VA
4	1	가득하다	VA	1	1	부르다	VV
4	1	거세다	VA	1	1	비	NN
4	1	고향	NN	1	1	비밀	NN
4	3	깊다	VA	1	1	빌딩	NN
4	3	낯설다	VA	1	1	뿐	NNB
4	4	내리다	VV	1	1	사냥꾼	NN
4	2	노래	NN	1	1	사로잡다	VV
4	2	높다	VA	1	1	사진	NN
4	2	늘	MA	1	1	살며시	MA
4	2	님	NN	1	1	살짝	MA
4	2	다가가다	VV	1	1	상처	NN
4	2	되다	VV	1	1	새다	VV
4	2	되다	VV	1	1	새벽	NN
4	2	두다	VV	1	1	샘	NN
4	1	뒤	NN	1	1	샹들리에	NN
4	2	때문	NNB	1	1	서럽다	VA
4	1	떠오르다	VV	1	1	선물	NN
4	1	뛰어가다	VV	1	1	섬	NN
4	3	뜨겁다	VA	1	1	세상일	NN
4	3	마지막	NN	1	1	소원	NN
4	1	맴돌다	VV	1	1	속	NN
4	2	머물다	VV	1	1	속삭이다	VV
4	2	멀리	MA	1	1	손잡다	VV
4	3	멀어지다	VV	1	1	솟아나다	VV
4	2	묻다	VV	1	1	솟아오르다	VV
4	3	물들다	VV	1	1	수많다	VA
4	1	미래	NN	1	1	숙이다	VV
4	1	미련	NN	1	1	술잔	NN
4	1	미워하다	VV	1	1	숨결	NN
4	1	바보	NN	1	1	숨다	VV

출현 횟수	출현 곡수	어휘	품사	출현 횟수	출현 곡수	어휘	품사
4	2	벽	NN	1	1	숲속	NN
4	4	보다	VX	1	1	쉬다	VV
4	2	부르다	VV	1	2	쉽다	VA
4	1	비추다	VV	1	1	슬퍼하다	VV
4	1	뿌리	NN	1	1	시들다	VV
4	2	사랑스럽다	VA	1	1	시련	NN
4	1	사막	NN	1	1	시원하다	VA
4	2	살아가다	VV	1	1	시작하다	VV
4	3	삶	NN	1	1	시절	NN
4	1	서러움	NN	1	1	신문	NN
4	3	서로	NN	1	1	신호	NN
4	2	소리치다	VV	1	1	싱그럽다	VA
4	1	속다	VV	1	1	쓸리다	VV
4	3	시작	NN	1	1	쓸쓸히	MA
4	3	아쉽다	VA	1	1	씩	XS
4	4	아침	NN	1	1	아기새	NN
4	3	앞	NN	1	1	아련하다	VA
4	2	언덕	NN	1	1	아무것	NP
4	3	언제	NP	1	1	아이	NN
4	2	영원	NN	1	1	아주	MA
4	2	외로움	NN	1	1	아파하다	VV
4	1	요정	NN	1	1	안개	NN
4	3	원하다	VV	1	1	안기다	VV
4	2	일	NN	1	1	안되다	VV
4	3	입술	NN	1	1	앉다	VV
4	3	자리	NN	1	1	앗다	VV
4	3	잠	NN	1	1	애타다	VV
4	3	짓다	VV	1	1	야위다	VV
4	2	찾아가다	VV	1	1	어깨	NN
4	2	청춘	NN	1	1	어깨너머	VV
4	2	하다	VV	1	1	어느새	MA
4	3	하얗다	VA	1	1	어른	NN
4	3	흔들리다	VV	1	1	어리다	VV
3	1	Runner	EX	1	1	어쩌다가	MA
3	1	가득	MA	1	1	어쩐지	MA
3	2	간직하다	VV	1	1	언약	NN
3	2	감추다	VV	1	1	얻다	VV
3	2	강	NN	1	1	여기저기	NN
3	1	거기	NP	1	1	여행	NN
3	1	건너다	VV	1	1	역사	NN

출현 횟수	출현 곡수	어휘	품사	출현 횟수	출현 곡수	어휘	품사
3	2	고개	NN	1	1	연기	NN
3	3	고통	NN	1	1	연속	NN
3	1	괴롭다	VA	1	1	오후	NN
3	3	그것	NP	1	1	옷깃	NN
3	1	그늘	NN	1	1	외기러기	NN
3	1	그렇지만	MA	1	1	울렁이다	VV
3	2	그리다	VV	1	1	울먹이다	VV
3	2	기대	NN	1	1	울부짖다	VV
3	1	기억되다	VV	1	1	움직이다	VV
3	3	깨다	VV	1	1	유리	NN
3	2	꽃	NN	1	1	이런	MM
3	1	꿈결	NN	1	1	이르다	VA
3	1	나비리본	NN	1	1	이르다	VV
3	1	날아오다	VV	1	1	이별하다	VV
3	2	남겨지다	VV	1	1	이상	NN
3	1	년	NNB	1	1	익숙하다	VA
3	2	달려오다	VV	1	1	인사	NN
3	2	돌다	VV	1	1	일렁이다	VV
3	1	돌아가다	VV	1	1	입	NN
3	2	되다	XS	1	1	입맞춤	NN
3	3	되다	VV	1	1	자다	VV
3	1	듣다	VV	1	1	자욱하다	VA
3	1	들려오다	VV	1	1	자취	NN
3	2	땅	NN	1	1	장난감	NN
3	2	떨구다	VV	1	1	저녁	NN
3	2	멍하다	VA	1	1	저녁노을	NN
3	1	메아리	NN	1	1	저마다	MA
3	1	모래	NN	1	1	적시다	VV
3	1	문	NN	1	1	적시다	VV
3	1	방	NN	1	1	전생	NN
3	1	벨	NN	1	1	전하다	VV
3	3	보내다	VV	1	1	절망	NN
3	1	부풀다	VV	1	1	젊음	NN
3	2	비바람	NN	1	1	정	NN
3	1	빠지다	VV	1	1	정글	NN
3	2	뿐	JX	1	1	죄	NN
3	1	상자	NN	1	1	지내다	VV
3	1	새	NN	1	1	지다	VV
3	2	서글프다	VA	1	1	진실하다	VA
3	1	서성거리다	VV	1	1	짙어지다	VV

출현횟수	출현곡수	어휘	품사	출현횟수	출현곡수	어휘	품사
3	1	세계	NN	1	1	참	MA
3	1	소리	NN	1	1	창	NN
3	3	소망	NN	1	1	창가	NN
3	2	숨	NN	1	1	창문	NN
3	2	숲	NN	1	1	채우다	VV
3	2	쉬다	VV	1	1	천	NR
3	1	쓰러지다	VV	1	1	천사	NN
3	1	아물다	VV	1	1	춥다	VA
3	2	아픔	NN	1	1	취하다	VV
3	1	안	NN	1	1	커피숍	NN
3	2	안다	VV	1	1	털어놓다	VV
3	3	얘기하다	VV	1	1	통곡	NN
3	2	어리다	VA	1	1	투명하다	VA
3	2	어쩌면	MA	1	1	표시	NN
3	2	얼마나	MA	1	1	표정	NN
3	2	여리다	VA	1	1	품	NN
3	1	옆	NN	1	1	풍선	NN
3	1	오다	VV	1	1	피다	VV
3	1	울리다	VV	1	1	필요하다	VA
3	2	이곳	NP	1	1	한	MM
3	2	이슬	NN	1	1	한세월	NN
3	1	인생	NN	1	1	한숨	NN
3	1	자유롭다	VA	1	1	해보다	VV
3	1	잠자다	VV	1	1	허공	NN
3	2	잡다	VV	1	1	헤어지다	VV
3	2	정녕	MA	1	1	화살	NN
3	1	정말	NN	1	1	화신	NN
3	1	주어지다	VV	1	1	황홀하다	VA
3	1	지켜보다	VV	1	1	후	NN
3	2	진실	NN	1	1	휘감다	VV
3	1	짧다	VA	1	1	휴일	NN
3	1	차갑다	VA	1	1	흔들다	VV
3	2	차라리	MA				

2.4. 전 기간 중복출현 어휘

전 기간 동안에 보이는 중복출현 어휘는 총 418개이다. 다음의 표는 중복출현 어휘를 출현 횟수를 기준으로 정리한 것이다.

【 전반기~후반기 중복출현 어휘 】

출현 횟수	출현 곡수	어휘	품사	출현 횟수	출현 곡수	어휘	품사
130	29	사랑	NN	4	2	되다	VV
126	21	그대	NP	4	2	두다	VV
116	29	나	NP	4	1	뒤	NN
70	24	속	NN	4	1	떠오르다	VV
67	23	내	NP	4	3	뜨겁다	VA
57	17	것	NNB	4	1	맴돌다	VV
55	17	꿈	NN	4	2	머물다	VV
48	17	떠나다	VV	4	2	멀리	MA
46	15	있다	VA	4	3	멀어지다	VV
45	16	없다	VA	4	2	묻다	VV
44	14	우리	NP	4	3	물들다	VV
40	18	가슴	NN	4	1	미래	NN
39	17	없다	VA	4	1	미련	NN
38	15	바람	NN	4	1	미워하다	VV
38	18	이제	NN	4	1	바보	NN
36	13	그	MM	4	4	보다	VX
33	15	마음	NN	4	2	부르다	VV
32	11	너	NP	4	1	서러움	NN
32	15	처럼	JK	4	3	서로	NN
32	12	추억	NN	4	2	소리치다	VV
31	11	멀다	VA	4	3	아쉽다	VA
30	11	사랑하다	VV	4	4	아침	NN
29	11	아름답다	VA	4	3	앞	NN
28	15	시간	NN	4	3	언제	NP
28	13	않다	VX	4	2	영원	NN
28	13	찾다	VV	4	2	외로움	NN
27	13	모두	MA	4	2	일	NN
26	9	다시	MA	4	3	입술	NN
26	5	말다	VV	4	3	잠	NN
26	12	싶다	VX	4	3	짓다	VV
25	12	모습	NN	4	2	찾아가다	VV
25	14	슬프다	VA	4	2	하다	VV
24	10	어디	NP	4	3	하얗다	VA
23	7	꿈꾸다	VV	4	3	흔들리다	VV
23	11	눈	NN	3	1	가득	MA
23	13	알다	VV	3	2	간직하다	VV
23	15	잊다	VV	3	2	감추다	VV
23	10	지다	VX	3	2	강	NN

출현 횟수	출현 곡수	어휘	품사	출현 횟수	출현 곡수	어휘	품사
22	9	어둠	NN	3	1	건너다	VV
22	10	저	MM	3	2	고개	NN
22	12	하지만	MA	3	3	고통	NN
21	10	가다	VV	3	1	괴롭다	VA
21	6	기다리다	VV	3	3	그것	NP
21	9	남다	VV	3	2	그리다	VV
21	9	눈물	NN	3	2	꽃	NN
21	10	버리다	VX	3	2	돌다	VV
21	7	아직	MA	3	1	돌아가다	VV
21	8	하늘	NN	3	3	되다	VV
20	9	울다	VV	3	1	듣다	VV
20	9	있다	VX	3	2	땅	NN
19	10	때	NN	3	1	메아리	NN
19	11	만	JX	3	3	보내다	VV
19	8	모든	MM	3	2	비바람	NN
19	8	살다	VV	3	2	뿐	JX
18	6	보다	VX	3	1	서성거리다	VV
18	9	주다	VX	3	1	세계	NN
17	10	가다	VX	3	1	소리	NN
17	11	보다	VV	3	2	숨	NN
17	8	지금	NN	3	2	쉬다	VV
16	6	곳	NN	3	2	아픔	NN
16	8	말하다	VV	3	2	안다	VV
16	8	못하다	VV	3	3	얘기하다	VV
16	5	오늘	NN	3	2	어리다	VA
15	8	되다	VV	3	1	울리다	VV
15	8	슬픔	NN	3	2	이곳	NP
15	4	왜	MA	3	2	이슬	NN
15	10	있다	VV	3	1	인생	NN
15	7	지우다	VV	3	2	잡다	VV
14	5	그	MM	3	2	정녕	MA
14	6	세상	NN	3	2	진실	NN
14	6	세월	NN	3	1	짧다	VA
14	4	언제나	MA	3	1	차갑다	VA
14	7	있다	VA	3	2	차라리	MA
14	9	혼자	NN	3	2	춤추다	VV
13	6	감다	VV	3	2	한번	MA
13	8	만나다	VV	2	2	가리다	VV
13	7	보이다	VV	2	1	갑자기	MA
13	7	하다	VX	2	2	걷다	VV

출현횟수	출현곡수	어휘	품사	출현횟수	출현곡수	어휘	품사
13	3	희망	NN	2	1	그래도	MAJ
12	5	그곳	NP	2	1	그만	MA
12	8	그립다	VA	2	1	깨우다	VV
12	4	떠나가다	VV	2	1	나오다	VV
12	5	또	MA	2	1	날	NP
12	5	변하다	VV	2	2	눈부시다	VA
12	4	영원하다	VA	2	1	다정하다	VA
12	8	이	MM	2	2	돌	NN
12	5	이별	NN	2	2	돌아서다	VV
12	4	잃어버리다	VV	2	1	맺히다	VV
12	6	지치다	VV	2	1	모으다	VV
12	4	향하다	VV	2	1	몰아치다	VV
11	5	곁	NN	2	2	못	MA
11	3	끝없다	VA	2	2	무슨	MM
11	5	너무	MA	2	1	물결	NN
11	5	누구	NP	2	2	반기다	VV
11	5	말	NN	2	1	밤하늘	NN
11	5	불다	VV	2	2	불꽃	NN
11	5	어느	MM	2	2	비다	VV
11	5	어둡다	VA	2	2	비치다	VV
11	6	외롭다	VA	2	1	생명	NN
11	9	작다	VA	2	2	손	NN
11	4	파도	NN	2	1	손길	NN
11	6	하다	VV	2	1	아무	NP
10	3	그렇다	VA	2	1	오직	MA
10	3	기대다	VV	2	2	잠들다	VV
10	6	눈빛	NN	2	2	젖다	VV
10	5	돌아오다	VV	2	1	줄기	NN
10	7	많다	VA	2	2	지나가다	VV
10	1	밀리다	VV	2	1	지다	VV
10	5	부르다	VV	2	1	차	NN
10	5	사라지다	VV	2	1	찬바람	NN
10	5	오다	VX	2	1	철없다	VA
10	7	헤매다	VV	2	1	쳐다보다	VV
9	5	길다	VA	2	1	키	NN
9	5	까지	JX	2	1	타다	VV
9	5	누가	NP	2	2	타오르다	VV
9	4	바라보다	VV	2	2	하나	NR
9	6	밤	NN	2	1	흘러가다	VV
9	5	별	NN	2	2	희미하다	VA

출현 횟수	출현 곡수	어휘	품사	출현 횟수	출현 곡수	어휘	품사
9	3	소중하다	VA	1	1	가다	VV
9	5	여기	NP	1	1	가로등	NN
9	4	위	NN	1	1	강물	NN
9	5	지나다	VV	1	1	같이	MA
9	2	흐르다	VV	1	1	고독	NN
8	5	거리	NN	1	1	골목	NN
8	5	그렇게	VA	1	1	그날	NN
8	3	길	NN	1	1	그냥	MA
8	7	날	NN	1	1	그때	NN
8	4	모르다	VV	1	1	그러나	MAJ
8	4	빛나다	VV	1	1	그런	MM
8	4	사람	NN	1	1	그리다	VV
8	5	생각하다	VV	1	1	그리워하다	VV
8	4	어제	NN	1	1	그저	MA
8	4	언젠가	MA	1	1	깜박이다	VV
8	2	장미꽃	NN	1	1	끝	NN
8	3	저기	NP	1	1	나가다	VX
8	5	푸르다	VA	1	1	나그네	NN
7	4	길	NN	1	1	나누다	VV
7	5	느끼다	VV	1	1	나다	VV
7	2	듯하다	VX	1	1	내밀다	VV
7	3	따르다	VV	1	1	너머	NN
7	2	마다	JX	1	1	넘다	VV
7	6	미소	NN	1	1	넘치다	VV
7	3	바다	NN	1	1	네온사인	NN
7	3	버리다	VV	1	1	노을	NN
7	5	서다	VV	1	1	놓다	VX
7	3	싫다	VA	1	1	달빛	NN
7	4	아프다	VA	1	1	담다	VV
7	3	열다	VV	3	2	되다	XS
7	4	영혼	NN	1	1	되살아나다	VV
7	3	오다	VV	1	1	들꽃	NN
7	4	웃다	VV	1	1	들리다	VV
7	4	잃다	VV	1	1	따스하다	VA
6	4	같다	VA	1	1	마주하다	VV
6	3	구름	NN	1	1	만남	NN
6	3	기쁨	NN	1	1	만들다	VV
6	4	꿈속	NN	1	1	밤새다	VV
6	3	날다	VV	1	1	보다	VV
6	3	날아가다	VV	1	1	비	NN

출현 횟수	출현 곡수	어휘	품사	출현 횟수	출현 곡수	어휘	품사
6	2	남기다	VV	1	1	비밀	NN
6	2	내일	NN	1	1	빌딩	NN
6	5	다	MA	1	1	상처	NN
6	4	도시	NN	1	1	새벽	NN
6	5	무엇	NP	1	1	서럽다	VA
6	3	불어오다	VV	1	1	속	NN
6	3	아쉬워하다	VV	1	1	속삭이다	VV
6	4	이름	NN	1	1	솟아나다	VV
6	3	있다	VX	1	1	수많다	VA
6	3	좋다	VA	1	1	숙이다	VV
6	3	처음	NN	1	1	숨결	NN
6	4	친구	NN	1	1	숨다	VV
6	1	켜다	VV	1	1	숲속	NN
6	3	행복	NN	1	1	쉬다	VV
6	3	향기	NN	1	2	쉽다	VA
6	5	화려하다	VA	1	1	슬퍼하다	VV
6	3	흐르다	VV	1	1	시들다	VV
5	3	같다	VA	1	1	시련	NN
5	3	곱다	VA	1	1	시원하다	VA
5	2	그	NP	1	1	시작하다	VV
5	2	그녀	NP	1	1	시절	NN
5	2	그리움	NN	1	1	아주	MA
5	3	그림자	NN	1	1	안개	NN
5	3	다하다	VV	1	1	앉다	VV
5	3	두	MM	1	1	애타다	VV
5	3	뜨다	VV	1	1	어깨	NN
5	4	부터	JX	1	1	어른	NN
5	4	불빛	NN	1	1	여기저기	NN
5	4	붉다	VA	1	1	여행	NN
5	4	순간	NN	1	1	이런	MM
5	2	시리다	VA	1	1	이르다	VA
5	4	아니다	VA	1	1	이별하다	VV
5	3	위하다	VV	1	1	인사	NN
5	3	이렇게	VA	1	1	입	NN
5	2	자꾸	MA	1	1	저마다	MA
5	3	지다	VV	1	1	적시다	VV
5	2	지키다	VV	1	1	적시다	VV
5	4	채	NNB	1	1	전하다	VV
5	3	태양	NN	1	1	젊음	NN
5	2	하루	NN	1	1	정	NN

출현횟수	출현곡수	어휘	품사	출현횟수	출현곡수	어휘	품사
5	4	함께	MA	1	1	창가	NN
5	1	해	NN	1	1	채우다	VV
5	4	햇살	NN	1	1	표정	NN
5	3	흩어지다	VV	1	1	피다	VV
4	1	고향	NN	1	1	한	MM
4	3	깊다	VA	1	1	한숨	NN
4	3	낯설다	VA	1	1	허공	NN
4	4	내리다	VV	1	1	헤어지다	VV
4	2	노래	NN	1	1	황홀하다	VA
4	2	늘	MA	1	1	휘감다	VV
4	2	님	NN	1	1	흔들다	VV

3. 단독출현 어휘와 출현 어휘의 증감

3.1. 전반기

3.1.1. 단독출현 어휘

중복출현 어휘를 제외한, 오직 전반기에서 보이는 단독출현 어휘는 다음과 같이 모두 379개이다.

IC회로, 가깝다, 가슴, 가슴앓이하다, 가시다, 가시밭길, 가을빛, 가져가다, 가족, 간밤, 간양록, 강아지, 걱정되다, 건, 검다, 검푸르다, 견우직녀, 계곡, 계단, 계절, 고백, 고추잠자리, 광야, 광풍, 교회당, 굴러가다, 굽이, 권하다, 귀, 귀엽다, 그림, 그이, 금침, 기도하다, 기차, 긴긴, 길다, 깊이, 까맣다, 깔리다, 깨물다, 꺼지다, 꺾이다, 껴안다, 꼬마, 꽃그늘, 꽃다발, 꽃물, 꽃바람, 꽃씨, 꽃피다, 꾀꼬리, 꿈길, 끊임없다, 나가다, 나다, 나비, 낙엽, 날개, 날리다, 남, 남자, 납색, 내놓다, 내다, 내다, 내려앉다, 냇물, 넓다, 노, 노도, 노랑나비, 노래하다, 놓다, 놓다, 눈길, 눈망울, 눈보라, 눈앞, 단발머리, 달, 달님, 달래다, 달콤하다, 당신, 닿다, 대다, 대답, 대지, 댕기, 던지다, 데려가다, 돌아보다, 동쪽, 둘, 뒤돌아서다, 뒷산, 들다, 들이다, 등불, 따다, 따라, 떨기, 떨리다, 뛰다, 뜬다, 뜻, 띄우다, 띠다, 로켓, 마냥, 마도요, 마시다, 만큼, 맺다, 머무르다, 먹구름, 먼동, 멀리멀리, 멀리하다, 멈추다, 메다, 모나리자, 모이다, 목, 목련꽃, 목마르다, 목소리, 몰려오다, 몸, 무렵, 무섭다, 묶다, 묻다, 물, 물망초, 물새, 물어보다, 미안, 미지, 미치다, 민들레, 밀어, 밉다, 바퀴, 밖에, 반, 반짝이다, 받다, 발밑, 밝히다, 방랑, 방황하다, 배, 배낭, 배우다, 백골, 뱅뱅, 벗어나다, 베고니아, 베다,

벽계수, 별리, 보채다, 북, 불다, 빈자리, 빗다, 빗물, 빗속, 빠지다, 뺨, 뿌리다, 사, 산, 산고, 산유화, 산중, 살풀이, 삼경, 상하다, 새벽달, 색깔, 생각, 생각나다, 생기다, 서두르다, 서리, 서리서리, 서성이다, 서울, 선영, 설레다, 설움, 세다, 소녀, 소음, 속삭임, 속절없다, 손마디, 손수건, 손짓, 수줍다, 수지, 술래, 술래잡기, 숨소리, 숨죽이다, 숱하다, 쉬이, 시선, 신비하다, 싣다, 싹, 쏟아지다, 쓰다, 쓴웃음, 씨, 씻기다, 씻다, 아가씨, 아니, 아름, 아마, 아스팔트, 아시아, 아이, 안타깝다, 알리다, 앞서가다, 애, 애기, 야속하다, 양귀비, 어느, 어떤, 어렵다, 어버이, 어여쁘다, 어인, 어지럼, 어지럽다, 억년, 언덕, 얼굴, 엄마, 여름, 여미다, 여울지다, 여인, 여자, 엮다, 연분, 연약하다, 엽서, 옛일, 오다, 오랜, 오손도손, 온밤, 옳다, 옷, 외치다, 용서하다, 우기다, 우연히, 우주, 우체국, 웃음, 원앙, 월, 유난히, 유혹, 은색, 은하수, 음성, 이, 이, 이국, 이러하다, 이루어지다, 이리저리, 이야기, 이제야, 이토록, 인형, 일편단심, 입김, 입다, 잎, 잎새, 자국, 자욱, 자장가, 자존심, 작별, 잔, 잠들다, 잡초, 잡히다, 장고, 장미, 재촉하다, 저물다, 적, 적다, 전봇대, 젊은이, 점점, 접다, 젓다, 정처, 젖다, 제일, 조각, 종이배, 좋아하다, 주다, 주저앉다, 줄, 즐겁다, 지구, 지다, 지붕, 질문, 짙다, 차다, 착각, 찬란하다, 철부지, 철새, 청산, 청초, 촛불, 축제, 춘풍, 출렁이다, 춤, 춤추다, 치다, 치다, 커다랗다, 크다, 타인, 텅, 트다, 파고들다, 파도치다, 펼치다, 평화, 포옹하다, 풀잎, 품다, 피눈물, 피우다, 하나, 하다, 하루해, 한, 한강, 한낮, 한마디, 한번, 한없다, 함성, 했다, 행복하다, 허리, 허전하다, 헤어나다, 혹성, 혼, 화분, 황금빛, 황진이, 회색, 후, 휘파람, 희다

그리고 전반기 단독출현 어휘 379개의 품사 분류 결과는 다음과 같다.

【전반기 단독출현 어휘의 품사 분류 양상】

대분류	품사	해당 어휘 수(비율%)
	소분류(약호)	
체언	명사(NN)	205(51.7%)
	대명사(NP)	4(1.0%)
	수사(NR)	2(0.5%)
	소계	211(53.2%)

품사		해당 어휘 수(비율%)
대분류	소분류(약호)	
용언	동사(VV)	109(27.5%)
	형용사(VA)	34(8.5%)
	보조용언(VX)	2(0.5%)
	지정사(VC)	·
	소계	145(36.1%)
수식언	관형사(MM)	5(1.2%)
	부사(MA)	16(4.0%)
	소계	21(5.3%)
관계언	격조사(JK)	·
	보조사(JX)	2(0.5%)
	접속조사(JC)	·
	소계	2(0.5%)
기타[1] 소계		17(4.2%)
총합		396(1%)

3.1.2. 출현 어휘의 증감

전반기 자작곡 43편에서의 출현 어휘는 총 814개이다. 이 중에서 전 기간 대비 출현 횟수가 증가(=△)한 어휘는 593개, 감소(=▽)한 어휘는 190개, 변동 없음(=◇)은 13개, 기타 18개인 것으로 파악된다. 전반기의 출현 어휘는 후반기에 자주 보이지 않는바, 언어 메시지의 측면에서 이 두 기간은 구분해서 살펴볼 만하다.

---

[1] 영어 및 감탄사, 접두사, 접미사, 어미 18개(And, Asia, Firecracker, Forget, I, Love, MISS, My, Never, See, Wanna, You, 끼리, 되다, 안녕, 어즈버, 쯤, 한)는 제외('EX' 표시)한다.

【전 기간 대비 전반기 출현 어휘의 증감】

전 기간 출현 어휘	전반기 출현 어휘				어휘	품사
출현 순위	출현 순위	출현 횟수	출현 순위 증감	출현 곡수		
858	298	3	△ 560	1	밖에	JX
858	383	2	△ 475	1	머무르다	VV
858	383	2	△ 475	1	반	NN
858	383	2	△ 475	1	함성	NN
634	232	4	△ 402	1	나그네	NN
858	563	1	△ 295	1	IC회로	NN
858	563	1	△ 295	1	가슴앓이하다	VV
858	563	1	△ 295	1	가시다	VV
858	563	1	△ 295	1	가져가다	VV
858	563	1	△ 295	1	가족	NN
858	563	1	△ 295	1	간밤	NN
858	563	1	△ 295	1	간양록	NNP
858	563	1	△ 295	1	걱정되다	VV
858	563	1	△ 295	1	검푸르다	VA
858	563	1	△ 295	1	견우직녀	NN
858	563	1	△ 295	1	계단	NN
858	563	1	△ 295	1	교회당	NN
858	563	1	△ 295	1	굴러가다	VV
858	563	1	△ 295	1	권하다	VV
858	563	1	△ 295	1	귀	NN
858	563	1	△ 295	1	그림	NN
858	563	1	△ 295	1	금침	NN
858	563	1	△ 295	1	기차	NN
858	563	1	△ 295	1	긴긴	MM
858	563	1	△ 295	1	꼬마	NN
858	563	1	△ 295	1	꽃그늘	NN
858	563	1	△ 295	1	꽃물	NN
858	563	1	△ 295	1	나가다	VV
858	563	1	△ 295	1	나다	VV
858	563	1	△ 295	1	내놓다	VV
858	563	1	△ 295	1	내다	VV
858	563	1	△ 295	1	내다	VX
858	563	1	△ 295	1	내려앉다	VV
858	563	1	△ 295	1	노	NN
858	563	1	△ 295	1	노도	NN
858	563	1	△ 295	1	노랑나비	NN

전 기간 출현 어휘	전반기 출현 어휘				어휘	품사
출현 순위	출현 순위	출현 횟수	출현 순위 증감	출현 곡수		
858	563	1	△ 295	1	놓다	VV
858	563	1	△ 295	1	놓다	VV
858	563	1	△ 295	1	눈길	NN
858	563	1	△ 295	1	눈보라	NN
858	563	1	△ 295	1	눈앞	NN
858	563	1	△ 295	1	닿다	VV
858	563	1	△ 295	1	대다	VV
858	563	1	△ 295	1	댕기	NN
858	563	1	△ 295	1	뒤돌아서다	VV
858	563	1	△ 295	1	뒷산	NN
858	563	1	△ 295	1	들이다	VV
858	563	1	△ 295	1	등불	NN
858	563	1	△ 295	1	뜯다	VV
858	563	1	△ 295	1	띠다	VV
858	563	1	△ 295	1	마냥	MA
858	563	1	△ 295	1	만큼	NNB
858	563	1	△ 295	1	맺다	VV
858	563	1	△ 295	1	먹구름	NN
858	563	1	△ 295	1	먼동	NN
858	563	1	△ 295	1	멀리멀리	MA
858	563	1	△ 295	1	멀리하다	VV
858	563	1	△ 295	1	메다	VV
858	563	1	△ 295	1	목	NN
858	563	1	△ 295	1	몰려오다	VV
858	563	1	△ 295	1	몸	NN
858	563	1	△ 295	1	무렵	NNB
858	563	1	△ 295	1	무섭다	VA
858	563	1	△ 295	1	밀어	NN
858	563	1	△ 295	1	바퀴	NN
858	563	1	△ 295	1	밝히다	VV
858	563	1	△ 295	1	배	NN
858	563	1	△ 295	1	배낭	NN
858	563	1	△ 295	1	백골	NN
858	563	1	△ 295	1	벗어나다	NN
858	563	1	△ 295	1	베고니아	NN
858	563	1	△ 295	1	베다	VV
858	563	1	△ 295	1	벽계수	NN
858	563	1	△ 295	1	별리	NN

전 기간 출현 어휘	전반기 출현 어휘				어휘	품사
출현 순위	출현 순위	출현 횟수	출현 순위 증감	출현 곡수		
858	563	1	△ 295	1	보채다	VV
858	563	1	△ 295	1	북	NN
858	563	1	△ 295	1	불다	VV
858	563	1	△ 295	1	빠지다	VV
858	563	1	△ 295	1	뿐	JX
858	563	1	△ 295	1	사	NR
858	563	1	△ 295	1	살풀이	NN
858	563	1	△ 295	1	삼경	NN
858	563	1	△ 295	1	새벽달	NN
858	563	1	△ 295	1	색깔	NN
858	563	1	△ 295	1	생각	NN
858	563	1	△ 295	1	생각나다	VV
858	563	1	△ 295	1	서두르다	VV
858	563	1	△ 295	1	서리	NN
858	563	1	△ 295	1	서리서리	MA
858	563	1	△ 295	1	선영	NN
858	563	1	△ 295	1	세다	VV
858	563	1	△ 295	1	소음	NN
858	563	1	△ 295	1	속삭임	NN
858	563	1	△ 295	1	속절없다	VA
858	563	1	△ 295	1	손마디	NN
858	563	1	△ 295	1	손짓	NN
858	563	1	△ 295	1	수줍다	VA
858	563	1	△ 295	1	술래잡기	NN
858	563	1	△ 295	1	숱하다	VA
858	563	1	△ 295	1	쉬이	MA
858	563	1	△ 295	1	싣다	VV
858	563	1	△ 295	1	싹	NN
858	563	1	△ 295	1	쓰다	VV
858	563	1	△ 295	1	씨	NN
858	563	1	△ 295	1	씻기다	VV
858	563	1	△ 295	1	씻다	VV
858	563	1	△ 295	1	아가씨	NN
858	563	1	△ 295	1	아름	NNB
858	563	1	△ 295	1	야속하다	VA
858	563	1	△ 295	1	양귀비	NNP
858	563	1	△ 295	1	어느	MM
858	563	1	△ 295	1	어버이	NN

전 기간 출현 어휘	전반기 출현 어휘				어휘	품사
출현 순위	출현 순위	출현 횟수	출현 순위 증감	출현 곡수		
858	563	1	△ 295	1	어여쁘다	VA
858	563	1	△ 295	1	엮다	VV
858	563	1	△ 295	1	연분	NN
858	563	1	△ 295	1	엽서	NN
858	563	1	△ 295	1	오랜	MM
858	563	1	△ 295	1	오손도손	MA
858	563	1	△ 295	1	옳다	VA
858	563	1	△ 295	1	우기다	VV
858	563	1	△ 295	1	우연히	MA
858	563	1	△ 295	1	우체국	NN
858	563	1	△ 295	1	원앙	NN
858	563	1	△ 295	1	월	NN
858	563	1	△ 295	1	유난히	MA
858	563	1	△ 295	1	은하수	NN
858	563	1	△ 295	1	이	NP
858	563	1	△ 295	1	이국	NN
858	563	1	△ 295	1	이리저리	MA
858	563	1	△ 295	1	이제야	MA
858	563	1	△ 295	1	입김	NN
858	563	1	△ 295	1	입다	VV
858	563	1	△ 295	1	잎	NN
858	563	1	△ 295	1	자국	NN
858	563	1	△ 295	1	자욱	NN
858	563	1	△ 295	1	작별	NN
858	563	1	△ 295	1	잡초	NN
858	563	1	△ 295	1	장고	NN
858	563	1	△ 295	1	재촉하다	VV
858	563	1	△ 295	1	적다	VV
858	563	1	△ 295	1	전봇대	NN
858	563	1	△ 295	1	젓다	VV
858	563	1	△ 295	1	정처	NN
858	563	1	△ 295	1	조각	NN
858	563	1	△ 295	1	종이배	NN
858	563	1	△ 295	1	줄기	NN
858	563	1	△ 295	1	즐겁다	VA
858	563	1	△ 295	1	지붕	NN
858	563	1	△ 295	1	차다	VA
858	563	1	△ 295	1	찬란하다	VA

전 기간 출현 어휘	전반기 출현 어휘				어휘	품사
출현 순위	출현 순위	출현 횟수	출현 순위 증감	출현 곡수		
858	563	1	△ 295	1	청산	NN
858	563	1	△ 295	1	청초	NN
858	563	1	△ 295	1	춘풍	NN
858	563	1	△ 295	1	춤	NN
858	563	1	△ 295	1	치다	VV
858	563	1	△ 295	1	커다랗다	VA
858	563	1	△ 295	1	크다	VA
858	563	1	△ 295	1	트다	VV
858	563	1	△ 295	1	파도치다	VV
858	563	1	△ 295	1	펼치다	VV
858	563	1	△ 295	1	품다	VV
858	563	1	△ 295	1	피눈물	NN
858	563	1	△ 295	1	피우다	VV
858	563	1	△ 295	1	한낮	NN
858	563	1	△ 295	1	허리	NN
858	563	1	△ 295	1	허전하다	VA
858	563	1	△ 295	1	헤어나다	VV
858	563	1	△ 295	1	혹성	NN
858	563	1	△ 295	1	화분	NN
858	563	1	△ 295	1	황금빛	NN
858	563	1	△ 295	1	휘파람	NN
316	62	14	△ 254	4	주다	VX
637	383	2	△ 254	2	가득	MA
637	383	2	△ 254	2	까맣다	VA
637	383	2	△ 254	2	날리다	VV
637	383	2	△ 254	2	둘	NR
637	383	2	△ 254	2	뜻	NN
637	383	2	△ 254	2	설레다	VV
637	383	2	△ 254	2	여자	NN
637	383	2	△ 254	2	울리다	VV
637	383	2	△ 254	2	축제	NN
637	383	2	△ 254	2	타인	NN
637	383	2	△ 254	1	가시밭길	NN
637	383	2	△ 254	1	가을빛	NN
637	383	2	△ 254	1	검다	VA
637	383	2	△ 254	1	고백	NN
637	383	2	△ 254	1	고추잠자리	NN
637	383	2	△ 254	1	광풍	NN

전 기간 출현 어휘	전반기 출현 어휘				어휘	품사
출현 순위	출현 순위	출현 횟수	출현 순위 증감	출현 곡수		
637	383	2	△ 254	1	귀엽다	VA
637	383	2	△ 254	1	그이	NP
637	383	2	△ 254	1	길다	VA
637	383	2	△ 254	1	깔리다	VV
637	383	2	△ 254	1	꺾이다	VV
637	383	2	△ 254	1	껴안다	VV
637	383	2	△ 254	1	꽃씨	NN
637	383	2	△ 254	1	꿈길	NN
637	383	2	△ 254	1	끊임없다	VA
637	383	2	△ 254	1	낙엽	NN
637	383	2	△ 254	1	날개	NN
637	383	2	△ 254	1	남	NN
637	383	2	△ 254	1	납색	NN
637	383	2	△ 254	1	넓다	VA
637	383	2	△ 254	1	달래다	VV
637	383	2	△ 254	1	달콤하다	VA
637	383	2	△ 254	1	대답	NN
637	383	2	△ 254	1	데려가다	VV
637	383	2	△ 254	1	돌아보다	VV
637	383	2	△ 254	1	동쪽	NN
637	383	2	△ 254	1	따다	VV
637	383	2	△ 254	1	떨기	NN
637	383	2	△ 254	1	뛰다	VV
637	383	2	△ 254	1	띄우다	VV
637	383	2	△ 254	1	마시다	VV
637	383	2	△ 254	1	목련꽃	NN
637	383	2	△ 254	1	묶다	VV
637	383	2	△ 254	1	물망초	NN
637	383	2	△ 254	1	미안	NN
637	383	2	△ 254	1	미치다	VV
637	383	2	△ 254	1	밉다	VA
637	383	2	△ 254	1	발밑	NN
637	383	2	△ 254	1	방랑	NN
637	383	2	△ 254	1	방황하다	VV
637	383	2	△ 254	1	배우다	VV
637	383	2	△ 254	1	뱅뱅	MA
637	383	2	△ 254	1	빗속	NN
637	383	2	△ 254	1	산	NN

전 기간 출현 어휘	전반기 출현 어휘				어휘	품사
출현 순위	출현 순위	출현 횟수	출현 순위 증감	출현 곡수		
637	383	2	△ 254	1	산고	NN
637	383	2	△ 254	1	산중	NN
637	383	2	△ 254	1	상하다	VV
637	383	2	△ 254	1	설움	NN
637	383	2	△ 254	1	손수건	NN
637	383	2	△ 254	1	숨죽이다	VV
637	383	2	△ 254	1	시선	NN
637	383	2	△ 254	1	신비하다	VA
637	383	2	△ 254	1	쏟아지다	VV
637	383	2	△ 254	1	아스팔트	NN
637	383	2	△ 254	1	안타깝다	VA
637	383	2	△ 254	1	알리다	VV
637	383	2	△ 254	1	어인	MM
637	383	2	△ 254	1	어지럼	NN
637	383	2	△ 254	1	어지럽다	VA
637	383	2	△ 254	1	여울지다	VV
637	383	2	△ 254	1	옛일	NN
637	383	2	△ 254	1	옷	NN
637	383	2	△ 254	1	외치다	VV
637	383	2	△ 254	1	웃음	NN
637	383	2	△ 254	1	유혹	NN
637	383	2	△ 254	1	은색	NN
637	383	2	△ 254	1	이	NNB
637	383	2	△ 254	1	이러하다	VA
637	383	2	△ 254	1	이루어지다	VV
637	383	2	△ 254	1	이토록	MA
637	383	2	△ 254	1	인형	NN
637	383	2	△ 254	1	잎새	NN
637	383	2	△ 254	1	자존심	NN
637	383	2	△ 254	1	잠들다	VV
637	383	2	△ 254	1	장미	NN
637	383	2	△ 254	1	저물다	VV
637	383	2	△ 254	1	점점	MA
637	383	2	△ 254	1	젖다	VV
637	383	2	△ 254	1	좋아하다	VV
637	383	2	△ 254	1	주저앉다	VV
637	383	2	△ 254	1	줄	NN
637	383	2	△ 254	1	질문	NN

전 기간 출현 어휘	전반기 출현 어휘				어휘	품사
출현 순위	출현 순위	출현 횟수	출현 순위 증감	출현 곡수		
637	383	2	△ 254	1	짙다	VA
637	383	2	△ 254	1	춤추다	VV
637	383	2	△ 254	1	파고들다	VV
637	383	2	△ 254	1	포옹하다	VV
637	383	2	△ 254	1	한	NN
637	383	2	△ 254	1	한없다	VA
637	383	2	△ 254	1	혼	NN
505	298	3	△ 207	3	달	NN
505	298	3	△ 207	2	강아지	NN
505	298	3	△ 207	2	깊이	NN
505	298	3	△ 207	2	꽃피다	VV
505	298	3	△ 207	2	냇물	NN
505	298	3	△ 207	2	달님	NN
505	298	3	△ 207	2	뿌리다	VV
505	298	3	△ 207	2	아니	MA
505	298	3	△ 207	2	어렵다	VA
505	298	3	△ 207	2	여름	NN
505	298	3	△ 207	2	잔	NN
505	298	3	△ 207	2	지구	NN
505	298	3	△ 207	2	한번	MA
505	298	3	△ 207	2	행복하다	VA
505	298	3	△ 207	1	깨물다	VV
505	298	3	△ 207	1	단발머리	NN
505	298	3	△ 207	1	던지다	VV
505	298	3	△ 207	1	들다	VV
505	298	3	△ 207	1	따라	JX
505	298	3	△ 207	1	목마르다	VA
505	298	3	△ 207	1	반짝이다	VV
505	298	3	△ 207	1	빗다	VV
505	298	3	△ 207	1	뺨	NN
505	298	3	△ 207	1	서성이다	VV
505	298	3	△ 207	1	여미다	VV
505	298	3	△ 207	1	연약하다	VA
505	298	3	△ 207	1	온밤	NN
505	298	3	△ 207	1	용서하다	VV
505	298	3	△ 207	1	자장가	NN
505	298	3	△ 207	1	잡히다	VV
505	298	3	△ 207	1	적	NNB

전 기간 출현 어휘	전반기 출현 어휘				어휘	품사
출현 순위	출현 순위	출현 횟수	출현 순위 증감	출현 곡수		
505	298	3	△ 207	1	제일	NN
505	298	3	△ 207	1	출렁이다	VV
505	298	3	△ 207	1	치다	VV
505	298	3	△ 207	1	풀잎	NN
505	298	3	△ 207	1	한강	NN
505	298	3	△ 207	1	황진이	NNP
364	212	5	△ 152	2	눈망울	NN
364	212	5	△ 152	2	물새	NN
364	212	5	△ 152	2	희다	VA
364	212	5	△ 152	1	어떤	MM
364	212	5	△ 152	1	억년	NN
416	232	4	△ 151	4	이야기	NN
416	232	4	△ 151	3	목소리	NN
416	232	4	△ 151	3	텅	MA
416	232	4	△ 151	2	계절	NN
416	232	4	△ 151	2	기도하다	VV
416	232	4	△ 151	2	나비	NN
416	232	4	△ 151	2	노래하다	VV
416	232	4	△ 151	2	대지	NN
416	232	4	△ 151	2	미지	NN
416	232	4	△ 151	2	숨소리	NN
416	232	4	△ 151	2	쓴웃음	NN
416	232	4	△ 151	2	접다	VV
416	232	4	△ 151	2	하다	VV
416	232	4	△ 151	1	가슴	NN
416	232	4	△ 151	1	꽃다발	NN
416	232	4	△ 151	1	빈자리	NN
416	232	4	△ 151	1	빗물	NN
416	232	4	△ 151	1	아마	MA
416	232	4	△ 151	1	앞서가다	VV
416	232	4	△ 151	1	애기	NN
416	232	4	△ 151	1	여인	NN
416	232	4	△ 151	1	우주	NN
416	232	4	△ 151	1	음성	NN
416	232	4	△ 151	1	철부지	NN
416	232	4	△ 151	1	평화	NN
416	232	4	△ 151	1	하루해	NN
416	232	4	△ 151	1	했다	VV

전 기간 출현 어휘	전반기 출현 어휘				어휘	품사
출현 순위	출현 순위	출현 횟수	출현 순위 증감	출현 곡수		
316	173	6	△ 143	4	가다	VV
316	173	6	△ 143	3	한마디	NN
316	173	6	△ 143	2	굽이	NN
316	173	6	△ 143	2	생기다	VV
316	173	6	△ 143	2	철새	NN
316	173	6	△ 143	1	꺼지다	VV
316	173	6	△ 143	1	꽃바람	NN
316	173	6	△ 143	1	모이다	VV
316	173	6	△ 143	1	묻다	VV
316	173	6	△ 143	1	산유화	NN
316	173	6	△ 143	1	아시아	NN
316	173	6	△ 143	1	일편단심	NN
316	173	6	△ 143	1	젊은이	NN
364	232	4	△ 132	3	가로등	NN
364	232	4	△ 132	3	강물	NN
364	232	4	△ 132	3	달빛	NN
364	232	4	△ 132	3	숨다	VV
364	232	4	△ 132	3	피다	VV
364	232	4	△ 132	2	끝	NN
364	232	4	△ 132	2	따스하다	VA
364	232	4	△ 132	2	슬퍼하다	VV
364	232	4	△ 132	2	어깨	NN
364	232	4	△ 132	1	이런	MM
364	232	4	△ 132	1	젊음	NN
364	232	4	△ 132	1	정	NN
282	153	7	△ 129	1	회색	NN
255	130	8	△ 125	1	계곡	NN
255	130	8	△ 125	1	민들레	NN
255	130	8	△ 125	1	애	NN
505	383	2	△ 122	2	고독	NN
505	383	2	△ 122	2	깜박이다	VV
505	383	2	△ 122	2	나누다	VV
505	383	2	△ 122	2	상처	NN
505	383	2	△ 122	2	시절	NN
505	383	2	△ 122	2	아이	NN
505	383	2	△ 122	2	안개	NN
505	383	2	△ 122	2	앉다	VV
505	383	2	△ 122	2	창가	NN

전 기간 출현 어휘	전반기 출현 어휘				어휘	품사
출현 순위	출현 순위	출현 횟수	출현 순위 증감	출현 곡수		
505	383	2	△ 122	2	채우다	VV
505	383	2	△ 122	2	헤어지다	VV
505	383	2	△ 122	2	흔들다	VV
505	383	2	△ 122	1	가깝다	VA
505	383	2	△ 122	1	나다	VV
505	383	2	△ 122	1	너머	NN
505	383	2	△ 122	1	넘다	VV
505	383	2	△ 122	1	놓다	VX
505	383	2	△ 122	1	담다	VV
505	383	2	△ 122	1	들꽃	NN
505	383	2	△ 122	1	마주하다	VV
505	383	2	△ 122	1	보다	VV
505	383	2	△ 122	1	비밀	NN
505	383	2	△ 122	1	새벽	NN
505	383	2	△ 122	1	속삭이다	VV
505	383	2	△ 122	1	시들다	VV
505	383	2	△ 122	1	시원하다	VA
505	383	2	△ 122	1	시작하다	VV
505	383	2	△ 122	1	애타다	VV
505	383	2	△ 122	1	입	NN
505	383	2	△ 122	1	저마다	MA
505	383	2	△ 122	1	적시다	VV
505	383	2	△ 122	1	후	NN
505	383	2	△ 122	1	휘감다	VV
230	112	9	△ 118	3	물	NN
230	112	9	△ 118	3	받다	VV
416	298	3	△ 118	3	수많다	VA
416	298	3	△ 118	2	만남	NN
416	298	3	△ 118	2	밤새다	VV
416	298	3	△ 118	2	빌딩	NN
416	298	3	△ 118	2	인사	NN
416	298	3	△ 118	2	한숨	NN
416	298	3	△ 118	1	그저	MA
416	298	3	△ 118	1	되살아나다	VV
416	298	3	△ 118	1	만들다	VV
230	112	9	△ 118	1	물어보다	VV
230	112	9	△ 118	1	수지	NNP
416	298	3	△ 118	1	시련	NN

전 기간 출현 어휘	전반기 출현 어휘				어휘	품사
출현 순위	출현 순위	출현 횟수	출현 순위 증감	출현 곡수		
416	298	3	△ 118	1	아주	MA
416	298	3	△ 118	1	이별하다	VV
230	112	9	△ 118	1	착각	NN
416	298	3	△ 118	1	표정	NN
210	99	10	△ 111	1	마도요	NN
192	85	11	△ 107	3	멈추다	VV
192	85	11	△ 107	2	엄마	NN
192	85	11	△ 107	1	술래	NN
316	212	5	△ 104	2	그날	NN
255	153	7	△ 102	1	속	NN
230	130	8	△ 100	3	그냥	MA
230	130	8	△ 100	3	숨결	NN
230	130	8	△ 100	2	같이	MA
230	130	8	△ 100	2	노을	NN
230	130	8	△ 100	1	여행	NN
210	112	9	△ 98	1	황홀하다	VA
192	99	10	△ 93	4	그런	MM
192	99	10	△ 93	4	들리다	VV
161	70	13	△ 91	1	하나	NN
139	54	15	△ 85	6	당신	NP
316	232	4	△ 84	2	그래도	MAJ
316	232	4	△ 84	1	갑자기	MA
316	232	4	△ 84	1	오직	MA
282	173	6	△ 82	4	그리워하다	VV
255	173	6	△ 82	4	손	NN
255	173	6	△ 82	3	걷다	VV
255	173	6	△ 82	3	흘러가다	VV
255	173	6	△ 82	2	맺히다	VV
282	173	6	△ 82	2	전하다	VV
149	70	13	△ 79	8	한	MM
176	99	10	△ 77	5	지나가다	VV
230	153	7	△ 77	2	손길	NN
176	99	10	△ 77	1	생명	NN
161	85	11	△ 76	6	돌아서다	VV
161	85	11	△ 76	6	하나	NR
121	46	16	△ 75	2	소녀	NN
637	563	1	△ 74	3	숙이다	VV
637	563	1	△ 74	1	건	NP

전 기간 출현 어휘	전반기 출현 어휘				어휘	품사
출현 순위	출현 순위	출현 횟수	출현 순위 증감	출현 곡수		
637	563	1	△ 74	1	골목	NN
637	563	1	△ 74	1	그때	NN
637	563	1	△ 74	1	남자	NN
637	563	1	△ 74	1	내밀다	VV
637	563	1	△ 74	1	넘치다	VV
637	563	1	△ 74	1	네온사인	NN
637	563	1	△ 74	1	로켓	NN
637	563	1	△ 74	1	서럽다	VA
637	563	1	△ 74	1	솟아나다	VV
637	563	1	△ 74	1	숲속	NN
637	563	1	△ 74	1	쉬다	VV
637	563	1	△ 74	1	어른	NN
637	563	1	△ 74	1	이르다	VA
637	563	1	△ 74	1	허공	NN
115	42	17	△ 73	1	모나리자	NNP
282	212	5	△ 70	4	비다	VV
282	212	5	△ 70	2	타다	VV
115	46	16	△ 69	4	떨리다	VV
139	70	13	△ 69	2	짧다	VA
121	54	15	△ 67	4	비	NN
364	298	3	△ 66	2	쉽다	VA
364	298	3	△ 66	2	지다	VV
364	298	3	△ 66	1	돌	NN
364	298	3	△ 66	1	몰아치다	VV
346	298	3	△ 66	1	세계	NN
107	42	17	△ 65	3	못	MA
149	85	11	△ 64	6	인생	NN
176	112	9	△ 64	3	돌다	VV
192	130	8	△ 62	3	물결	NN
139	78	12	△ 61	3	어리다	VA
113	54	15	△ 59	4	꽃	NN
210	153	7	△ 57	5	듣다	VV
210	153	7	△ 57	4	쉬다	VV
230	173	6	△ 57	3	되다	VV
230	173	6	△ 57	3	숨	NN
210	153	7	△ 57	3	안다	VV
230	173	6	△ 57	3	얘기하다	VV
210	153	7	△ 57	1	메아리	NN

전 기간 출현 어휘	전반기 출현 어휘				어휘	품사
출현 순위	출현 순위	출현 횟수	출현 순위 증감	출현 곡수		
139	85	11	△ 54	3	부르다	VV
121	70	13	△ 51	5	소리	NN
149	99	10	△ 50	6	님	NN
282	232	4	△ 50	2	강	NN
282	232	4	△ 50	2	고개	NN
282	232	4	△ 50	2	이슬	NN
282	232	4	△ 50	1	차라리	MA
161	112	9	△ 49	3	아쉽다	VA
161	112	9	△ 49	3	입술	NN
85	37	18	△ 48	4	노래	NN
176	130	8	△ 46	4	머물다	VV
176	130	8	△ 46	3	뜨겁다	VA
107	62	14	△ 45	7	그리움	NN
121	78	12	△ 43	6	하다	VV
121	78	12	△ 43	3	미련	NN
255	212	5	△ 43	2	괴롭다	VA
64	21	28	△ 43	1	꾀꼬리	NN
192	153	7	△ 39	3	깊다	VA
192	153	7	△ 39	2	뒤	NN
76	37	18	△ 39	2	무엇	NP
92	54	15	△ 38	6	구름	NN
71	34	20	△ 37	4	그	NP
210	173	6	△ 37	4	물들다	VV
107	70	13	△ 37	3	좋다	VA
210	173	6	△ 37	1	정녕	MA
121	85	11	△ 36	3	위하다	VV
416	383	2	△ 33	2	그러나	MAJ
416	383	2	△ 33	2	불꽃	NN
416	383	2	△ 33	2	타오르다	VV
416	383	2	△ 33	2	희미하다	VA
416	383	2	△ 33	1	가리다	VV
416	383	2	△ 33	1	그만	MA
416	383	2	△ 33	1	날	NP
416	383	2	△ 33	1	눈부시다	VA
416	383	2	△ 33	1	모으다	VV
416	383	2	△ 33	1	반기다	VV
416	383	2	△ 33	1	잠들다	VV
416	383	2	△ 33	1	차	NN

전 기간 출현 어휘	전반기 출현 어휘				어휘	품사
출현 순위	출현 순위	출현 횟수	출현 순위 증감	출현 곡수		
416	383	2	△ 33	1	찬바람	NN
416	383	2	△ 33	1	쳐다보다	VV
42	10	40	△ 32	1	서울	NN
161	130	8	△ 31	3	이렇게	VA
107	78	12	△ 29	3	버리다	VV
139	112	9	△ 27	3	이름	NN
80	54	15	△ 26	4	거리	NN
71	46	16	△ 25	4	여기	NP
48	24	26	△ 24	5	바다	NN
85	62	14	△ 23	8	사람	NN
85	62	14	△ 23	7	날	NN
52	29	23	△ 23	6	모르다	VV
176	153	7	△ 23	5	해	NN
255	232	4	△ 23	3	언제	NP
176	153	7	△ 23	3	자꾸	MA
176	153	7	△ 23	3	하루	NN
255	232	4	△ 23	2	앞	NN
255	232	4	△ 23	2	외로움	NN
255	232	4	△ 23	2	젖다	VV
176	153	7	△ 23	2	지키다	VV
255	232	4	△ 23	1	서로	NN
59	37	18	△ 22	6	말	NN
121	99	10	△ 22	4	흐르다	VV
66	46	16	△ 20	4	너무	MA
149	130	8	△ 19	4	날아가다	VV
192	173	6	△ 19	4	얼굴	NN
192	173	6	△ 19	3	두	MM
80	62	14	△ 18	8	별	NN
50	32	21	△ 18	7	이	MM
316	298	3	△ 18	3	잡다	VV
316	298	3	△ 18	3	주다	VV
316	298	3	△ 18	2	간직하다	VV
230	212	5	△ 18	2	바보	NN
230	212	5	△ 18	2	짓다	VV
316	298	3	△ 18	1	이곳	NP
316	298	3	△ 18	1	진실	NN
71	54	15	△ 17	3	그렇다	VA
85	70	13	△ 15	4	누가	NP

전 기간 출현 어휘	전반기 출현 어휘				어휘	품사
출현 순위	출현 순위	출현 횟수	출현 순위 증감	출현 곡수		
32	17	30	△ 15	2	그	MM
59	46	16	△ 13	6	만나다	VV
38	25	25	△ 13	6	왜	MA
59	46	16	△ 13	5	보이다	VV
27	17	30	△ 10	10	보다	VV
80	70	13	△ 10	2	돌아오다	VV
46	37	18	△ 9	5	곳	NN
121	112	9	△ 9	3	싫다	VA
121	112	9	△ 9	3	잃다	VV
19	11	34	△ 8	13	가다	VV
161	153	7	△ 8	4	있다	VX
24	17	30	△ 7	14	눈물	NN
20	13	31	△ 7	9	잊다	VV
92	85	11	△ 7	6	헤매다	VV
85	78	12	△ 7	4	오다	VX
14	9	42	△ 5	8	찾다	VV
67	62	14	△ 5	5	있다	VV
16	13	31	△ 3	15	바람	NN
25	22	27	△ 3	14	알다	VV
28	25	25	△ 3	9	울다	VV
11	8	43	△ 3	7	너	NP
115	112	9	△ 3	3	생각하다	VV
6	4	65	△ 2	22	마음	NN
64	62	14	△ 2	9	세월	NN
28	27	24	△ 1	7	남다	VV
1	1	137	◇ 0	28	나	NP
2	2	94	◇ 0	23	사랑	NN
3	3	81	◇ 0	15	그대	NP
7	7	53	◇ 0	12	우리	NP
17	17	30	◇ 0	19	가슴	NN
42	42	17	◇ 0	8	때	NN
85	85	11	◇ 0	6	끝없다	VA
99	99	10	◇ 0	1	촛불	NN
99	99	10	◇ 0	5	부르다	VV
153	153	7	◇ 0	3	비바람	NN
298	298	3	◇ 0	1	여기저기	NN
383	383	2	◇ 0	1	붉다	VA
563	563	1	◇ 0	1	광야	NN

전 기간 출현 어휘	전반기 출현 어휘				어휘	품사
출현 순위	출현 순위	출현 횟수	출현 순위 증감	출현 곡수		
4	5	58	▽ 1	18	내	NP
12	13	31	▽ 1	16	그	MM
5	6	55	▽ 1	13	없다	VA
41	42	17	▽ 1	10	하늘	NN
10	11	34	▽ 1	9	떠나다	VV
28	29	23	▽ 1	7	저	MM
210	212	5	▽ 2	3	곱다	VA
76	78	12	▽ 2	3	그립다	VA
52	54	15	▽ 2	3	오늘	NN
230	232	4	▽ 2	2	그림자	NN
230	232	4	▽ 2	2	내리다	VV
230	232	4	▽ 2	2	부터	JX
28	31	22	▽ 3	4	아니다	VA
9	13	31	▽ 4	6	것	NNB
32	37	18	▽ 5	7	싶다	VX
80	85	11	▽ 5	3	그곳	NP
20	27	24	▽ 7	10	사랑하다	VV
45	62	14	▽ 7	7	버리다	VX
92	99	10	▽ 7	5	곁	NN
92	99	10	▽ 7	4	누구	NP
38	46	16	▽ 8	7	어디	NP
121	130	8	▽ 9	3	저기	NP
22	32	21	▽ 10	11	처럼	JK
12	22	27	▽ 10	7	있다	VA
42	54	15	▽ 12	7	아직	MA
161	173	6	▽ 12	4	길	NN
161	173	6	▽ 12	4	아프다	VA
161	173	6	▽ 12	3	웃다	VV
32	46	16	▽ 14	6	않다	VX
139	153	7	▽ 14	2	그렇게	VA
139	153	7	▽ 14	2	어제	NN
115	130	8	▽ 15	6	밤	NN
18	34	20	▽ 16	7	이제	NN
282	298	3	▽ 16	3	되다	VV
282	298	3	▽ 16	3	보다	VX
282	298	3	▽ 16	2	고향	NN
282	298	3	▽ 16	2	서러움	NN
282	298	3	▽ 16	2	언덕	NN

전 기간 출현 어휘	전반기 출현 어휘				어휘	품사
출현 순위	출현 순위	출현 횟수	출현 순위 증감	출현 곡수		
282	298	3	▽ 16	2	적시다	VV
282	298	3	▽ 16	2	찾아가다	VV
282	298	3	▽ 16	2	하얗다	VA
282	298	3	▽ 16	2	흔들리다	VV
52	70	13	▽ 18	4	보다	VX
364	383	2	▽ 19	2	땅	NN
364	383	2	▽ 19	1	고통	NN
364	383	2	▽ 19	1	차갑다	VA
192	212	5	▽ 20	3	도시	NN
210	232	4	▽ 22	1	켜다	VV
149	173	6	▽ 24	4	푸르다	VA
149	173	6	▽ 24	2	언젠가	MA
8	34	20	▽ 26	8	속	NN
99	130	8	▽ 31	4	지다	VX
139	173	6	▽ 34	4	흐르다	VV
76	112	9	▽ 36	6	슬픔	NN
176	212	5	▽ 36	4	미소	NN
92	130	8	▽ 38	4	있다	VA
39	78	12	▽ 39	9	모두	NN
59	99	10	▽ 40	8	만	JX
192	232	4	▽ 40	3	느끼다	VV
255	298	3	▽ 43	3	함께	MA
255	298	3	▽ 43	2	그녀	NP
67	112	9	▽ 45	5	가다	VX
85	130	8	▽ 45	5	세상	NN
107	153	7	▽ 46	5	이별	NN
38	85	11	▽ 47	4	아름답다	VA
121	173	6	▽ 52	4	사라지다	VV
121	173	6	▽ 52	3	눈빛	NN
99	153	7	▽ 54	5	하다	VX
57	112	9	▽ 55	5	기다리다	VV
176	232	4	▽ 56	2	길	NN
176	232	4	▽ 56	2	빛나다	VV
505	563	1	▽ 58	1	그리다	VV
505	563	1	▽ 58	1	그리다	VV
505	563	1	▽ 58	1	깨우다	VV
505	563	1	▽ 58	1	나오다	VV
505	563	1	▽ 58	1	다정하다	VA

전 기간 출현 어휘	전반기 출현 어휘				어휘	품사
출현 순위	출현 순위	출현 횟수	출현 순위 증감	출현 곡수		
505	563	1	▽ 58	1	다하다	VV
71	99	10	▽ 58	5	되다	VV
505	563	1	▽ 58	1	무슨	MM
505	563	1	▽ 58	1	밤하늘	NN
505	563	1	▽ 58	1	비치다	VV
505	563	1	▽ 58	1	아무	NP
505	563	1	▽ 58	1	철없다	VA
505	563	1	▽ 58	1	키	NN
26	85	11	▽ 59	6	없다	VA
71	130	8	▽ 59	4	지금	NN
52	112	9	▽ 60	2	하지만	MA
113	173	6	▽ 60	3	떠나가다	VV
149	212	5	▽ 63	3	바라보다	VV
316	383	2	▽ 67	2	떠오르다	VV
316	383	2	▽ 67	2	맴돌다	VV
316	383	2	▽ 67	2	묻다	VV
316	383	2	▽ 67	2	영원	NN
316	383	2	▽ 67	1	미래	NN
17	85	11	▽ 68	5	꿈	NN
230	298	3	▽ 68	3	처음	NN
230	298	3	▽ 68	2	친구	NN
230	298	3	▽ 68	1	아쉬워하다	VV
161	232	4	▽ 71	3	위	NN
80	153	7	▽ 73	5	못하다	VV
99	173	6	▽ 74	3	언제나	MA
37	112	9	▽ 75	7	추억	NN
48	130	8	▽ 82	4	슬프다	VA
46	130	8	▽ 84	3	말다	VV
210	298	3	▽ 88	2	따르다	VV
210	298	3	▽ 88	2	서다	VV
210	298	3	▽ 88	2	오다	VV
210	298	3	▽ 88	1	하다	VV
121	212	5	▽ 91	4	지다	VX
39	130	8	▽ 91	3	멀다	VA
121	212	5	▽ 91	2	불다	VV
121	212	5	▽ 91	2	파도	NN
139	232	4	▽ 93	3	외롭다	VA
282	383	2	▽ 101	2	같다	VA

전 기간 출현 어휘	전반기 출현 어휘				어휘	품사
출현 순위	출현 순위	출현 횟수	출현 순위 증감	출현 곡수		
282	383	2	▽ 101	2	순간	NN
282	383	2	▽ 101	2	태양	NN
282	383	2	▽ 101	2	햇살	NN
282	383	2	▽ 101	1	채	NNB
107	212	5	▽ 105	3	혼자	NN
67	173	6	▽ 106	2	있다	VX
22	130	8	▽ 108	4	모습	NN
121	232	4	▽ 111	3	지치다	VV
121	232	4	▽ 111	2	영원하다	VA
99	212	5	▽ 113	4	지우다	VV
59	173	6	▽ 114	5	눈	NN
115	232	4	▽ 117	4	감다	VV
176	298	3	▽ 122	1	소중하다	VA
50	173	6	▽ 123	4	다시	MA
255	383	2	▽ 128	2	기쁨	NN
255	383	2	▽ 128	2	남기다	VV
255	383	2	▽ 128	2	다	MA
255	383	2	▽ 128	2	불어오다	VV
255	383	2	▽ 128	2	화려하다	VA
255	383	2	▽ 128	1	꿈속	NN
255	383	2	▽ 128	1	행복	NN
99	232	4	▽ 133	2	말하다	VV
161	298	3	▽ 137	1	밀리다	VV
416	563	1	▽ 147	1	감추다	VV
416	563	1	▽ 147	1	건너다	VV
416	563	1	▽ 147	1	그것	NP
416	563	1	▽ 147	1	나가다	VX
416	563	1	▽ 147	1	낯설다	VA
416	563	1	▽ 147	1	돌아가다	VV
416	563	1	▽ 147	1	보내다	VV
416	563	1	▽ 147	1	서성거리다	VV
416	563	1	▽ 147	1	아픔	NN
416	563	1	▽ 147	1	춤추다	VV
416	563	1	▽ 147	1	한번	MA
149	298	3	▽ 149	3	작다	VA
149	298	3	▽ 149	1	어느	MM
230	383	2	▽ 153	1	듯하다	VX
67	232	4	▽ 165	2	어둠	NN

전 기간 출현 어휘	전반기 출현 어휘				어휘	품사
출현 순위	출현 순위	출현 횟수	출현 순위 증감	출현 곡수		
210	383	2	▽ 173	1	장미꽃	NN
192	383	2	▽ 191	2	어둡다	VA
192	383	2	▽ 191	1	길다	VA
364	563	1	▽ 199	1	늘	MA
364	563	1	▽ 199	1	두다	VV
364	563	1	▽ 199	1	멀리	MA
364	563	1	▽ 199	1	멀어지다	VV
364	563	1	▽ 199	1	미워하다	VV
364	563	1	▽ 199	1	소리치다	VV
364	563	1	▽ 199	1	아침	NN
364	563	1	▽ 199	1	일	NN
364	563	1	▽ 199	1	잠	NN
149	383	2	▽ 234	1	또	MA
149	383	2	▽ 234	1	변하다	VV
149	383	2	▽ 234	1	향하다	VV
139	383	2	▽ 244	2	희망	NN
52	298	3	▽ 246	2	시간	NN
316	563	1	▽ 247	1	뜨다	VV
316	563	1	▽ 247	1	불빛	NN
316	563	1	▽ 247	1	시리다	VA
316	563	1	▽ 247	1	지다	VV
316	563	1	▽ 247	1	흩어지다	VV
121	383	2	▽ 262	2	같다	VA
282	563	1	▽ 281	1	날다	VV
282	563	1	▽ 281	1	내일	NN
282	563	1	▽ 281	1	열다	VV
282	563	1	▽ 281	1	향기	NN
92	383	2	▽ 291	2	살다	VV
255	563	1	▽ 308	1	마다	JX
255	563	1	▽ 308	1	영혼	NN
210	563	1	▽ 353	1	까지	JX
210	563	1	▽ 353	1	지나다	VV
192	563	1	▽ 371	1	기대다	VV
192	563	1	▽ 371	1	많다	VA
176	563	1	▽ 387	1	오다	VV
161	563	1	▽ 402	1	잃어버리다	VV
99	563	1	▽ 464	1	모든	MM
76	563	1	▽ 487	1	꿈꾸다	VV

전 기간 출현 어휘	전반기 출현 어휘				어휘	품사
출현 순위	출현 순위	출현 횟수	출현 순위 증감	출현 곡수		
·	·	·	·	·	Love	EX
·	·	·	·	·	I	EX
·	·	·	·	·	You	EX
·	·	·	·	·	And	EX
·	·	·	·	·	Asia	EX
·	·	·	·	·	Firecracker	EX
·	·	·	·	·	Forget	EX
·	·	·	·	·	MISS	EX
·	·	·	·	·	My	EX
·	·	·	·	·	Never	EX
·	·	·	·	·	See	EX
·	·	·	·	·	Wanna	EX
·	·	·	·	·	끼리	EX
·	·	·	·	·	되다	EX
·	·	·	·	·	안녕	EX
·	·	·	·	·	어즈버	EX
·	·	·	·	·	쯤	EX
·	·	·	·	·	한	EX

3.2. 후반기

3.2.1. 단독출현 어휘

후반기 발매된 <정규 앨범>에 수록한 자작곡 40편에서만 보이는 어휘, 즉 단독출현 어휘는 모두 377개(평균 5곡)이다. 전반기 <정규 앨범> 속 자작곡 43편에서의 단독출현 어휘가 379개(평균 3.9곡)였음을 보건대, 후반기 들어서 단독출현 어휘가 증가했다는 사실을 알 수 있다.

이러한 사실은 전반기에 비해서 후반기에 자작곡의 수록 비중이 높아진 데다가, 이전에 사용하지 않은 새로운 어휘를 사용하여 결과적으로 단독출현 어휘 수가 증가된 것으로 이해된다. 후반기의 단독출현 어휘는 다음과 같다.

TV, 가깝다, 가끔, 가득하다, 가로지르다, 가만히, 가슴속, 간곳없다, 간절하다, 갇히다, 같다, 거기, 거세다, 거울, 거짓, 거칠다, 건, 걸다, 겨울, 결국, 고개, 고뇌, 고단하다, 고독하다, 골짜기, 과거, 과연, 괜하다, 괴로움, 괴로워하다, 굳다, 굴러다니다, 귀로, 그늘, 그래, 그렇지만, 기대, 기쁘다, 기슭, 기약, 기억, 기억되다, 기억하다, 길목, 깃들다, 까마득하다, 깨다, 꽃상여, 꽃잎, 꽃향기, 꿈결, 끌어안다, 끝나다, 나날, 나누다, 나누다, 나무, 나비리본, 날갯짓, 날아오다, 남겨지다, 내리다, 너무나, 넋, 년, 높다, 늦다, 늪, 다가가다, 다가오다, 다르다, 다발, 단, 단청, 달려가다, 달려오다, 담기다, 답답하다, 대로, 대신, 더, 더욱, 더하다, 덧없다, 도박사, 돌이키다, 돌쩌귀, 동화, 되다, 두근거리다, 두려움, 두렵다, 뒤돌아보다, 뒤로하다, 들려오다, 딛다, 따뜻하다, 따라서, 때로, 때문, 떠돌다, 떨구다, 또다시, 뛰어가다, 뜰, 뜻대로, 램프, 로부터, 리본, 마르다, 마음속, 마저, 마지막, 말다, 맑다, 망설이다, 맞이하다, 맞추다, 맹세하다, 머나멀다, 머리, 머릿결, 먹다, 멍하다, 몇, 모래, 모래성, 모르다, 목련, 목메다, 몰래, 무겁다, 무너지다, 무더지다, 무지개, 문, 문턱, 묻히다, 물건, 물방울, 미움, 믿다, 바람결, 바로, 밝다, 밤새, 방, 배반, 베아트리체, 벨, 벽, 벽련화, 보고, 보다, 보다, 보랏빛, 부드럽다, 부딪치다, 부르다, 부서지다, 부풀다, 불, 불멸, 비추다, 빛, 빠져들다, 빠지다, 뿌리, 뿐, 사냥꾼, 사랑스럽다, 사로잡다, 사막, 사연, 사이, 사진, 살며시, 살아가다, 살짝, 살피다, 삶, 상자, 새, 새, 새기다, 새다, 새롭다, 새소리, 샘, 샹들리에, 서글프다, 석양, 선물, 섬, 세상일, 소망, 소원, 속다, 손잡다, 솟아오르다, 수없이, 순종, 술잔, 숲, 스며들다, 스치다, 슬퍼지다, 시작, 신문, 신호, 싱그럽다, 쌓다, 쌓이다, 쓰러지다, 쓸리다, 쓸쓸하다, 쓸쓸히, 아기새, 아득하다, 아래, 아련하다, 아리랑, 아리아리랑, 아무, 아무것, 아물다, 아이, 아이마미, 아파하다, 안, 안기다, 안되다, 앗다, 야위다, 약속, 약속하다, 얘기, 어김없다, 어깨너머, 어느새, 어리다, 어젯밤, 어쩌다, 어쩌다가, 어쩌면, 어쩐지, 어찌하다, 어차피, 언덕, 언약, 얻다, 얼굴, 얼룩지다, 얼마나, 없다, 여리다, 역사, 연기, 연속, 옆, 옛날, 오다, 오다, 오래전, 오랫동안, 오후, 옷깃, 와, 왕자, 왠지, 외기러기, 요정, 욕심, 운명, 울렁이다, 울먹이다, 울부짖다, 움직이다, 원하다, 위로, 유리, 의미, 이것, 이끼, 이르다, 이상, 이유, 익다, 익숙하다, 인연, 일렁이다, 입맞춤, 잊히다, 자다, 자리, 자욱하다, 자유롭다, 자취, 잠시, 잠자다, 장난감, 저녁, 저녁노을, 저편, 전, 전부, 전생, 절망, 정글, 정답다, 정말, 조각나다, 죄, 주어지다, 지나치다, 지난날, 지내다, 지니다, 지다, 지루하다, 지상, 지켜보다, 진실하다, 짙어지다, 차마, 참, 창, 창문, 찾아오다, 천, 천국, 천사, 청춘, 초라하다, 최선, 축복, 춤다, 취하다, 커지다, 커피숍, 타협하다, 털어놓다, 토록, 통곡, 투명하다, 판도라, 퍼지다, 편하다, 표시, 품, 풍선, 피어나다, 필요하다, 한걸음, 한곳, 한세월, 한잔, 한참, 함께하다, 해, 해바라기, 해보다, 험하다, 홀로, 화살, 화신, 환상, 후, 후회, 휴일, 흐리다, 흔들거리다, 흔적, 흘러가다, 흩날리다, 힘겹다, 힘들다

다음의 표는 시기별 단독출현 어휘의 품사 분류 결과를 종합한 것이다. 전반기보다 후반기에 체언이 소폭 감소한 반면, 용언과 수식언의 사용이 활발했다는 것은 언어 표현 면에서의 차이를 뜻한다.

【 전반기·후반기 단독출현 어휘의 품사 분류 종합 양상 】

품사		해당 어휘 수(비율%)	
대분류	소분류(약호)	전반기	후반기
체언	명사(NN)	205(51.7%)	171(44.7%)
	대명사(NP)	4(1.0%)	4(1.0%)
	수사(NR)	2(0.5%)	2(0.5%)
	소계	211(53.2%)	177(46.3%)
용언	동사(VV)	109(27.5%)	116(30.3%)
	형용사(VA)	34(8.5%)	48(12.5%)
	보조용언(VX)	2(0.5%)	1(0.2%)
	지정사(VC)	·	·
	소계	145(36.1%)	165(43.1%)
수식언	관형사(MM)	5(1.2%)	3(0.7%)
	부사(MA)	16(4.0%)	28(7.3%)
	소계	21(5.3%)	31(8.1%)
관계언	격조사(JK)	·	2(0.5%)
	보조사(JX)	2(0.5%)	2(0.5%)
	접속조사(JC)		
	소계	2(0.5%)	4(1.0%)
기타[2] 소계		17(4.2%)	5(1.3%)
총합		396(100%)	382(100%)

3.2.2. 출현 어휘의 증감

후반기의 출현 어휘는 총 799개로 전반기 대비 출현 순위가 상승한 것이 190개이고, 하강한 어휘가 220개, 변화 없음이 7개, 기타 5개인 것으로 파악된다.

【전반기 대비 후반기 출현 어휘의 증감】 [3]

전반기 출현 어휘	후반기 출현 어휘				어휘	품사
출현 순위	출현 순위	출현 횟수	출현 순위 증감	출현 곡수		
563	33	23	△ 530	7	꿈꾸다	VV
563	52	19	△ 511	8	모든	MM
563	85	12	△ 478	4	잃어버리다	VV
563	113	10	△ 450	7	많다	VA
563	113	10	△ 450	3	기대다	VV
563	124	9	△ 439	5	까지	JX
563	124	9	△ 439	5	지나다	VV
563	153	7	△ 410	4	영혼	NN
563	153	7	△ 410	3	열다	VV
563	153	7	△ 410	2	마다	JX
563	175	6	△ 388	3	날다	VV
563	175	6	△ 388	3	향기	NN
563	175	6	△ 388	2	내일	NN
563	213	5	△ 350	4	불빛	NN
563	213	5	△ 350	3	다하다	VV
563	213	5	△ 350	3	뜨다	VV
563	213	5	△ 350	3	지다	VV
563	213	5	△ 350	3	흩어지다	VV
563	213	5	△ 350	2	시리다	VA
383	52	19	△ 331	8	살다	VV

---

2 영어 및 감탄사, 접미사, 연결어미 5개('Runner, 그래, 도록, 되다, 씩')는 제외('EX' 표시)한다.
3 출현 순위 증감 'N'은 전반기 자작곡에서는 보이지 않는, 후반기 단독출현 어휘이므로 증감을 표시하지 않음

전반기 출현 어휘	후반기 출현 어휘				어휘	품사
출현 순위	출현 순위	출현 횟수	출현 순위 증감	출현 곡수		
563	258	4	△ 305	4	아침	NN
383	78	13	△ 305	3	희망	NN
563	258	4	△ 305	3	멀어지다	VV
563	258	4	△ 305	3	잠	NN
563	258	4	△ 305	3	낯설다	VA
563	258	4	△ 305	2	일	NN
563	258	4	△ 305	2	멀리	MA
563	258	4	△ 305	2	늘	MA
563	258	4	△ 305	2	두다	VV
563	258	4	△ 305	2	소리치다	VV
563	258	4	△ 305	1	미워하다	VV
383	85	12	△ 298	4	향하다	VV
383	85	12	△ 298	5	변하다	VV
383	85	12	△ 298	5	또	MA
383	99	11	△ 284	5	어둡다	VA
298	23	28	△ 275	15	시간	NN
383	124	9	△ 259	5	길다	VA
383	137	8	△ 246	2	장미꽃	NN
563	321	3	△ 242	3	그것	NP
563	321	3	△ 242	3	보내다	VV
563	321	3	△ 242	2	감추다	VV
563	321	3	△ 242	2	그리다	VV
563	321	3	△ 242	2	뿐	JX
563	321	3	△ 242	2	아픔	NN
563	321	3	△ 242	2	춤추다	VV
563	321	3	△ 242	2	한번	MA
563	321	3	△ 242	1	건너다	VV
563	321	3	△ 242	1	돌아가다	VV
563	321	3	△ 242	1	서성거리다	VV
383	153	7	△ 230	2	듯하다	VX
383	175	6	△ 208	5	다	MA
383	175	6	△ 208	5	화려하다	VA
383	175	6	△ 208	4	같다	VA
383	175	6	△ 208	4	꿈속	NN
383	175	6	△ 208	3	기쁨	NN
383	175	6	△ 208	3	불어오다	VV
383	175	6	△ 208	3	행복	NN
383	175	6	△ 208	2	남기다	VV
298	99	11	△ 199	9	작다	VA

전반기 출현 어휘	후반기 출현 어휘				어휘	품사
출현 순위	출현 순위	출현 횟수	출현 순위 증감	출현 곡수		
298	99	11	△ 199	6	하다	VV
298	99	11	△ 199	5	어느	MM
232	38	22	△ 194	9	어둠	NN
298	113	10	△ 185	1	밀리다	VV
212	33	23	△ 179	10	지다	VX
298	124	9	△ 174	3	소중하다	VA
232	62	16	△ 170	8	말하다	VV
383	213	5	△ 170	4	붉다	VA
383	213	5	△ 170	4	순간	NN
383	213	5	△ 170	4	채	NNB
383	213	5	△ 170	4	햇살	NN
383	213	5	△ 170	3	같다	VA
383	213	5	△ 170	3	태양	NN
563	408	2	△ 155	2	무슨	MM
563	408	2	△ 155	2	비치다	VV
563	408	2	△ 155	1	깨우다	VV
563	408	2	△ 155	1	나오다	VV
563	408	2	△ 155	1	다정하다	VA
563	408	2	△ 155	1	밤하늘	NN
563	408	2	△ 155	1	아무	NP
563	408	2	△ 155	1	줄기	NN
563	408	2	△ 155	1	철없다	VA
563	408	2	△ 155	1	키	NN
232	78	13	△ 154	6	감다	VV
232	85	12	△ 147	4	영원하다	VA
232	85	12	△ 147	6	지치다	VV
173	28	26	△ 145	9	다시	MA
212	72	14	△ 145	9	혼자	NN
212	67	15	△ 145	7	지우다	VV
298	153	7	△ 145	5	서다	VV
298	153	7	△ 145	3	따르다	VV
298	153	7	△ 145	3	오다	VV
173	33	23	△ 140	11	눈	NN
232	99	11	△ 133	6	외롭다	VA
383	258	4	△ 125	2	묻다	VV
383	258	4	△ 125	2	영원	NN
383	258	4	△ 125	1	떠오르다	VV
383	258	4	△ 125	1	미래	NN
383	258	4	△ 125	1	맴돌다	VV

전반기 출현 어휘	후반기 출현 어휘				어휘	품사
출현 순위	출현 순위	출현 횟수	출현 순위 증감	출현 곡수		
173	50	20	△ 123	9	있다	VX
298	175	6	△ 123	4	친구	NN
298	175	6	△ 123	3	아쉬워하다	VV
298	175	6	△ 123	3	처음	NN
212	99	11	△ 113	5	불다	VV
212	99	11	△ 113	4	파도	NN
130	20	31	△ 110	11	멀다	VA
232	124	9	△ 108	4	위	NN
130	23	25	△ 107	12	모습	NN
130	28	26	△ 102	5	말다	VV
173	72	14	△ 101	4	언제나	MA
130	31	25	△ 99	14	슬프다	VA
232	137	8	△ 95	4	빛나다	VV
232	137	8	△ 95	3	길	NN
112	18	32	△ 94	12	추억	NN
153	62	16	△ 91	8	못하다	VV
173	85	12	△ 88	4	떠나가다	VV
212	124	9	△ 88	4	바라보다	VV
298	213	5	△ 85	4	함께	MA
298	213	5	△ 85	2	그녀	NP
85	6	55	△ 79	17	꿈	NN
232	153	7	△ 79	5	느끼다	VV
153	78	13	△ 75	7	하다	VX
112	38	22	△ 74	12	하지만	MA
85	13	39	△ 72	17	없다	VA
130	58	17	△ 72	8	지금	NN
112	42	21	△ 70	6	기다리다	VV
153	85	12	△ 68	5	이별	NN
85	22	29	△ 63	11	아름답다	VA
383	321	3	△ 62	3	고통	NN
383	321	3	△ 62	1	가득	MA
383	321	3	△ 62	1	울리다	VV
383	321	3	△ 62	1	차갑다	VA
173	113	10	△ 60	6	눈빛	NN
173	113	10	△ 60	5	사라지다	VV
212	153	7	△ 59	6	미소	NN
130	72	14	△ 58	7	있다	VA
130	72	14	△ 58	6	세상	NN
232	175	6	△ 57	1	켜다	VV

전반기 출현 어휘	후반기 출현 어휘				어휘	품사
출현 순위	출현 순위	출현 횟수	출현 순위 증감	출현 곡수		
112	58	17	△ 54	10	가다	VX
78	27	27	△ 51	13	모두	MA
173	124	9	△ 49	2	흐르다	VV
99	52	19	△ 47	11	만	JX
112	67	15	△ 45	8	슬픔	NN
298	258	4	△ 40	4	보다	VX
298	258	4	△ 40	3	하얗다	VA
298	258	4	△ 40	3	흔들리다	VV
298	258	4	△ 40	2	되다	VV
298	258	4	△ 40	2	찾아가다	VV
298	258	4	△ 40	1	고향	NN
298	258	4	△ 40	1	서러움	NN
212	175	6	△ 37	4	도시	NN
173	137	8	△ 36	5	푸르다	VA
173	137	8	△ 36	4	언젠가	MA
99	67	15	△ 32	8	되다	VV
34	4	70	△ 30	24	속	NN
46	23	28	△ 23	13	않다	VX
34	14	38	△ 20	18	이제	NN
62	42	21	△ 20	10	버리다	VX
173	153	7	△ 20	4	길	NN
173	153	7	△ 20	4	아프다	VA
173	153	7	△ 20	4	웃다	VV
232	213	5	△ 19	3	그림자	NN
153	137	8	△ 16	5	그렇게	VA
153	137	8	△ 16	4	어제	NN
46	32	24	△ 14	10	어디	NP
70	56	18	△ 14	6	보다	VX
22	9	46	△ 13	15	있다	VA
54	42	21	△ 12	7	아직	MA
37	28	26	△ 9	12	싶다	VX
13	6	57	△ 7	17	것	NNB
62	56	18	△ 6	9	주다	VX
130	124	9	△ 6	6	밤	NN
17	12	40	△ 5	18	가슴	NN
11	8	48	△ 3	17	떠나다	VV
563	560	1	△ 3	1	골목	NN
563	560	1	△ 3	1	그때	NN
563	560	1	△ 3	1	그리다	VV

전반기 출현 어휘	후반기 출현 어휘				어휘	품사
출현 순위	출현 순위	출현 횟수	출현 순위 증감	출현 곡수		
563	560	1	△ 3	1	나가다	VX
563	560	1	△ 3	1	내밀다	VV
563	560	1	△ 3	1	넘치다	VV
563	560	1	△ 3	1	네온사인	NN
563	560	1	△ 3	1	서럽다	VA
563	560	1	△ 3	1	솟아나다	VV
563	560	1	△ 3	1	숙이다	VV
563	560	1	△ 3	1	숲속	NN
563	560	1	△ 3	1	쉬다	VV
563	560	1	△ 3	1	어른	NN
563	560	1	△ 3	1	이르다	VA
563	560	1	△ 3	1	허공	NN
2	1	130	△ 1	29	사랑	NN
3	2	126	△ 1	21	그대	NP
5	5	67	◇ 0	23	내	NP
42	42	21	◇ 0	8	하늘	NN
62	62	16	◇ 0	10	있다	VV
85	85	12	◇ 0	5	그곳	NP
99	99	11	◇ 0	5	곁	NN
99	99	11	◇ 0	5	누구	NP
321	321	3	◇ 0	2	땅	NN
13	14	38	▽ 1	15	바람	NN
212	213	5	▽ 1	3	곱다	VA
1	3	116	▽ 2	29	나	NP
13	16	36	▽ 3	13	그	MM
6	10	45	▽ 4	16	없다	VA
7	11	44	▽ 4	14	우리	NP
32	38	22	▽ 6	15	처럼	JK
27	21	30	▽ 6	11	사랑하다	VV
78	85	12	▽ 7	8	그립다	VA
130	137	8	▽ 7	3	저기	NP
54	62	16	▽ 8	5	오늘	NN
29	38	22	▽ 9	10	저	MM
8	18	32	▽ 10	11	너	NP
42	52	19	▽ 10	10	때	NN
62	72	14	▽ 10	6	세월	NN
22	33	23	▽ 11	13	알다	VV
4	17	33	▽ 13	15	마음	NN
9	23	28	▽ 14	13	찾다	VV

전반기 출현 어휘	후반기 출현 어휘			어휘	품사
출현 순위	출현 순위	출현 횟수	출현 순위 증감	출현 곡수		
99	113	10	▽ 14	5	부르다	VV
85	99	11	▽ 14	3	끝없다	VA
27	42	21	▽ 15	9	남다	VV
232	213	5	▽ 19	4	부터	JX
13	33	23	▽ 20	15	잊다	VV
153	175	6	▽ 22	3	있다	VX
298	321	3	▽ 23	2	간직하다	VV
298	321	3	▽ 23	2	이곳	NP
298	321	3	▽ 23	2	잡다	VV
298	321	3	▽ 23	2	진실	NN
298	321	3	▽ 23	1	세계	NN
17	42	21	▽ 25	9	눈물	NN
25	50	20	▽ 25	9	울다	VV
37	62	16	▽ 25	6	곳	NN
112	137	8	▽ 25	5	생각하다	VV
383	408	2	▽ 25	2	가리다	VV
383	408	2	▽ 25	2	눈부시다	VA
383	408	2	▽ 25	2	반기다	VV
383	408	2	▽ 25	2	불꽃	NN
383	408	2	▽ 25	2	잠들다	VV
383	408	2	▽ 25	2	타오르다	VV
383	408	2	▽ 25	2	희미하다	VA
383	408	2	▽ 25	1	그만	MA
383	408	2	▽ 25	1	날	NP
383	408	2	▽ 25	1	모으다	VV
383	408	2	▽ 25	1	차	NN
383	408	2	▽ 25	1	찬바람	NN
383	408	2	▽ 25	1	쳐다보다	VV
232	258	4	▽ 26	4	내리다	VV
232	258	4	▽ 26	3	서로	NN
232	258	4	▽ 26	3	앞	NN
232	258	4	▽ 26	3	언제	NP
232	258	4	▽ 26	2	외로움	NN
85	113	10	▽ 28	7	헤매다	VV
11	42	21	▽ 31	10	가다	VV
46	78	13	▽ 32	8	만나다	VV
46	78	13	▽ 32	7	보이다	VV
78	113	10	▽ 35	5	오다	VX
173	213	5	▽ 40	3	두	MM

전반기 출현 어휘	후반기 출현 어휘				어휘	품사
출현 순위	출현 순위	출현 횟수	출현 순위 증감	출현 곡수		
17	58	17	▽ 41	11	보다	VV
112	153	7	▽ 41	4	잃다	VV
112	153	7	▽ 41	3	싫다	VA
25	67	15	▽ 42	4	왜	MA
70	113	10	▽ 43	5	돌아오다	VV
130	175	6	▽ 45	3	날아가다	VV
212	258	4	▽ 46	3	짓다	VV
212	258	4	▽ 46	1	바보	NN
32	85	12	▽ 53	8	이	MM
46	99	11	▽ 53	5	너무	MA
70	124	9	▽ 54	5	누가	NP
17	72	14	▽ 55	5	그	MM
54	113	10	▽ 59	3	그렇다	VA
153	213	5	▽ 60	2	자꾸	MA
153	213	5	▽ 60	2	지키다	VV
153	213	5	▽ 60	2	하루	NN
153	213	5	▽ 60	1	해	NN
37	99	11	▽ 62	5	말	NN
62	124	9	▽ 62	5	별	NN
112	175	6	▽ 63	4	이름	NN
62	137	8	▽ 75	7	날	NN
62	137	8	▽ 75	4	사람	NN
78	153	7	▽ 75	3	버리다	VV
99	175	6	▽ 76	3	흐르다	VV
46	124	9	▽ 78	5	여기	NP
54	137	8	▽ 83	5	거리	NN
130	213	5	▽ 83	3	이렇게	VA
173	258	4	▽ 85	3	물들다	VV
232	321	3	▽ 89	2	강	NN
232	321	3	▽ 89	2	이슬	NN
232	321	3	▽ 89	2	차라리	MA
232	321	3	▽ 89	2	고개	NN
153	258	4	▽ 105	3	깊다	VA
70	175	6	▽ 105	3	좋다	VA
153	258	4	▽ 105	1	뒤	NN
29	137	8	▽ 108	4	모르다	VV
212	321	3	▽ 109	1	괴롭다	VA
298	408	2	▽ 110	2	돌	NN
298	408	2	▽ 110	1	몰아치다	VV

전반기 출현 어휘	후반기 출현 어휘				어휘	품사
출현 순위	출현 순위	출현 횟수	출현 순위 증감	출현 곡수		
298	408	2	▽ 110	1	지다	VV
54	175	6	▽ 121	3	구름	NN
130	258	4	▽ 128	3	뜨겁다	VA
85	213	5	▽ 128	3	위하다	VV
130	258	4	▽ 128	2	머물다	VV
24	153	7	▽ 129	3	바다	NN
37	175	6	▽ 138	5	무엇	NP
112	258	4	▽ 146	3	아쉽다	VA
112	258	4	▽ 146	3	입술	NN
173	321	3	▽ 148	3	되다	VV
173	321	3	▽ 148	3	얘기하다	VV
173	321	3	▽ 148	2	숨	NN
173	321	3	▽ 148	2	정녕	MA
62	213	5	▽ 151	2	그리움	NN
99	258	4	▽ 159	2	님	NN
153	321	3	▽ 168	2	비바람	NN
153	321	3	▽ 168	2	쉬다	VV
153	321	3	▽ 168	2	안다	VV
153	321	3	▽ 168	1	메아리	NN
153	321	3	▽ 168	1	듣다	VV
85	258	4	▽ 173	2	부르다	VV
232	408	2	▽ 176	2	젖다	VV
232	408	2	▽ 176	1	갑자기	MA
232	408	2	▽ 176	1	그래도	MAJ
232	408	2	▽ 176	1	오직	MA
383	560	1	▽ 177	1	고독	NN
383	560	1	▽ 177	1	그러나	MAJ
383	560	1	▽ 177	1	깜박이다	VV
383	560	1	▽ 177	1	나누다	VV
383	560	1	▽ 177	1	나다	VV
383	560	1	▽ 177	1	너머	NN
383	560	1	▽ 177	1	넘다	VV
383	560	1	▽ 177	1	놓다	VX
383	560	1	▽ 177	1	담다	VV
383	560	1	▽ 177	1	들꽃	NN
383	560	1	▽ 177	1	마주하다	VV
383	560	1	▽ 177	1	보다	VV
383	560	1	▽ 177	1	비밀	NN
383	560	1	▽ 177	1	상처	NN

전반기 출현 어휘	후반기 출현 어휘				어휘	품사
출현 순위	출현 순위	출현 횟수	출현 순위 증감	출현 곡수		
383	560	1	▽ 177	1	새벽	NN
383	560	1	▽ 177	1	속삭이다	VV
383	560	1	▽ 177	1	시들다	VV
383	560	1	▽ 177	1	시원하다	VA
383	560	1	▽ 177	1	시작하다	VV
383	560	1	▽ 177	1	시절	NN
383	560	1	▽ 177	1	안개	NN
383	560	1	▽ 177	1	앉다	VV
383	560	1	▽ 177	1	애타다	VV
383	560	1	▽ 177	1	입	NN
383	560	1	▽ 177	1	저마다	MA
383	560	1	▽ 177	1	적시다	VV
383	560	1	▽ 177	1	창가	NN
383	560	1	▽ 177	1	채우다	VV
383	560	1	▽ 177	1	헤어지다	VV
383	560	1	▽ 177	1	휘감다	VV
383	560	1	▽ 177	1	흔들다	VV
34	213	5	▽ 179	2	그	NP
78	258	4	▽ 180	2	하다	VV
78	258	4	▽ 180	1	미련	NN
31	213	5	▽ 182	4	아니다	VA
212	408	2	▽ 196	2	비다	VV
212	408	2	▽ 196	1	타다	VV
112	321	3	▽ 209	2	돌다	VV
37	258	4	▽ 221	2	노래	NN
173	408	2	▽ 235	2	걷다	VV
173	408	2	▽ 235	2	손	NN
173	408	2	▽ 235	1	맺히다	VV
173	408	2	▽ 235	1	흘러가다	VV
85	321	3	▽ 236	1	인생	NN
78	321	3	▽ 243	2	어리다	VA
70	321	3	▽ 251	1	소리	NN
70	321	3	▽ 251	1	짧다	VA
153	408	2	▽ 255	1	손길	NN
298	560	1	▽ 262	2	쉽다	VA
298	560	1	▽ 262	1	그저	MA
298	560	1	▽ 262	1	되살아나다	VV
298	560	1	▽ 262	1	만남	NN
298	560	1	▽ 262	1	만들다	VV

전반기 출현 어휘	후반기 출현 어휘				어휘	품사
출현 순위	출현 순위	출현 횟수	출현 순위 증감	출현 곡수		
298	560	1	▽ 262	1	밤새다	VV
298	560	1	▽ 262	1	빌딩	NN
298	560	1	▽ 262	1	수많다	VA
298	560	1	▽ 262	1	시련	NN
298	560	1	▽ 262	1	아주	MA
298	560	1	▽ 262	1	여기저기	NN
298	560	1	▽ 262	1	이별하다	VV
298	560	1	▽ 262	1	인사	NN
298	560	1	▽ 262	1	적시다	VV
298	560	1	▽ 262	1	표정	NN
298	560	1	▽ 262	1	한숨	NN
54	321	3	▽ 267	2	꽃	NN
130	408	2	▽ 278	1	물결	NN
99	408	2	▽ 309	2	지나가다	VV
99	408	2	▽ 309	1	생명	NN
85	408	2	▽ 323	2	돌아서다	VV
85	408	2	▽ 323	2	하나	NR
232	560	1	▽ 328	1	가로등	NN
232	560	1	▽ 328	1	강물	NN
232	560	1	▽ 328	1	끝	NN
232	560	1	▽ 328	1	나그네	NN
232	560	1	▽ 328	1	달빛	NN
232	560	1	▽ 328	1	따스하다	VA
232	560	1	▽ 328	1	숨다	VV
232	560	1	▽ 328	1	슬퍼하다	VV
232	560	1	▽ 328	1	어깨	NN
232	560	1	▽ 328	1	이런	MM
232	560	1	▽ 328	1	젊음	NN
232	560	1	▽ 328	1	정	NN
232	560	1	▽ 328	1	피다	VV
212	560	1	▽ 348	1	그날	NN
42	408	2	▽ 366	2	못	MA
173	560	1	▽ 387	1	가다	VV
173	560	1	▽ 387	1	그리워하다	VV
173	560	1	▽ 387	1	전하다	VV
153	560	1	▽ 407	1	속	NN
130	560	1	▽ 430	1	같이	MA
130	560	1	▽ 430	1	그냥	MA
130	560	1	▽ 430	1	노을	NN

전반기 출현 어휘	후반기 출현 어휘				어휘	품사
출현 순위	출현 순위	출현 횟수	출현 순위 증감	출현 곡수		
130	560	1	▽ 430	1	숨결	NN
130	560	1	▽ 430	1	여행	NN
112	560	1	▽ 448	1	황홀하다	VA
99	560	1	▽ 461	1	그런	MM
99	560	1	▽ 461	1	들리다	VV
70	560	1	▽ 490	1	한	MM
54	560	1	▽ 506	1	비	NN
·	42	21	N	1	아리랑	NNP
·	58	17	N	3	나무	NN
·	67	15	N	2	때로	MA
·	78	13	N	6	빛	NN
·	78	13	N	5	약속	NN
·	85	12	N	5	오다	VV
·	85	12	N	3	의미	NN
·	85	12	N	2	보다	JK
·	99	11	N	7	다가오다	VV
·	99	11	N	5	믿다	VV
·	113	10	N	6	사이	NN
·	124	9	N	3	고독하다	VA
·	124	9	N	1	아이마미	NNP
·	137	8	N	4	간절하다	VA
·	137	8	N	3	새	NN
·	137	8	N	1	같다	VA
·	153	7	N	5	아무	MM
·	153	7	N	5	스치다	VV
·	153	7	N	4	쓸쓸하다	VA
·	153	7	N	3	흔적	NN
·	153	7	N	3	흘러가다	VV
·	153	7	N	1	해바라기	NN
·	175	6	N	4	홀로	MA
·	175	6	N	3	다르다	VA
·	175	6	N	3	마저	MA
·	175	6	N	3	아래	NN
·	175	6	N	2	기쁘다	VA
·	175	6	N	2	날갯짓	NN
·	175	6	N	2	달려가다	VV
·	175	6	N	2	무뎌지다	VV
·	175	6	N	2	저편	NP
·	175	6	N	1	고개	NN

전반기 출현 어휘	후반기 출현 어휘				어휘	품사
출현 순위	출현 순위	출현 횟수	출현 순위 증감	출현 곡수		
·	175	6	N	1	귀로	NN
·	175	6	N	1	나누다	VV
·	175	6	N	1	불	NN
·	175	6	N	1	토록	JX
·	175	6	N	1	힘들다	VA
·	213	5	N	4	무지개	NN
·	213	5	N	4	얼굴	NN
·	213	5	N	4	초라하다	VA
·	213	5	N	3	기억하다	VV
·	213	5	N	3	늦다	VV
·	213	5	N	3	잊히다	VV
·	213	5	N	3	지난날	NN
·	213	5	N	3	힘겹다	VA
·	213	5	N	2	기약	NN
·	213	5	N	2	기억	NN
·	213	5	N	2	단	MM
·	213	5	N	2	더	MA
·	213	5	N	2	머나멀다	VA
·	213	5	N	2	오래전	NN
·	213	5	N	2	오랫동안	NN
·	213	5	N	2	찾아오다	VV
·	213	5	N	2	환상	NN
·	213	5	N	1	보랏빛	NN
·	258	4	N	3	마지막	NN
·	258	4	N	3	삶	NN
·	258	4	N	3	시작	NN
·	258	4	N	3	원하다	VV
·	258	4	N	3	자리	NN
·	258	4	N	2	높다	VA
·	258	4	N	2	다가가다	VV
·	258	4	N	2	되다	VV
·	258	4	N	2	때문	NNB
·	258	4	N	2	벽	NN
·	258	4	N	2	사랑스럽다	VA
·	258	4	N	2	언덕	NN
·	258	4	N	2	청춘	NN
·	258	4	N	2	살아가다	VV
·	258	4	N	1	거세다	VA
·	258	4	N	1	가득하다	VA

전반기 출현 어휘	후반기 출현 어휘				어휘	품사
출현 순위	출현 순위	출현 횟수	출현 순위 증감	출현 곡수		
·	258	4	N	1	요정	NN
·	258	4	N	1	뛰어가다	VV
·	258	4	N	1	비추다	VV
·	258	4	N	1	뿌리	NN
·	258	4	N	1	속다	VV
·	258	4	N	1	사막	NN
·	321	3	N	3	깨다	VV
·	321	3	N	3	소망	NN
·	321	3	N	2	기대	NN
·	321	3	N	2	남겨지다	VV
·	321	3	N	2	달려오다	VV
·	321	3	N	2	떨구다	VV
·	321	3	N	2	멍하다	VA
·	321	3	N	2	서글프다	VA
·	321	3	N	2	숲	NN
·	321	3	N	2	어쩌면	MA
·	321	3	N	2	얼마나	MA
·	321	3	N	2	여리다	VA
·	321	3	N	2	함께하다	VV
·	321	3	N	1	거기	NP
·	321	3	N	1	그늘	NN
·	321	3	N	1	그렇지만	MA
·	321	3	N	1	기억되다	VV
·	321	3	N	1	꿈결	NN
·	321	3	N	1	나비리본	NN
·	321	3	N	1	날아오다	VV
·	321	3	N	1	년	NNB
·	321	3	N	1	들려오다	VV
·	321	3	N	1	모래	NN
·	321	3	N	1	문	NN
·	321	3	N	1	방	NN
·	321	3	N	1	벨	NN
·	321	3	N	1	부풀다	VV
·	321	3	N	1	빠지다	VV
·	321	3	N	1	상자	NN
·	321	3	N	1	새	NN
·	321	3	N	1	쓰러지다	VV
·	321	3	N	1	아물다	VV
·	321	3	N	1	안	NN

전반기 출현 어휘	후반기 출현 어휘				어휘	품사
출현 순위	출현 순위	출현 횟수	출현 순위 증감	출현 곡수		
·	321	3	N	1	옆	NN
·	321	3	N	1	오다	VV
·	321	3	N	1	자유롭다	VA
·	321	3	N	1	잠자다	VV
·	321	3	N	1	정말	NN
·	321	3	N	1	주어지다	VV
·	321	3	N	1	지켜보다	VV
·	321	3	N	1	차마	MA
·	321	3	N	1	축복	NN
·	321	3	N	1	판도라	NN
·	321	3	N	1	퍼지다	VV
·	321	3	N	1	피어나다	VV
·	321	3	N	1	한곳	NN
·	408	2	N	5	지나치다	VV
·	408	2	N	2	거울	NN
·	408	2	N	2	꽃향기	NN
·	408	2	N	2	너무나	MA
·	408	2	N	2	맑다	VA
·	408	2	N	2	무너지다	VV
·	408	2	N	2	사연	NN
·	408	2	N	2	새소리	NN
·	408	2	N	2	스며들다	VV
·	408	2	N	2	쌓이다	VV
·	408	2	N	2	어젯밤	NN
·	408	2	N	2	왠지	MA
·	408	2	N	2	지니다	VV
·	408	2	N	1	가로지르다	VV
·	408	2	N	1	가슴속	NN
·	408	2	N	1	거짓	NN
·	408	2	N	1	거칠다	VA
·	408	2	N	1	겨울	NN
·	408	2	N	1	고뇌	NN
·	408	2	N	1	골짜기	NN
·	408	2	N	1	과거	NN
·	408	2	N	1	괴로움	NN
·	408	2	N	1	괴로워하다	VV
·	408	2	N	1	그래	JX
·	408	2	N	1	길목	NN
·	408	2	N	1	까마득하다	VA

전반기 출현 어휘	후반기 출현 어휘				어휘	품사
출현 순위	출현 순위	출현 횟수	출현 순위 증감	출현 곡수		
·	408	2	N	1	나날	NN
·	408	2	N	1	나누다	VV
·	408	2	N	1	넋	NN
·	408	2	N	1	늪	NN
·	408	2	N	1	단청	NN
·	408	2	N	1	대로	NNB
·	408	2	N	1	더하다	VV
·	408	2	N	1	돌이키다	VV
·	408	2	N	1	돌쩌귀	NN
·	408	2	N	1	두렵다	VA
·	408	2	N	1	뒤로하다	VV
·	408	2	N	1	따뜻하다	VA
·	408	2	N	1	또다시	MA
·	408	2	N	1	뜰	NN
·	408	2	N	1	리본	NN
·	408	2	N	1	마르다	VV
·	408	2	N	1	마음속	NN
·	408	2	N	1	먹다	VV
·	408	2	N	1	몇	NR
·	408	2	N	1	모래성	NN
·	408	2	N	1	모르다	VV
·	408	2	N	1	목련	NN
·	408	2	N	1	목메다	VV
·	408	2	N	1	몰래	MA
·	408	2	N	1	묻히다	VV
·	408	2	N	1	밤새	NN
·	408	2	N	1	베아트리체	NNP
·	408	2	N	1	보고	VV
·	408	2	N	1	보다	MM
·	408	2	N	1	부딪치다	VV
·	408	2	N	1	부서지다	VV
·	408	2	N	1	불멸	NN
·	408	2	N	1	빠져들다	VV
·	408	2	N	1	살피다	VV
·	408	2	N	1	새기다	VV
·	408	2	N	1	새롭다	VA
·	408	2	N	1	석양	NN
·	408	2	N	1	수없이	MA
·	408	2	N	1	순종	NN

전반기 출현 어휘	후반기 출현 어휘				어휘	품사
출현 순위	출현 순위	출현 횟수	출현 순위 증감	출현 곡수		
·	408	2	N	1	슬퍼지다	VV
·	408	2	N	1	쌓다	VV
·	408	2	N	1	아득하다	VA
·	408	2	N	1	아리아리랑	NNP
·	408	2	N	1	약속하다	VV
·	408	2	N	1	얘기	NN
·	408	2	N	1	어김없다	VA
·	408	2	N	1	어쩌다	VV
·	408	2	N	1	어찌하다	VV
·	408	2	N	1	어차피	MA
·	408	2	N	1	얼룩지다	VV
·	408	2	N	1	없다	VA
·	408	2	N	1	옛날	NN
·	408	2	N	1	와	MA
·	408	2	N	1	왕자	NN
·	408	2	N	1	욕심	NN
·	408	2	N	1	운명	NN
·	408	2	N	1	위로	NN
·	408	2	N	1	이것	NP
·	408	2	N	1	이끼	NN
·	408	2	N	1	이유	NN
·	408	2	N	1	익다	VA
·	408	2	N	1	인연	NN
·	408	2	N	1	잠시	NN
·	408	2	N	1	전	NN
·	408	2	N	1	전부	NN
·	408	2	N	1	정답다	VA
·	408	2	N	1	조각나다	VV
·	408	2	N	1	지루하다	VA
·	408	2	N	1	지상	NN
·	408	2	N	1	천국	NN
·	408	2	N	1	최선	NN
·	408	2	N	1	커지다	VV
·	408	2	N	1	타협하다	VV
·	408	2	N	1	편하다	VA
·	408	2	N	1	한걸음	NN
·	408	2	N	1	한잔	NN
·	408	2	N	1	한참	NN
·	408	2	N	1	해	NN

전반기 출현 어휘	후반기 출현 어휘				어휘	품사
출현 순위	출현 순위	출현 횟수	출현 순위 증감	출현 곡수		
·	408	2	N	1	험하다	VA
·	408	2	N	1	후회	NN
·	408	2	N	1	흐리다	VV
·	408	2	N	1	흔들거리다	VV
·	408	2	N	1	흩날리다	VV
·	560	1	N	1	가깝다	VA
·	560	1	N	1	가끔	MA
·	560	1	N	1	가만히	MA
·	560	1	N	1	간곳없다	VA
·	560	1	N	1	갇히다	VV
·	560	1	N	1	건	NNB
·	560	1	N	1	걸다	VV
·	560	1	N	1	결국	NN
·	560	1	N	1	고단하다	VA
·	560	1	N	1	과연	MA
·	560	1	N	1	괜하다	VA
·	560	1	N	1	굳다	VV
·	560	1	N	1	굴러다니다	VV
·	560	1	N	1	기슭	NN
·	560	1	N	1	깃들다	VV
·	560	1	N	1	꽃상여	NN
·	560	1	N	1	꽃잎	NN
·	560	1	N	1	끌어안다	VV
·	560	1	N	1	끝나다	VV
·	560	1	N	1	내리다	VV
·	560	1	N	1	다발	NN
·	560	1	N	1	담기다	VV
·	560	1	N	1	답답하다	VA
·	560	1	N	1	대신	NN
·	560	1	N	1	더욱	MA
·	560	1	N	1	덧없다	VA
·	560	1	N	1	도박사	NN
·	560	1	N	1	동화	NN
·	560	1	N	1	두근거리다	VV
·	560	1	N	1	두려움	NN
·	560	1	N	1	뒤돌아보다	VV
·	560	1	N	1	딛다	VV
·	560	1	N	1	따라서	MA
·	560	1	N	1	떠돌다	VV

전반기 출현 어휘	후반기 출현 어휘				어휘	품사
출현 순위	출현 순위	출현 횟수	출현 순위 증감	출현 곡수		
·	560	1	N	1	뜻대로	MA
·	560	1	N	1	램프	NN
·	560	1	N	1	로부터	JK
·	560	1	N	1	말다	VX
·	560	1	N	1	망설이다	VV
·	560	1	N	1	맞이하다	VV
·	560	1	N	1	맞추다	VV
·	560	1	N	1	맹세하다	VV
·	560	1	N	1	머리	NN
·	560	1	N	1	머릿결	NN
·	560	1	N	1	무겁다	VA
·	560	1	N	1	문턱	NN
·	560	1	N	1	물건	NN
·	560	1	N	1	물방울	NN
·	560	1	N	1	미움	NN
·	560	1	N	1	바람결	NN
·	560	1	N	1	바로	NNB
·	560	1	N	1	밝다	VV
·	560	1	N	1	배반	NN
·	560	1	N	1	벽련화	NN
·	560	1	N	1	부드럽다	VA
·	560	1	N	1	부르다	VV
·	560	1	N	1	뿐	NNB
·	560	1	N	1	사냥꾼	NN
·	560	1	N	1	사로잡다	VV
·	560	1	N	1	사진	NN
·	560	1	N	1	살며시	MA
·	560	1	N	1	살짝	MA
·	560	1	N	1	새다	VV
·	560	1	N	1	샘	NN
·	560	1	N	1	샹들리에	NN
·	560	1	N	1	선물	NN
·	560	1	N	1	섬	NN
·	560	1	N	1	세상일	NN
·	560	1	N	1	소원	NN
·	560	1	N	1	손잡다	VV
·	560	1	N	1	솟아오르다	VV
·	560	1	N	1	술잔	NN
·	560	1	N	1	신문	NN

전반기 출현 어휘	후반기 출현 어휘				어휘	품사
출현 순위	출현 순위	출현 횟수	출현 순위 증감	출현 곡수		
·	560	1	N	1	신호	NN
·	560	1	N	1	싱그럽다	VA
·	560	1	N	1	쓸리다	VV
·	560	1	N	1	쓸쓸히	MA
·	560	1	N	1	아기새	NN
·	560	1	N	1	아련하다	VA
·	560	1	N	1	아무것	NP
·	560	1	N	1	아이	NN
·	560	1	N	1	아파하다	VV
·	560	1	N	1	안기다	VV
·	560	1	N	1	안되다	VV
·	560	1	N	1	앗다	VV
·	560	1	N	1	야위다	VV
·	560	1	N	1	어깨너머	VV
·	560	1	N	1	어느새	MA
·	560	1	N	1	어리다	VV
·	560	1	N	1	어쩌다가	MA
·	560	1	N	1	어쩐지	MA
·	560	1	N	1	언약	NN
·	560	1	N	1	얻다	VV
·	560	1	N	1	역사	NN
·	560	1	N	1	연기	NN
·	560	1	N	1	연속	NN
·	560	1	N	1	오후	NN
·	560	1	N	1	옷깃	NN
·	560	1	N	1	외기러기	NN
·	560	1	N	1	울렁이다	VV
·	560	1	N	1	울먹이다	VV
·	560	1	N	1	울부짖다	VV
·	560	1	N	1	움직이다	VV
·	560	1	N	1	유리	NN
·	560	1	N	1	이르다	VV
·	560	1	N	1	이상	NN
·	560	1	N	1	익숙하다	VA
·	560	1	N	1	일렁이다	VV
·	560	1	N	1	입맞춤	NN
·	560	1	N	1	자다	VV
·	560	1	N	1	자욱하다	VA
·	560	1	N	1	자취	NN

전반기 출현 어휘	후반기 출현 어휘				어휘	품사
출현 순위	출현 순위	출현 횟수	출현 순위 증감	출현 곡수		
·	560	1	N	1	장난감	NN
·	560	1	N	1	저녁	NN
·	560	1	N	1	저녁노을	NN
·	560	1	N	1	전생	NN
·	560	1	N	1	절망	NN
·	560	1	N	1	정글	NN
·	560	1	N	1	죄	NN
·	560	1	N	1	지내다	VV
·	560	1	N	1	지다	VV
·	560	1	N	1	진실하다	VA
·	560	1	N	1	짙어지다	VV
·	560	1	N	1	참	MA
·	560	1	N	1	창	NN
·	560	1	N	1	창문	NN
·	560	1	N	1	천	NR
·	560	1	N	1	천사	NN
·	560	1	N	1	춥다	VA
·	560	1	N	1	취하다	VV
·	560	1	N	1	커피숍	NN
·	560	1	N	1	털어놓다	VV
·	560	1	N	1	텔레비전 TV	NN
·	560	1	N	1	통곡	NN
·	560	1	N	1	투명하다	VA
·	560	1	N	1	표시	NN
·	560	1	N	1	품	NN
·	560	1	N	1	풍선	NN
·	560	1	N	1	필요하다	VA
·	560	1	N	1	한세월	NN
·	560	1	N	1	해보다	VV
·	560	1	N	1	화살	NN
·	560	1	N	1	화신	NN
·	560	1	N	1	후	NN
·	560	1	N	1	휴일	NN
·	·	·	·	·	도록	EX
·	·	·	·	·	씩	EX
·	·	·	·	·	되다	EX
·	·	·	·	·	그래	EX
·	·	·	·	·	Runner	EX

조용필은 노래를 통해서 그동안 우리에게 무슨 메시지를 전했는가? 그리고 그것은 오늘날 어떠한 의미로 해석, 평가됨으로써 조용필과 그의 노래에 대한 재조명과 학문적 탐색을 위한 기폭제로 작용할 것인가?

이제부터는 앞서 산출한 통계 결과 중에서 중요 어휘와 특이 어휘를 위주로 조용필 노래의 언어 메시지, 즉 조용필 노래가 우리에게 전해 준 언어 메시지의 의미와 특징적 양상을 분석해 본다. 분석 과정에서는 해당 어휘의 사전적 정의 외에도 문맥적 의미를 포함하여 해석함으로써 조용필 노래의 언어에 관한 이해를 도모할 것이다.

1. 조용필 <정규 앨범> 제1집~제11집

전반기(1980~1989) <정규 앨범>에서의 출현 어휘는 모두 814개이다. 출현 어휘 1개당 평균 5.5회, 평균 2.2곡에서 보인다. 이 중 10곡 이상에서 출현하고, 평균을 훨씬 상회하여 자주 보이는 것을 중요 어휘로 간주한다. 전반기의 중요 어휘는 다음과 같다.

```
나(NP : 28곡-137회)        사랑(NN : 23곡-94회)
마음(NN : 22곡-65회)       가슴(NN : 19곡-30회)
내(NP : 18곡-58회)         그(MM : 16곡-31회)
그대(NP : 15곡-81회)       바람(NN : 15곡-31회)
가다(VV : 13곡-34회)       눈물(NN : 14곡-30회)
알다(VV : 14곡-27회)       없다(VA : 13곡-55회)
우리(NP : 12곡-53회)       처럼(JK : 11곡-21회)
보다(VV : 10곡-30회)       사랑하다(VV : 10곡-24회)
하늘(NN : 10곡-17회)
```

1.1. 중요 어휘의 경우

1.1.1. 나의 노래와 내 마음

우리가 조용필 노래를 비롯하여 대중가요에 반응하는 이유는 여러 가지로 예상된다. 멜로디나 선율이 자기 자신의 마음에 와닿아서 일순간 매료되기도 하고, 노랫말이 아름답거나 그 의미가 남다르게 느껴져서 그 노래와 가수를 좋아할 수도 있다. 노래를 부른 가수의 외모나 이미지, 춤 또는 패션, 스타일 등을 동경하며 대리만족하기도 한다. 노래와 가수를 좋아하는 데는 특별한 이유가 없을 수도 있다. 그런데 무엇보다도 중요한 것은 가수의 노래가 곧 내 마음이자 내 것으로 인식된다는 사실이다. 노래 속 주인공은 가수가 아니라 바로 나이기 때문이다.

① '나'··'내'

조용필 노래에서 '나'··'내'는 어떠한 모습으로 형상화되었나? '나'는 가장 많은 자작곡에서 제일 많이, 가장 자주 출현한 중요 어휘이다. 우선 조용필의 자작곡에서 '나'가 보이는 노래와 출현 횟수는 다음과 같다.

나	창밖의 여자(2), 단발머리(4), 고추잠자리(16), 내 이름은 구름이여(1), 너의 빈자리(4), 물망초(2), 여와 남(3), 일편단심 민들레야(2), 잊을 수 없는 너(4), 못 찾겠다 꾀꼬리(12), 난 아니야(10), 산유화(1), 나는 너 좋아(9), 정의 마음(1), 눈물로 보이는 그대(4), 어제, 오늘, 그리고(3), 나의 노래(5), 그대여(8), 아시아의 불꽃(4), 여행을 떠나요(2), 사랑해요(7), 서울 서울 서울(2), 나도 몰라(7), 모나리자(12), I Love 수지(1), 우주여행 X(1), 회색의 도시(3), 목련꽃 사연(7)

'나'의 경우는 사랑, 인생, 동심이라는 세 가지 관점에서 해석이 가능하다. 사랑과 인생은 동서고금, 남녀노소를 막론한 인간사의 보편적인 주제로 상당수의 조용필 노래에서 확인된다. 동심에 대한 동경은 조용필 노래가 어른이 부르는 동요로 인식될 수 있게 한다.

♪ 사랑

'나'와 '내'가 포함된 노래의 다수는 그대와의 사랑에 관한 것이다. <여와 남·나는 너 좋아·아시아의 불꽃·사랑해요>의 '나'와 '그대·너'는 서로 사랑하는 사이이다. <단발머리>에서의 '나'는 소녀의 사랑을 받았고, <I Love 수지>의 '나'는 소녀를 사랑하고 있다.

하지만 다른 한편으로 '나'는 사랑의 아픔을 겪기도 한다. 특히 사랑하는 사람과의 이별과 그리움 그리고 이루지 못한 사랑에 대한 안타까움이 조용필 노래에서 자주 보인다.

사랑하는 '그대'와 이별한 '나'의 노래로 <눈물로 보이는 그대·일편단심 민들레야·그대여·너의 빈자리·목련꽃 사연·잊을 수 없는 너·정의 마음>이 있다. <산유화·내 이름은 구름이여·물망초·서울 서울 서울>에서 '나'는 떠나간 임에 대한 미련을 버리지 못하고, 그리워하는 '나'의 애절한 심정이 잘 드러난다. 그리고 <창밖의 여자·나도 몰라·모나리자>에서의 '나'는 비애감을 느끼며 좌절한다.

♪ 인생

조용필 노래는 고단한 인생살이를 상기하고, 인생이란 무엇인가에 대한 질문을 통해 우리와 공감을 나눔으로써 다시금 하루하루를 살아갈 수 있는 용기를 준다.

<회색의 도시>에서의 '나'는 삭막한 회색의 도시를 홀로 걷는 현대인의 고독감을 대변한다. 인생길에서 방황하며 울고 있는 '나'의 노래, <어제, 오늘, 그리고>는 "우리의 인생사가 결국은 무엇을 위함인가?"라는 근본적인 의문을 제시한 것이다. 또한 동일 앨범에 수록된 <나의 노래>에서 '나'는 "인생에서 가장 소중한 것이 무엇인가?"라고 재차 질문함으로써 인생의 진정한 의미를 스스로 깨닫게 한다.

♪ 동심

조용필 노래에서의 '나'는 동심을 동경한다. 우리 모두가 과거에는 분명히 지녔지만, 지금의 우리 모두가 갖고 있지 않은 동심이 조용필 노래에서 찾아진다.

<고추잠자리>의 '나'는 세상물정 모르는 어린아이이고, <난 아니야>에서도 '나'는 여전히 동심 세계 속에서 존재한다. 그러나 <우주여행 X>의 '나'는 동심을 잃은 것으로 보인다. <못 찾겠다 꾀꼬리>에서 '나'는 동심의 세계를 그리워하고 있다.

그다음으로 '내'가 보이는 노래와 출현 횟수는 다음과 같다.

내	창밖의 여자(1), 단발머리(5), 내 이름은 구름이여(4), 너의 빈자리(2), 물망초(2), 여와 남(9), 산유화(2), 나는 너 좋아(2), 황진이(6), 나의 노래(8), 내가 아직 어렸을 적엔(3), 그대여(1), 서울 서울 서울(2), 나도 몰라(4), 모나리자(1), 우주여행 X(2), 목련꽃 사연(1), I LOVE YOU(3)

격조사가 덧붙은 '내' 또한 '나'와 사전적 정의는 동일하다. 그러나 실제 노랫말의 표현 맥락에서 볼 때, 그 의미에 대한 해석이 사뭇 달라지기도 한다. 특히 좀 더 솔직하게 자신을 적극적으로 표현한다는 것이 '나'와의 가장 큰 차이점이 된다.

♪ 사랑

'내'는 <모나리자>에서 사랑하는 그대를 위해 모든 것을 다 바치겠다고 말하고, <나도 몰라>에서는 당신에게 사랑한다고 당당히 고백하고 싶어 한다. <황진이>에서 '내'는 "내 사랑 황진이"라고 부르는 데 거침이 없다. '내'가 너를 사랑하고, 네가 나를 사랑하고 있다고 <여와 남>에서 분명히 밝혔다. 또한 '내'는 <나는 너 좋아>에서처럼 때로는 "갑작스러운 '너'의 고백으로 가슴이 두근두근"하기도 한다.

사랑하는 사람과 이별한 '내'의 대응 방식도 '나'와는 달리 상당히 달라 보인다. <물망초>에서는 결코 '내'를 잊지 말라고 했고, <목련꽃 사

연>의 '내'는 그대를 지금도 사랑하니 돌아와 달라고 목 놓아 외친다. <그대여>의 '내'는 무슨 이유에서인지는 몰라도 그대에게 갈 수 없다고 답답함을 호소한다.

<산유화>의 '내'는 너와의 소중한 추억을 지워버릴 수 있다고 으름장을 놓기도 하지만, <너의 빈자리>는 '내' 마음에는 아직은 너와의 이별이 자리할 빈자리가 없으니 제발 떠나지 말아 달라고 애원한다.

이별 후의 '내'는 <서울 서울 서울>에서처럼 이별을 아름다운 추억으로 받아들이는 수동적인 자세를 취하기도 하는데, <창밖의 여자>에서 '내'는 그대 곁에서 잠들겠노라고 극단의 선택을 암시하여 충격을 준다.

♪ 인생과 동심

사랑과 마찬가지로 '내'의 인생과 동심에 대한 대응 방식도 '나'보다는 적극적으로 보인다. <내 이름은 구름이여>의 '내'는 사람들에게 자신의 이름을 구름이라고 불러주길 요청함으로써 덧없이 흘러가는 인생사의 공허감을 표출하였다. <단발머리·나의 노래>는 그간 가장 기뻤던 그날의 회상을 통해서, 그리고 또 제일 소중한 것을 되찾음으로써 인생의 가치와 의미가 무엇인지를 상기시키는 '내' 노래이다.

<내가 아직 어렸을 적엔>은 우리의 인생에 대한 진지한 성찰을 보여준 노래이다. 이 노래는 최근의 소위 "라떼는~"식의 권위 의식과 전혀 무관한, "눈물의 시간에 고독을 공부하여, 결국에는 추억을 얻게" 된 '내' 인생관을 보여 준다. <우주여행 X>는 동심의 세계에 동참하고 싶은 "내" 모습을 노래한 것이다. 이미 어른이 된 '내'가 동심을 소중히 여기고, 순수한 동심의 세계를 추구한다는 것이야말로 조용필이 아직까지도 여전히 "젊은 오빠"로 불리는 여러 가지 이유 가운데 하나일 듯하다.

② '마음'·'가슴'

조용필 노래에서는 무슨 '마음'을 지녔나? '마음'은 '사랑' 다음으로 많은 곡에서 자주 출현한 어휘로써 그동안 '마음'으로 노래하고 '가슴'으로 전해진 조용필 노래의 다양성을 여실히 보여 준다. 먼저 조용필 자작곡 중에서 '마음'이 보이는 노래와 출현 횟수는 다음과 같다.

마음	단발머리(5), 간양록(1), 고추잠자리(2), 내 이름은 구름이여(2), 너의 빈자리(2), 물망초(6), 여와 남(1), 일편단심 민들레야(1), 잊을 수 없는 너(2), 꽃바람(2), 자존심(15), 산유화(2), 한강(1), 정의 마음(4), 미지의 세계(2), 아시아의 불꽃(3), 여행을 떠나요(1), 서울 서울 서울(1), 나도 몰라(5), 모나리자(1), 회색의 도시(3), I LOVE YOU(3)

조용필 노래에서 '마음'과 '가슴'은 사랑 느낌, 고독감과 외로움, 소망과 연관된다. 이 세 가지는 우리의 마음과 가슴 속에서 항상 존재하고 있는 감정이고 바람이다. 조용필 노래는 보편적 감정과 소망의 표출을 통해서 대중 일반과 공감을 나누고, 소통함으로써 우리의 정서가 메마르지 않게 한다.

♪ 사랑 느낌

<나도 몰라>에서는 짝사랑의 감정을 느끼는 '마음'을 노래하는데, 갑자기 짝사랑에 빠진 '나'는 수줍어서 고백조차 못 한다. 반면 <모나리자>는 거듭거듭 고백했건만 도무지 '나'의 '마음'을 받아주지 않는 모나리자의 또 다른 마음에 관한 노래이다.

<일편단심 민들레야>는 제목이 상징하듯 사랑하는 남편을 향한 변치 않는 '마음'이라는 뜻으로 이산의 아픔을 노래한 것이다. 사랑하는 그대와의 재회를 바라며 조급해하는 '마음'은 <서울 서울 서울>에서 보인다. <물망초·너의 빈자리·잊을 수 없는 너>에서는 이미 떠나간 그대가 '나'

를 잊지 않길 바라는 '마음'을 숨김없이 드러낸다. 그리고 <자존심·산유화>에서와 같이 사랑과 착각, 미련과 포기의 사이에서 혼란스러워하는 '마음'과, <꽃바람> 속 상처를 입은 '마음'도 있다.

이렇듯 사랑으로 인해 고민하며 갈등하는 나의 '마음' 외에도 친구간의 우애(友愛), 즉 우정에 관한 노래가 존재한다. 우정의 노래로 <아시아의 불꽃·미지의 세계·여행을 떠나요>가 대중적으로 큰 사랑을 받았다. 이 세 작품에서는 차례로 서로서로 우정을 나누고·우정으로 하나가 되어·즐거운 마음으로 함께 여행을 떠나는 젊은이들의 활기찬 모습이 두드러져 보인다.

♪ 고독하고 외로운 인생

'마음'은 나의 삶과 우리의 인생에 대한 솔직한 감회를 드러내는 데 적합한 중요 어휘이다. '나'의 외로움을 떨쳐줄 사랑의 기쁨은 한순간인 경우가 많아서 아쉬움이 남는다. 반면 '내' 삶의 고통은 영원할 듯 느끼고 사는 것이 인지상정이다.

조용필 노래에서도 고독감이 느껴지는데, '나'의 고독감과 외로운 '마음'은 <단발머리·고추잠자리>에서, '나'의 쓸쓸한 '마음'은 <여와 남·회색의 도시·I LOVE YOU>에서 보인다.

♪ 소망

'나'의 소망을 품은 '마음'은 조용필 노래의 언어 메시지, 특히 다양성을 지향하면서 광폭으로 행보한 조용필의 세계 인식이라는 측면에서 주목된다.

정유재란 때 일본에 포로로 잡혀간 강항(姜沆, 1567~1618)이 지은 동명의 책 제목이기도 한 <간양록>은 고국과 부모를 향한 피 끓는 '마음'을 잘 표현한 노래이다. 이 노래는 조용필 콘서트 현장에서 <한오백년>을 먼저 부른 직후에 부름으로써 우리 민족의 정한(情恨)을 환기한다. <간양록>이 <한오백년>과 함께 일본에서 개최된 조용필 콘서트 무대에서 현지 관객들로부터 가장 큰 박수를 받는 것은 역사적 아이러니로써 조용필이 그만큼 절창이라는 사실을 다시금 일깨워 준다.

<한강>에서는 그리운 임에 대한 나의 '마음'을 억년의 설움을 사랑의 힘으로 극복하고 유유히 흐르는 한강에 비유하였다. 이 노래는 슬픔 많고 이별 많았던 우리의 역사가 사랑으로 승화하여 앞으로 계속 발전할 것이라는 희망의 메시지를 전해 준다.

<정의 마음>의 '마음'은 구름, 바람, 달빛, 물결에 거듭 비유될 정도로 도무지 종잡을 수 없는 것이라고 단정한 반면, <내 이름은 구름이여>에서는 음악을 간절히 그리워하는 '마음'만이 부각된다. 전자가 '마음'에 대한 우리의 보편적 인식을 보여 준 것이라면, 후자는 "밥 먹고 살아가기 위한" 직업으로써 음악을 선택했을 뿐 아니라 "죽을 때까지 음악만을 하고 싶다"라고 말했던 조용필의 '마음'인 것이 분명하다.

그다음으로 '가슴'이 보이는 조용필 자작곡과 출현 횟수는 다음과 같다.

가슴	슬픈 미소(2), 너의 빈자리(2), 물망초(2), 잊을 수 없는 너(2), 자존심(1), 산유화(1), 한강(3), 나는 너 좋아(2), 정의 마음(1), 눈물로 보이는 그대(1), 어제, 오늘, 그리고(1), 그대여(2), 미지의 세계(2), 마도요(1), 사랑해요(2), 서울 서울 서울(1), 서울 1987년(1), 회색의 도시(2), I LOVE YOU(2)

'가슴'은 신체 기관을 지칭하는 것이 아니라, "마음이나 생각"을 의미한다. 노랫말의 전후 맥락으로 보건대, '마음'보다는 '가슴'이 좀 더 적극

적인 해석이 가능하다.

♪ 사랑이 자리하는 곳

'가슴'도 '마음'과 마찬가지로 실연의 아픔(<너의 빈자리>)으로 인해 시린 '가슴'이 되기(<눈물로 보이는 그대>)도 하고, 공허함을 느끼기(<I LOVE YOU>)도 한다. 그런데 조용필 노래에서 '나'는 '마음'으로 사랑을 느끼고, 사랑을 '가슴' 속에 지닌다고 본 경우가 많다.

<그대여>의 '가슴'에는 사랑이 숨겨져 있고, <잊을 수 없는 너>에서 사랑은 '가슴' 속으로 파고든다. 그대와의 뜨거운 사랑은 <사랑해요> 속 '가슴'이 담고 있다. <정의 마음>에서 '가슴'은 사랑의 꽃이 피는 곳이다. <나는 너 좋아>에서는 사랑의 고백으로 '가슴'이 두근두근 뛰기 시작한다.

그러나 이와 상반된 의미로의 '가슴'도 있다. '가슴'이 있는 <물망초>에는 사랑을 대신하여 기다림이, <자존심·산유화> 속에는 그리움이 자리하고 있다. <슬픈 미소>의 '가슴'은 슬픔의 눈물이 흐르고 흘러서 마침내 도착하는 곳으로 규정된다.

♪ 도시에서의 고독감과 외로운 가슴

조용필 노래에서 '가슴'이 있음을 새삼 느끼게 하는 곳은 삭막한 도시의 인생길이다. 조용필은 도시인으로서의 고독감을 '가슴'으로 노래한다.

도시에서의 삭막함과 외로움을 느끼는 '가슴'은 <회색의 도시>에서 보인다. <어제, 오늘, 그리고·마도요>는 인생길, 특히 도시 생활을 하느라 텅 비어버린 허전한 '가슴'에 관한 노래이다.

<미지의 세계>에서는 "가슴으로 느끼"고 "마음으로 얘기"한다. 이때의 '가슴'은 공감대 형성을, '마음'은 소통의 채널로 구분된다. 이처럼

공감과 소통이 절실하다고 노래한 지가 이미 오래전의 일이나, 오늘날에도 여전히 이곳저곳에서 그 중요성을 목청 높여 외친다.

♪ 역사 앞에서의 우리 소망

우리 민족은 설움 많은 한(恨)의 세월을 사랑의 힘으로 극복했다. 이러한 역사적 흐름과 민족의 저력 앞에서 우리는 <한강>에서와 같이 저절로 '가슴' 단정히 할 수밖에 없다. 그리고 우리는 마침내 한강의 기적을 이룩했다.

<서울 서울 서울>은 1988년 서울올림픽의 개막을 축하하기 위한 노래가 아니다. 이 노래는 당시를 추억하기 위한 기념곡이다. 세계적으로 유래 없는 경제 발전, 사상 첫 올림픽 개최를 목도한 내 '가슴' 속에는 여전히 서울이 아름다운 추억으로 기억되길 바라는 간절한 소망이 자리한다.

당시 서울은 역사적 비극을 또다시 맞이해서는 안 되는 곳으로 인식된다. 역사의 시계를 결코 되돌려서는 안 될 절박함이 우리에게 존재했다. <서울 1987년>에서 '그녀'가 남몰래 "'가슴'앓이" 할 수밖에 없을 정도로 1980년대 후반은 아픔과 기쁨 그리고 두려움과 기대감이 복합적으로 공존하는 역사적 격변기였다.

1.1.2. 슬픈 사랑 노래

'사랑'은 조용필 노래에서 '나'의 뒤를 이어 두 번째로 많은 곡에서 자주 출현한 어휘이다. 그런데 그중에서 약 절반의 노래에서는 '눈물'이 보인다.

① '사랑'·'사랑하다'

조용필 노래에서는 무슨 '사랑', 어떤 '사랑하다'라고 했는가? 우선 '사랑' 노래와 출현 횟수를 파악해 본 결과는 다음과 같다.

사랑	창밖의 여자(4), 축복[촛불](1), 너의 빈자리(5), 일편단심 민들레야(1), 꽃바람(9), 자존심(9), 비련(4), 산유화(3), 한강(1), 나는 너 좋아(7), 황진이(2), 정의 마음(1), 눈물로 보이는 그대(3), 어제, 오늘, 그리고(1), 나의 노래(1), 내가 아직 어렸을 적엔(1), 그대여(5), 미지의 세계(7), 아시아의 불꽃(8), 사랑해요(6), 서울 서울 서울(6), 나도 몰라(3), 모나리자(6)

우리가 사랑 때문에 울고 웃으며, 슬퍼지고 기뻐했던 것과 마찬가지로 조용필 노래의 '사랑' 역시 다양하게 정의된다. 때로는 사랑에 관한 독창적 주관을 보여 주기도 한다.

♪ 사랑이란 무엇인가?

'사랑'은 <나도 몰라>와 같이 나와 우리 서로를 설레게 한다. 우리 모두는 <나는 너 좋아·어제, 오늘, 그리고·자존심>처럼 여전히 알 수 없는, 그 어려운 그 '사랑'을 한다. 누군가는 "사랑의 힘은 정말 세다!"라고 하지만, <축복[촛불]>에서의 '사랑'은 촛불처럼 연약한 것이라고 한다. 항상 "위대한 사랑이여!"이 운위되나, <꽃바람>은 바보 같고 철부지 같은 것이 바로 '사랑'이라고 했다. 그리고 사랑에 대한 상반된 인식을 초래하는 절대 기준이 그것의 성취 여부에 있음을 우리는 이미 잘 알고 있다.

너와 내가 꽃피운 '사랑'과 '사랑의 물'로 활짝 핀 꽃은 <정의 마음·일편단심 민들레야>에서 보인다. <한강·황진이·나의 노래·서울 서울 서울>은 행복했던 나의 '사랑', 즉 사랑의 성취로 인한 기쁨을 잘 보여 준다.

하지만 다른 한편으로는 이루지 못한 사랑으로 인한 슬픔이 존재한다. <창밖의 여자·모나리자>의 '사랑'은 비극적 결말을 보여 준다. 눈물 흘리는 슬픈 '사랑'은 <비련·눈물로 보이는 그대·내가 아직 어렸을 적엔>에서 보이고, <산유화·너의 빈자리·그대여>의 '사랑'도 아픔과 미련만을 남기고 있다.

알 수도 없고, 이루지 못하는 사랑이지만 우리는 여전히 '사랑'을 소망한다. <미지의 세계>에서는 친구 사이의 '사랑', 우리들의 '사랑'을 노래한다. <아시아의 불꽃>의 '사랑'은 영원한 우리의 것으로, <사랑해요>에서는 뜨겁고 끝없는 것이 '사랑'이라고 인식한다.

무슨 '사랑'을 했는지에 이어서 어떤 '사랑'을 했는지 살펴본다. '사랑하다'가 수록된 노래와 출현 횟수는 다음과 같다.

사랑하다	너무 짧아요(1), 자존심(1), 어제, 오늘, 그리고(1), 그대여(4), 미지의 세계(2), 아시아의 불꽃(4), 사랑해요(4), 나도 몰라(2), 우주여행 X(1), 목련꽃 사연(4)

♪ 누구를 사랑했나?

<목련꽃 사연·사랑해요>의 '사랑하다'의 대상은 그대이다. 지금 내 곁에 있는 그대를, 이미 떠난 그대를 나는 아직도 사랑한다. 그런데 조용필 노래에서의 '사랑하다'의 대상은 개인적 이성교제의 차원에 머물지 않는다. <우주여행 X>의 '사랑하다'는 사랑하는 사람끼리 가족을 이루고, 오순도순 살아가는 사랑 가득한 가정을 상상한다. <미지의 세계>에서 '사랑하다'는 우리 모두의 것, 친구 사이의 '사랑'을 뜻한다. 그리고 사랑은 <아시아의 불꽃>의 '사랑하다'처럼 아시아 젊은이 모두가 하나 된 영원한 사랑으로까지 확장된다.

♪ 어떤 사랑을 했나?

'사랑하다'는 미숙한 짝사랑을 뜻하는 경우가 다수인 것으로 확인된다. <어제, 오늘, 그리고>의 '사랑하다'는 알 수 없는 사랑이다. 사랑은 곧 우리가 인생길에서 찾아야 할 그 무엇을 상징한다. 설령 우연히 그 무엇을 찾았더라도 <너무 짧아요>의 '사랑하다'처럼 너와 나에게 사랑은 너무 짧게 느껴진다.

그대로부터 사랑받지 못하는, 즉 온전히 '사랑하다'라고 간주할 수 없는 짝사랑 노래도 있다. <자존심>의 '사랑하다'는 선뜻 그대에게 다가서지 못하고 마음만으로 짝사랑할 뿐이다. '사랑하다'라는 말조차 한 번도 못하는 노래로 <나도 몰라>가 있는데, <그대여>에서는 사랑 고백을 아무리 반복해도 '그대'는 절대로 받아주질 않는다.

② '눈물'

사랑 노래는 '눈물'을 수반한다. '눈물'을 보인 노래와 출현 횟수는 다음과 같다.

눈물	창밖의 여자(1), 축복[촛불](1), 물망초(4), 잊을 수 없는 너(2), 난 아니야(1), 비련(3), 정의 마음(2), 눈물로 보이는 그대(4), 내가 아직 어렸을 적엔(4), 사랑해요(2), 서울 서울 서울(1), 나도 몰라(1), 모나리자(2), I Love 수지(2)

♪ 눈물 흘리는 이유

우리는 사랑하는 '그대' 때문에 '눈물' 흘린다. <창밖의 여자> 속 '그녀'와 <나도 몰라>의 '나'는 사랑하는 그대를 문득 떠올리며 '눈물' 흘린다. <내가 아직 어렸을 적엔>에서는 우리 인생길에 사랑과 이별로 인해 깊고 깊은 '눈물'의 강이 존재한다고 보았다.

<비련·정의 마음>은 이별의 순간에 흘린 '눈물'이 보인다. 이별 이후 시간이 흘렀어도 여전히 흐르는 '눈물'은 <눈물로 보이는 그대·서울 서울 서울·잊을 수 없는 너>에 있다. <축복[촛불]·물망초>에서는 한 여인이 '눈물'을 흘렸다. <축복[촛불]>에서는 여인의 눈물을 연약한 촛불로 비유했는데, <물망초>의 여인은 밤새도록 비 오는 거리에서 눈물을 흘린다고 하여 두 여인의 슬픔에 관한 상이한 인식이 흥미를 자아낸다.

그런가 하면 아주 드물게는 사랑의 기쁨으로 인해 눈물 흘리기도 한다. <사랑해요>에서는 가슴 뜨거운 벅찬 사랑의 '눈물'이 보인다. 풍부한 감수성을 지닌 꼬마 아가씨와 어린 소녀의 뜻 모를 눈물도 있다. 여름 한낮의 꼬마 아가씨가 흘린 '눈물'이 <난 아니야>에, 꼬마 아가씨보다 몇 살 더 먹은 소녀의 '눈물'은 <I Love 수지>에 있다.

1.1.3. 그대와의 사랑과 우리 인생길

① '그대'

'그대'는 '나', '사랑', '마음' 다음으로 가장 많은 노래에서 자주 보이는 중요 어휘이다. 조용필 노래에서 '그대'가 보이는 노래와 출현 횟수는 다음과 같다.

그대	창밖의 여자(4), 축복[촛불](4), 내 이름은 구름이여(4), 자존심(3), 비련(5), 산유화(4), 황진이(1), 눈물로 보이는 그대(3), 그대여(11), 사랑해요(5), 서울 서울 서울(3), 나도 몰라(2), 모나리자(14), 목련꽃 사연(16), I LOVE YOU(2)

♪ 내가 사랑하는 그대, 먼 그대

'나'는 '그대'와의 사랑에 빠졌다고 한다. <황진이>에서 지금 내가 사랑하는 '그대'는 '황진이'이다. <사랑해요>의 '그대'는 나에게 사랑을 알려 준 고마운 존재이고, <축복[촛불]>에서 촛불같이 연약한 '그녀'는 사랑스러움 그 자체로 여겨진다.

하지만 사랑하는 '그대'는 곧 나와 이별한다. '그대'가 나를 떠나버려 <내 이름은 구름이여·비련·산유화·목련꽃 사연>과 같이 그리움의 대상이 된다. '그대'는 <창밖의 여자·눈물로 보이는 그대·서울 서울 서울>의 '내' '눈물' 속에서나 만나볼 수 있다.

'그대'와의 사랑조차 시도해 보지 못한 안타까운 사연도 조용필 노래에서 자주 보인다. <I LOVE YOU>의 '나'는 '그대'에게 사랑한다고 말하고 싶지만 용기가 없어서 말 한마디 못하고 괴로워한다. <나도 몰라>의 '그대'는 내가 자신을 사랑하고 있는 줄조차도 모른다. 나의 사랑을 받아주지 않고, 자꾸만 멀리하는 '그대'는 <모나리자·그대여>에 있다.

② '우리'

"'우리'는 무슨 사이이고, '우리'는 누구인가?"라는 질문에 대한 해답을 '우리'에서 찾아볼 수 있다. 수록곡의 수는 다른 중요 어휘에 비해서 상대적으로 적지만, 출현 횟수는 7번째로 많으므로 주목해 볼 만하다. '우리'가 보이는 노래와 출현 횟수는 다음과 같다.

우리	너무 짧아요(1), 너의 빈자리(1), 나는 너 좋아(2), 어제, 오늘, 그리고(9), 내가 아직 어렸을 적엔(4), 미지의 세계(6), 아시아의 불꽃(13), 마도요(10), 사랑해요(2), 우주여행 X(1), 서울 1987년(3), 목련꽃 사연(1)

♪ 사랑하는 우리

우리는 서로 사랑하는 사이이다. <나는 너 좋아·사랑해요>의 '우리'는 서로 좋아하고 사랑한다. 그리고 앞으로도 계속, 끝없는 사랑을 하고 싶어 한다. 하지만 '우리' 사랑은 파국을 맞는다. 다정히 사랑했던 '우리'가

<너무 짧아요>에 잠시 있지만, <목련꽃 사연·너의 빈자리>와 같이 '우리'는 헤어져 다시는 만날 수 없다.

♪ 우리는 인생 동반자이자 미래의 개척자

우리는 동시대를 살아가면서 미래를 함께 맞이한다. 그래서 우리 모두가 인생의 동반자로서 곧 다가올 미래를 잘 준비해야 한다.

<어제, 오늘, 그리고>의 '우리'는 인생길에서 방황하고 방랑하며, 그 인생길은 <내가 아직 어렸을 적엔> 속 '우리'의 깊고 깊은 눈물의 강에 비유된다. 그리고 또 '우리'는 산고의 고통, 즉 조국의 민주화를 위해 1987년 당시에 큰 소리로 합창했음을 <서울 1987년>에서 확인해 볼 수 있다.

그리고 동시대를 살아가는 동반자로서 '우리'의 공감과 연대감은 현재뿐만 아니라 미래로까지 유지, 확장을 추구한다. '우리'는 <아시아의 불꽃>에서 이미 노래로 하나가 되어 사랑과 평화의 의미를 널리 상기시킨 바 있다. 과거를 잊지 않고, 현실에로의 안주를 거부하는 '우리'는 여전히 꿈을 찾아 헤매는 젊은이로 <마도요>에서 보인다. <미지의 세계> 속 '우리'는 미래의 푸른 꿈을 꾸고, <우주여행 X>에서는 우주여행을 꿈꾼다.

1.1.4. 무심하지만 다정한 자연

① '하늘'

조용필 노래에서는 "무슨 하늘을 바라보았고, 그 하늘은 어떠한 역할을 하였나?" '하늘'이 있는 노래와 출현 횟수는 다음과 같다.

| 하늘 | 간양록(1), 고추잠자리(2), 일편단심 민들레야(2), 정의 마음(1), 내가 아직 어렸을 적엔(2), 그대여(1), 미지의 세계(2), 여행을 떠나요(2), 서울 1987년(1), 회색의 도시(3) |

♪ 무심하고 큰 하늘

자연 그 자체로서의 큰 '하늘'은 <고추잠자리·내가 아직 어렸을 적엔> 안에 있다. 흰 구름이 흘러가는 가을 '하늘'이 <고추잠자리>에, 무심히 해 뜨고 비 내리는 '하늘'이 <내가 아직 어렸을 적엔>에서 보인다. 이와 같이 드넓은 '하늘'은 <미지의 세계·여행을 떠나요> 속 우리의 사랑 노래가 울려 퍼질 곳이 된다.

♪ 정한(情恨)

민족사의 아픔과 그리움을 상기시키는 '하늘'은 <간양록·일편단심 민들레야>에서 보인다. <간양록>의 '하늘'은 그리운 고국과 고향을 떠올리게 하고, <일편단심 민들레야>의 '하늘'은 남북 분단의 현실과 부부의 이별을 지켜보고 있다. 그리고 <서울 1987년·회색의 도시>에는 근현대사의 질곡과 우울한 도시 생활을 상징하는 '하늘'이 존재한다. 그대를 사랑하는 나의 마음을 담은 '하늘'은 <정의 마음·그대여>에 있다.

② '바람'

'바람' 또한 조용필 노래에서 가벼이 볼 수 없는 중요 어휘이다. 전반기만 하더라도 '그대'와 함께 7번째로 가장 많은 노래에서 보인다. '바람'이 있는 노래와 출현 횟수는 다음과 같다.

바람	창밖의 여자(1), 축복[촛불](4), 간양록(1), 여와 남(2), 꽃바람(1), 자존심(1), 비련(3), 정의 마음(1), 눈물로 보이는 그대(3), 어제, 오늘, 그리고(1), 내가 아직 어렸을 적엔(2), 여행을 떠나요(2), 서울 1987년(6), 회색의 도시(2), 목련꽃 사연(1)

♪ 무심하고 서운한 바람

<비련·정의 마음·목련꽃 사연·내가 아직 어렸을 적엔·눈물로 보이는 그대·어제, 오늘, 그리고>의 '바람'은 나의 의지나 내 마음과 아무 상관 없는 자연현상이다. <비련>의 '바람'은 계절의 변화나 세월의 흐름을 뜻한다. 무심히 지나가는 '바람'이 <정의 마음·목련꽃 사연·내가 아직 어렸을 적엔>에 보이는데, 그 '바람'은 <눈물로 보이는 그대·어제, 오늘, 그리고>에서처럼 순간적으로 사라진 탓에 더욱더 허무하게 느껴진다.

♪ 비유와 상징

'바람'은 곧 '나' 자신이기도 하다. <창밖의 여자>의 한줄기 '바람'은 바로 '나'이고, '바람'이라도 되어 그리운 고국과 사랑하는 그대에게 돌아가고 싶은 '나'는 <간양록·자존심>에 있다.

'바람'은 우리의 속담처럼 "병도 주고 약도 준다." 시련과 고통을 주는 '바람'은 <축복[촛불]>에서 연약한 여인을 괴롭히고, <여와 남·꽃바람·자존심>에서는 '나'에게 시련을 준다. 반면 <여행을 떠나요>의 '바람'은 '나'를 반겨주는 고마운 존재이고, <서울 1987년>의 '바람'은 당시 우리가 그토록 열망한 민주화의 바람이다.

1.1.5. 기타

① '가다'

"무엇이, 어디를 향하는가?" '가다'가 보이는 노래와 출현 횟수는 다음과 같다.

가다	슬픈 미소(1), 간양록(1), 고추잠자리(2), 내 이름은 구름이여(3), 산유화(1), 한강(1), 황진이(1), 눈물로 보이는 그대(1), 내가 아직 어렸을 적엔(3), 그대여(3), 아시아의 불꽃(6), I Love 수지(3), 우주여행 X(8)

♪ 시간이 가고 나도 가다

'가다'는 세월이 흘러간다는 뜻이다. <슬픈 미소·산유화·고추잠자리·한강>에서 차례로 슬픔·가슴·흰 구름·한강은 시간을 상징한다. '나' 또한 '가다'와 밀접하다.

<내 이름은 구름이여·I Love 수지·우주여행 X·간양록·그대여·황진이·눈물로 보이는 그대·내가 아직 어렸을 적엔·아시아의 불꽃>의 '가다'는 내가 향하고자 하는 먼 곳이다. 그곳은 누구에게는 돌아가고 싶은 고향이고, 누군가에게는 사랑하는 그대의 곁이 된다. 또한 그곳은 우리가 함께 가야 할 무엇이다.

<내 이름은 구름이여·I Love 수지>의 '가다'는 무작정, 정처 없이, 기약 없이 떠남이다. <우주여행 X·간양록>에서 '가다'는 아득히 먼 '우주'·'내' '고국·고향'을 향한다는 뜻이다. <그대여·황진이·눈물로 보이는 그대·내가 아직 어렸을 적엔>에서 '가다'의 시선은 사랑하는 그대를 향하고 있다. <아시아의 불꽃>의 '가다'는 아시아의 젊은이가 모두 하나 되어 평화와 사랑을 함께한다는 것이다.

② '보다'

"나는 어떻게 보았나?" '보다'가 보이는 노래와 출현 횟수는 다음과 같다.

보다	단발머리(3), 고추잠자리(5), 자존심(2), 정의 마음(2), 눈물로 보이는 그대(4), 여행을 떠나요(2), 사랑해요(6), 서울 서울 서울(1), 나도 몰라(2), I Love 수지(3)

<정의 마음·눈물로 보이는 그대·나도 몰라>의 '보다'는 한숨과 눈물, 안타까움이 가득한 다소 어두운 시선이다. 그러나 이 세 노래 외에는 긍정적 시선의 노래가 대다수인 것으로 확인된다.

♪ 사랑의 눈으로, 호기심으로 '보다'

'보다'는 <자존심> 속 자존심 강한 그녀를 향한 나의 사랑과 관심을 보여 준다. <단발머리>에서는 옛 시절로 되돌아가서 그 소녀와 재회하고 싶다는 소망을 나타낸다. <서울 서울 서울·사랑해요>에서 '보다'는 내가 사랑한 그대 또한 따스한 눈빛으로 나를 바라본다는 뜻인바, 사랑의 눈빛이라고 여겨진다.

<고추잠자리·I Love 수지>의 '보다'는 동심 가득한 어린아이와 사춘기 소녀의 호기심 가득한 시선이 돋보인다. <여행을 떠나요>에서 '보다'는 청춘 남녀의 생동감 넘치는 초롱초롱한 눈빛이 예상된다.

③ '알다'

"무엇을 알고 있나?" "아는 만큼 보이고 보이는 만큼 느낀다!"라는 명언처럼 무엇을 안다는 것은 그만큼 관심이 많고, 비로소 깨닫게 된다는 뜻이다. '알다'가 보이는 노래와 출현 횟수는 다음과 같다.

알다	너의 빈자리(1), 자존심(1), 산유화(1), 나는 너 좋아(2), 눈물로 보이는 그대(5), 어제, 오늘, 그리고(1), 나의 노래(3), 내가 아직 어렸을 적엔(3), 미지의 세계(2), 사랑해요(3), 서울 서울 서울(1), 나도 몰라(2), I Love 수지(1), 서울 1987년(1)

♪ 사랑과 세상을 알다

사랑에 관해 '알다'는 상호 관계에 의해 구분되는데, 먼저 <너의 빈자리·눈물로 보이는 그대·산유화>는 이미 너와 나는 서로 사랑하는 사이라는 사실을 알고 있다는 의미로 해석된다. 다음으로 <나도 몰라·나는 너 좋아>는 그대가 나를, 내가 그대를 사랑하고 있음을 비로소 알게 되었다는 고백의 노래이다.

<I Love 수지·자존심·사랑해요>는 일방적 구애의 노래이다. <I Love 수지>는 삼촌 조용필의 각별한 조카 사랑을 재치 있게 잘 표현한 것이다. <자존심·사랑해요>는 '당신'과 '그대'를 향한 '나'의 사랑을 보여 준다.

<어제, 오늘, 그리고·서울 서울 서울>은 사랑 이후, 즉 우리의 인생사에서 이별의 의미를 살필 기회를 제공한다. <내가 아직 어렸을 적엔·미지의 세계·나의 노래>는 세상살이의 이치를 찾아가는 인생길의 의미와 삶의 가치를 일깨워 준다. <서울 1987년>에서는 독재 정권 타도를 위한 민주화 운동의 정당성과 숭고한 희생정신을 기렸다.

④ '없다'

'없다'는 "어떠한 일이 가능하지 않다"는 뜻이다. 그렇다면 조용필 노래에서는 "무엇을 불가능하다고 간주했나?" '없다'가 보이는 노래와 출현 횟수는 다음과 같다.

없다	너의 빈자리(1), 물망초(4), 잊을 수 없는 너(11), 자존심(1), 나는 너 좋아(2), 어제, 오늘, 그리고(2), 나의 노래(3), 그대여(10), 미지의 세계(2), 마도요(5), 사랑해요(2), 모나리자(7), 목련꽃 사연(5)

♪ 사랑은 잊을 수가, 포기할 수도 없다

<사랑해요>에서는 우리의 사랑이 끝이 '없다'고, <너의 빈자리>에서

도 너와의 이별은 '없다'고 한다. 이별하게 되어도 <물망초·잊을 수 없는 너·목련꽃 사연>에서처럼 결코 잊을 수 '없다'고 한다. <그대여>는 도저히 다가갈 수 '없다'는 그대일지라도 계속 사랑하겠노라고 주장한다.

♪ 도무지 인생을 알 수가 없다

알쏭달쏭한 인생사에 대한 궁금증을 담은 노래로 <자존심·나는 너 좋아·나의 노래·미지의 세계·어제, 오늘, 그리고·마도요>가 있다.

<자존심·나는 너 좋아>에서는 나에게 사랑을 고백한 당신의 마음을 알 수 '없다'고 했다. 이 두 노래는 갑자기 찾아온 사랑 때문에 어찌할 줄 몰라서 우왕좌왕하고, 수줍어하는 '나'의 모습이 떠올라 미소 짓게 한다.

<나의 노래·미지의 세계·어제, 오늘, 그리고·마도요>는 인생철학과 인생관을 떠올리게 하는 노래이다. 인생에 대해 예로부터 지금까지, 동서양을 막론하고 숱한 "알 수 없는 질문과 대답"이 오고 갔다. 하지만 아직도 모두가 알 수 '없다'고 한 인생, 정처가 '없다'는 인생을 어떻게 사는 것이 좋을지에 대한 진지한 고민을 던져 준다.

⑤ '처럼'

'처럼'은 빗대어 표현할 때 사용하는 중요 어휘이다. '처럼'이 보이는 노래와 출현 횟수는 다음과 같다.

처럼	창밖의 여자(1), 단발머리(3), 내 이름은 구름이여(4), 여와 남(2), 난 아니야(1), 자존심(1), 눈물로 보이는 그대(1), 어제, 오늘, 그리고(1), 그대여(1), 마도요(3), 회색의 도시(3)

'나'는 흔히 '이슬'·'바람'·'나비'·'바보'·'안개'(<내 이름은 구름이여·

여와 남·난 아니야·자존심·그대여>)로, 내가 사랑한 소녀는 비에 젖은 '풀잎'(<단발머리>)에, 당신은 '바람'(<눈물로 보이는 그대>)으로, 우리는 철새(<마도요>)에 비유된다.

너와 그대와 같은 2인칭, 3인칭 대명사보다 '나·내'에 '처럼'을 자주 사용한 것은 조용필 노래가 다양한 방식으로 우리의 심정을 대변한 결과로 이해된다. 조용필은 단순하고 직설적인 표현보다는 비유와 상징을 통해서 우리가 평소 느끼고 있던 감정과 생각을 예술적으로 전하고자 했다. 그래서 유치하지 않고, 아름답게 들릴 수 있었던 것이다.

1.2. 특이 어휘의 경우

전반기에 814개 어휘가 평균 5.51회 출현했는데, 평균 5회 이상 출현한 상위어 중 몇몇 자작곡에서만 반복적으로 보이는 어휘가 있다. 이 글에서는 이것을 특이 어휘(特異 語彙)로 정의한 후, 그 의미에 관해 논의한다. 특이 어휘는 앞서 살펴본 중요 어휘와 함께 조용필 노래의 언어 메시지를 잘 보여 준다.

중요 어휘가 조용필 노래의 전반적인 성격과 보편적 정서를 살피는 데 중요한 역할을 했다면, "조용필이 노래를 통해 특별히 전하고자 메시지가 무엇인가?"에 관한 해답은 특이 어휘의 분석 과정에서 찾아진다. 먼저 평균 출현 횟수인 5.51회 이상을 기준으로 전반기 자작곡의 특이 어휘를 요약, 정리한 결과는 다음과 같다.

```
서울(NN : 36회)           꾀꼬리(NN : 28회)
모나리자(NNP : 17회)      하나(NN : 13회)
술래(NN : 11회)           마도요(NN : 10회)
생명(NN : 10회)           촛불(NN : 10회)
물어보다(VV : 9회)        수지(NNP : 9회)
착각(NN : 9회)            황홀하다(VA : 9회)
여행(NN : 8회)            민들레(NN : 8회)
계곡(NN : 8회)            애(NN : 8회)
메아리(NN : 7회)          속(NN : 7회)
회색(NN : 7회)            꺼지다(VV : 6회)
꽃바람(NN : 6회)          모이다(VV : 6회)
묻다(VV : 6회)            산유화(NN : 6회)
아시아(NN : 6회)          일편단심(NN : 6회)
젊은이(NN : 6회)          정녕(MA : 6회)
```

주제나 사상과 같은 학설이나 복잡한 이론체계를 굳이 구상하지 않더라도 통계 산출된 특이 어휘에 관한 분석만으로도 조용필 노래의 언어 메시지를 파악할 수 있다. 이제부터는 특이 어휘에 관한 분석을 통해 그동안 간과되었던, 아니 대중적 인기와 관심에 비해서 상대적으로 덜 알려진 조용필 노래의 언어가 함의한 바와 문제의식을 파악해 본다.

1.2.1. 시대정신

대중가요 가수로서 조용필은 줄곧 우리 시대와 우리의 인생을 노래했다. 그리고 우리 시대와 우리의 인생을 음악으로 승화하였다. <생명·서울 서울 서울>은 우리 시대상을, <못 찾겠다 꾀꼬리>에서는 우리의 인생사를 보여 준다.

① '생명'
조용필은 우리의 역사를 노래(<황진이·한오백년·간양록·한강>)했을

뿐 아니라, 지금의 시대상에 관한 인식을 <생명>을 통해서 제시하였다.

| 생명 | 생명(10), 슬픈 베아트리체(2) |

'생명'은 지금의 우리가 통한(痛恨)의 시대를 살아가고 있음을 밝히고, 생명·민주사상과 평화의 시대정신을 역설한다. 그 대표적인 노래로 <생명>이 있다. <생명>의 '생명'은 10회나 외쳐지는데 "숨죽인 검은 바다, 물새조차 날지 않는 폭풍 전야"와 같은 신군부의 폭압에도 불구하고, 여전히 "은색의 구름" 속에서 눈부시게 빛나는 그것은 바로 민주 영령을 뜻한다.

<생명>은 조용필이 1980년 봄, 광주민주화운동을 기억하기 위해 전옥숙(1929~2015)[1]에게 특별히 작사를 부탁하고, 직접 작곡한 노래로써 진혼곡에 해당한다. <생명>을 통해 조용필은 서슬 퍼렇던 당시의 노랫말 검열과 압제로부터 벗어나기 위해 비유와 상징을 통해 광주의 넋을 위로하고, 그 나름의 반독재 투쟁의식을 견지하였다. 조용필의 반독재, 민주화에 대한 열망은 이후 <서울 1987>에서 재차 표명된다.

<서울 1987>도 <생명>과 마찬가지로 조용필이 작곡하고, 전옥숙이 작사한 노래로 1987년 6월 민주화 항쟁을 모티브로 삼는다. <생명>의 '생명'과 연관 어휘로 <서울 1987>의 '혼', '바람', '함성·합창'이 주목된다. 여기서의 '혼'은 반독재를 외치다 산화한 민주 시민의 넋을, '바람'은 거스를 수 없는 민주화의 시대로, '함성·합창'은 우리 모두의 외침이다.

---

[1] 홍상수(1960~) 영화감독의 어머니로 조용필은 그녀를 자신의 정신적 지주로 삼고 있다고 말한 바 있다.

② '서울'

<서울 서울 서울>의 '서울'에는 우리의 현 시대상에 관한 인식과 함께 미래상을 동시에 보여 준다. <생명>에서 처절하게 "'생명'이여~"를 10여 회나 외쳐서 시대의 아픔을 강조했는데, <서울 서울 서울>에서는 '서울'을 36회나 반복함으로써 서울로 상징되는 시대정신을 부각하고자 하였다.

서울	서울 서울 서울(36)

<서울 서울 서울> 속 '서울'은 올림픽 이후 우리의 자화상이자 곧 다가올 변화된 미래상을 상징한다. 우연의 일치인지는 몰라도 <서울 서울 서울>의 어둡고 우울한 멜로디와 어우러진 '서울', 즉 우리나라는 1990년대 이후 장기간의 경제 불황 끝에 결국은 IMF외환위기를 맞이한다. 이러한 시대상의 변화에 의해 우리는 정치사상보다는 경제논리를 최우선 관심사로 삼고, 최대 가치를 부여하게 된다.

1980년대 초반부터 잦은 해외 공연을 통해 국제적인 안목을 지닌 가수 조용필에게 '서울'은 수도 그 이상으로 인식된 듯하다. <서울 서울 서울>은 올림픽 개최의 성공과 화려한 개막을 축하하는 노래가 아니다. 달리 말하자면 <서울 서울 서울>은 올림픽을 기념하기 위한 노래이다. '서울'은 곧 과거의 가슴 아픈 상처와 영광을 추억 속에 간직한 우리 자신이고, 우리는 새로운 도전 과제에 직면하게 될 운명이었다. 그래서 이 노래 속 '서울'은 흥겨움이 넘쳐나는 시골 장터라기보다는 모든 손님이 돌아가고 대청소까지 마친 적막한 연회장처럼 느껴진다.

작열했던 오늘의 태양이 사라지면, 내일은 오늘과 다른 태양이 떠오르듯이 '서울'은 과거를 재현, 반복하지 않는다. 우리는 과거의 성공과 좌절을 추억 속에 묻고 곧 다가올 미래를 준비할 뿐이다. <서울 서울 서울>은 '서울'은 곧 우리의 자화상이자 지금의 현실로 구현된 과거의 미래상이었다.

③ '꾀꼬리'

조용필은 우리의 인생이 무엇인가에 관한 질문을 통해 인생의 본질에 관한 탐색을 지속하고 있다. 그 대표적인 노래로 <못 찾겠다 꾀꼬리>가 있다.

| 꾀꼬리 | 못 찾겠다 꾀꼬리(28) |

<못 찾겠다 꾀꼬리>는 술래잡기, 즉 술래가 숨은 사람을 찾아나서는 어린이놀이를 모티브로 한 노래이다. "못 찾겠다 꾀꼬리"는 더 이상 숨은 사람을 찾아내지 못했을 때 술래가 외치는 소리이다.

<못 찾겠다 꾀꼬리>의 '꾀꼬리'는 숨은 사람을 더 이상 찾지 못하고 방황하는 지금의 우리 자신을 뜻한다. 우리는 인생사에서 무엇을 찾아 헤매야 하는 술래이다. "오늘도", "언제나" 우리는 술래가 되어 많은 것을 찾고자 한다. 그것은 돈과 명예일 수도 있고, 사랑일 수도 있겠는데 '꾀꼬리'는 꿈과 정체성을 상징한다. 그러나 결국은 숨은 꿈과 정체성을 찾지 못하는 자신을 발견하고서는 "못 찾겠다 꾀꼬리"라고 외치게 된다.

이와 유사한 노래로 <어제, 오늘, 그리고>가 있다. 이 노래에서도 어제와 오늘의 우리가 "찾은 것이 무엇이고, 잃은 것은 무엇인가?"라고 질문함으로써 인생의 본질적 의미를 성찰하게 한다. 인생길에서 우리는 술래가 되어 무엇인가를 찾아 나선다. 하지만 문득 아무것도 없음을 깨닫고 공허감을 느끼는 한편, 본래 빈손으로 태어났으므로 결국은 그 무엇도

잃어버린 것은 없다는 인생의 진리를 깨닫게 된다.

1.2.2. 희망찬 젊음과 도전 정신

팬들 사이에서 조용필은 여전히 "영원한 젊은 오빠"로 불린다. 아들과 딸에다가 손자와 손녀까지 대동하고 조용필 콘서트 현장을 찾은 노년의 부부는 초대형 무대에 수줍게 선 조용필을 향해 거침없이 "오빠~"를 외친다. 그리고 곧 수만 명의 관객이 동시에 "오빠~"를 연호한다.

조용필이 백발의 노부부로부터 10대 청소년에게도 오빠로 불리는 이유는 이른바, "록 스피릿"으로 충만한 그의 음악에서 찾아진다. 도전 정신이 가득한 조용필의 세련된 사운드는 시대를 초월하고, 그의 언어는 청춘의 희망을 언제나 응원하고 지지한다. 그 대표적인 노래로 <아시아의 불꽃>과 <여행을 떠나요>가 있다.

① '아시아'·'젊은이'·'하나'·'모이다'

<아시아의 불꽃>은 <친구여>와 함께 1980년대 초반 당시 한·중·일의 최고 인기가수가 각국을 대표하여 참가한 Pax Musica 공연의 테마곡이다. 이 노래에서는 아시아 젊은이의 우정, 사랑, 평화를 강조함으로써 공감과 연대의식을 불러일으킨다.

아시아	아시아의 불꽃(6)
젊은이	아시아의 불꽃(6)
하나	아시아의 불꽃(13)
모이다	아시아의 불꽃(6)

특히 어휘('아시아·젊은이·하나·모이다')만으로도 <아시아의 불꽃>이

우리에게 전하고자 한 메시지의 상당 부분이 드러난다. "아시아의 젊은 이가 모여서 하나의 우정을 나누고, 서로 사랑하며, 평화를 지키자!"라는 것이 <아시아의 불꽃>의 핵심적 의미이다.

지금도 그렇지만 1980년대에도 아시아의 각국은 큰 상처를 주고받은 슬픈 역사로 인해서 갈등의 골이 깊었고, 치열한 경쟁을 통해 국익을 추구하느라 서로가 서로를 견제 중이었다. 심지어 중국과 우리나라는 공식 수교조차 이루지 못할 때였다. 바로 그 시절에 한·중·일의 대중가수가 거의 매년 한자리에 모여서 아시아 젊은이의 우정, 사랑, 평화를 노래했다는 사실은 지금 보더라도 상당히 파격적인 빅 콘서트로 여겨진다.

후일담과 관련 자료에 따르면 Pax Musica에서 조용필의 역할은 우정과 사랑 그리고 평화의 메시지를 노래하는 데 있었던 듯하다. 당시 경제적 발전 수준이 우리나라와 중국을 압도한 일본이 주최 측이 되어 콘서트를 후원했고, 조용필은 메시지 전달을 위해 열창하였으며, 중화권이 참가함으로써 아시아의 주요 3개국이 모두 함께하는 데 성공하게 된다. 이 자리에서 조용필이 열창한 노래가 바로 <아시아의 불꽃>이다. 테마곡인 <친구여>는 한·중·일의 가수가 모두 한자리에 모여서 합창했다.

② '여행'·'계곡'·'메아리'

<여행을 떠나요>에 '여행'·'계곡'·'메아리'가 보인다. 흔히 <여행을 떠나요>는 여름 휴가철에 부르는 신나는 노래 또는 경기장에서의 응원가로 인식된다. 그런데 <여행을 떠나요>가 건전가요의 대체를 목적으로 작곡한 것이라는 사실은 잘 알려져 있지 않다. 건전가요는 1990년대 초반 폐지되기 전까지 독재정권의 체재 홍보와 총화 단결이라는 미명 아래 모든 음반에 필수적으로 수록되었다.

여행	여행을 떠나요(6)
계곡	여행을 떠나요(8)
메아리	여행을 떠나요(7)

건전가요에 대한 불만과 나름의 저항정신을 담은 곡이 바로 <여행을 떠나요>이다. 당시 군부 독재정권은 정부 옹호와 사회질서의 안정을 강요했지만, 조용필은 젊은이들에게 "여행을 떠나"라고 목청 높여 노래하였다. 그렇기 때문에 이때의 '여행'은 단지 소비적 행락을, '계곡'이 어느 시골의 산골짜기를, '메아리'가 산울림으로 해석될 수는 없다.

<여행을 떠나요>가 발표되었을 당시에는 미처 몰랐지만, 그 이후에 우리는 여행을 떠나야 할 이유와 그 가치를 찾아냈다. 부연하는 것조차 낭비로 여겨지므로 요약의 필요성을 절감한다. "세상의 모든 젊은이여, 여행을 떠나라!", "여행은 도전이자 자기 혁신이며, 여행을 통해서만이 비로소 진정한 자아와 새로운 세계를 만날 수 있다. 지금 여행을 떠나는 그대는 아직도 젊다!"

1.2.3. 사랑하는 그대

특이 어휘도 중요 어휘 못지않게 사랑을 뜻하는 경우가 적지 않다. 대표곡으로 <모나리자·I Love 수지·촛불·일편단심 민들레야·마도요·꽃바람·산유화>가 있다. 해당 어휘로 '모나리자·수지·촛불·일편단심·민들레'가 있고, 그밖에도 '정녕·애·마도요·꽃바람·산유화' 등이 있다.

① '모나리자'·'수지'·'촛불'
'모나리자·수지·촛불'은 <모나리자·I Love 수지·촛불>에서 보인다.

<모나리자·I Love 수지·촛불>은 알 수 없는 사랑에 대한 안타까움을 노래한 것이다.

모나리자	모나리자(17)
수지	I Love 수지(9)
촛불	촛불(10)

<모나리자>는 레오나르도 다 빈치가 그린 동명의 초상화를 모티브로 한 노래이다. 원작과 마찬가지로 <모나리자> 속 '모나리자'는 알 듯 모를 듯한 표정만을 간직한 채 나의 사랑을 받아주지 않는다. 더군다나 원작과는 달리 <모나리자>에서는 '모나리자'가 "미소가 없고, 눈물이 없다"고 인식됨으로써 더 이상 사랑할 수 없는, 사랑해서는 안 되는 매정한 존재로 그려진다.

<I Love 수지>의 '수지'는 인형과 강아지를 좋아했던, 시적 감수성이 매우 풍부했던 어린 소녀로 기억된다. 성인의 입장에서 어린 소녀의 마음을 온전히 헤아리는 것은 불가능한 일이다. 이 소녀는 바로 조용필의 조카로 무슨 이유에서인지는 몰라도 지금 만날 수 없는 상황인 것으로 추측된다. 조용필은 이 노래의 공동 작곡자로 '조수지'라는 이름을 등재함으로써 저작권을 인정하는 한편, "I love 수지"를 반복함으로써 조카를 향한 삼촌의 사랑이 얼마나 큰 것이었는지를 잘 보여 준다.

<촛불>도 알 수 없는 사랑에 대한 안타까움을 노래이다. 본래 이 노래는 TBC-TV(1980)의 드라마 <축복>의 주제가로 오늘날의 OST 곡[2]에 해

---

[2] 조용필 노래 중에서 사랑 노래가 많아진 원인으로 방송사 드라마 OST 곡이 적지

당한다. 노랫말 자체로는 어떠한 시련이 다가와도 우리의 안타까운 사랑을 반드시 지켜내고 말겠다는 의지가 두드러져 보인다. '촛불'은 연약한 사랑으로, "촛불을 켠다"는 것은 사랑의 시작을 뜻한다. 하지만 드라마 <축복>은 갑작스럽게 다가온 불행에 맞서는 한 가족의 고군분투기인 것으로 보아 <촛불>과는 다소 상이한 의미로 읽힌다.

② '일편단심'·'민들레'

<일편단심 민들레야>는 6·25전쟁으로 인해 남편과 생이별한 이주현(당시 73세) 할머니의 안타까운 사연을 노랫말로 삼아 조용필이 직접 작곡한 노래이다. 이 노래에 얽힌 사연은 MBC-TV의 <신비한TV 서프라이즈>(2017)를 통해 소개되기도 했다.

일편단심	일편단심(6)
민들레	민들레(8)

익히 알려진 바와 같이 일편단심은 그간 줄곧 정몽주가 지은 <단심가(丹心歌)>의 충심으로 인식되었다. 그런데 조용필의 <일편단심 민들레야>에 이르러서는 사랑하는 남편을 잊지 못하는 사랑 노래로서 다시금 재조명된다.

일반적으로 조용필은 곡 구상을 우선한 후, 노랫말 작업을 하는 것으로 알려졌다. 그러나 아주 드물게는 노랫말을 먼저 얻은 후, 작곡을 하기

않다는 사실을 유념할 필요가 있다. <정규 앨범> 수록곡으로 <창밖의 여자·간양록·물망초·꽃바람·산유화>가, 미발매곡으로 <빛>이 있다. 대중가수가 사랑 노래를 부른다는 것은 잘못도 아니고, 부끄러운 일이 아니다. 하지만 일각에서는 사랑 노래를 부정적 시선으로 바라보기도 한다.

도 했다. 대표적 사례로 <일편단심 민들레야> 외에도 <못 찾겠다 꾀꼬리>, <친구여>가 있다. 이러한 사례는 좋은 노랫말을 찾기 위한 조용필의 부단한 관심과 열린 사고방식의 일면을 잘 보여 준다.

2. 조용필 <정규 앨범> 제12집~제19집

후반기(1990~현재)에 발매한 총 8장의 <정규 앨범>에는 총 40곡의 자작곡이 수록되었다. 후반기 자작곡의 어휘는 모두 799개로써 어휘 1개당 평균 5.9회, 곡당 평균 2.7회 출현한다. 후반기에는 앨범당 자작곡의 수록 비율이 38.05% → 52.63%로 전반기보다 대폭 상승하고, 어휘의 출현 횟수 및 수록곡의 수도 증가함으로써 과거에 비해 조용필 자신의 음악·언어 메시지를 조금 더 적극적으로 전하고자 했음을 알 수 있다. 이 가운데에서 10곡 이상에서 출현한 중요 어휘는 다음과 같다.

나(NP : 29곡- 116회) 사랑(NN : 29곡-130회)
속(NN : 24곡-70회) 내(NP : 23곡-67회)
그대(NP : 21곡-126회) 가슴(NN : 18곡-40회)
이제(NN : 18곡-38회) 것(NNB : 17곡-57회)
꿈(NN : 17곡-55회) 떠나다(VV : 7곡-48회)
없다(VA : 17곡-39회) 없다(VA : 16곡-45회)
마음(NN : 15곡-33회) 바람(NN : 15곡-38회)
시간(NN : 15곡-28회) 있다(VA : 15곡-46회)
잊다(VV : 15곡-23회) 처럼(JK : 15곡-32회)
슬프다(VA : 14곡-25회) 우리(NP : 14곡-44회)
그(MM : 13곡-36회) 모두(MA : 13곡-27회)
않다(VX : 13곡-28회) 알다(VV : 13곡-23회)
찾다(VV : 13곡-28회) 싶다(VX : 12곡-26회)
하지만(MA : 12곡-22회) 모습(NN : 12곡-25회)
추억(NN : 12곡-32회) 너(NP : 11곡-32회)
눈(NN : 11곡-23회) 만(JX : 11곡-19회)
멀다(VA : 11곡-31회) 보다(VV : 11곡-17회)
사랑하다(VV : 11곡-30회) 아름답다(VA : 11곡-29회)
가다(VV : 10곡-21회) 가다(VX : 10곡-17회)
때(NN : 10곡-19회) 버리다(VX : 10곡-21회)
어디(NP : 10곡-24회) 저(MM : 10곡-22회)

10곡 이상에서 보이는 중요 어휘는 모두 42개로 전반기의 17개보다도 25개나 더 많다. 이것 역시 후반기 자작곡에서의 출현 어휘가 전반기보다 대폭 증가했음과 동시에 과거에는 잘 보이지 않던 품사의 활용으로 인해 더욱더 풍부한 표현이 가능할 수 있었다고 본다.

그런데 전반기에 출현한 어휘 중 418개는 후반기의 자작곡에서도 보인다. 이 가운데에서는 전 기간 동일한 의미로 파악된 어휘가 상당수 있고, 전혀 다른 뜻으로 재해석해야 할 것도 적지 않다. 따라서 이제부터는 불필요한 동어반복과 중복 해석은 최대한 지양하고, 새로운 의미와 이해가 요구되는 중요 어휘를 중심으로 분석해 본다.

2.1. 중요 어휘의 경우

2.1.1. 사랑과 인생

① '나'·'내'

후반기에도 '나'·'내'는 가장 많은 자작곡에서 제일 많이, 가장 자주 출현하는 중요 어휘가 된다. 우선 후반기 조용필의 자작곡에서 '나'가 보이는 노래와 출현 횟수는 다음과 같다.

나	추억 속의 재회(1), 이젠 그랬으면 좋겠네(2), 그대의 향기는 흩날리고(7), 나비리본의 추억(7), 나무야(4), 꿈(5), 꿈꾸던 사랑(6), 꿈의 요정(1), 지울 수 없는 꿈(1), 아이마미(6), 추억이 잠든 거리(3), 어제밤 꿈속에서(1), 슬픈 베아트리체(4), 고독한 Runner(3), 추억에도 없는 이별(13), 흔적의 의미(1), 슬픈 오늘도 기쁜 내일도(3), 흔들리는 나무(1), 끝없는 날개짓 하늘로(1), 그대를 사랑해(2), 물결 속에서(3), 애상(1), 판도라의 상자(3), 소망(15), 처음 느낀 사랑이야(8), 태양의 눈(3), 일성(2), With(3), 어느 날 귀로에서(6)

후반기의 '나'는 사랑, 인생의 두 가지 측면에서 주목된다. 전반기에는

'나'의 사랑, 인생, 동심의 시선이 두드러졌는데, 후반기의 '나'는 희망찬 꿈과 소망을 지니고 있다.

♪ 사랑

후반기 '나'의 사랑 노래에서는 전반기에서 보인 사랑의 성취를 위한 적극적인 태도는 확인되지 않는다. 그 대신에 이별의 아픔과 그리움의 정서 표출을 중시한 듯하다. 몇몇 노래에서 다시 사랑하고 싶다는 뜻을 나타냈지만, 시종일관 수동적인 자세로 일관했을 뿐이다. 반드시 사랑을 쟁취하겠다는 의지도 잘 보이지 않아서 후반기 '나'와 사랑 노래는 전반기에 비해서 더욱더 구슬프고 애절한 느낌으로 다가온다.

<추억이 잠든 거리·처음 느낀 사랑이야>의 '나'는 사랑을 성취하고 싶은 의지를 갖고 있다. 그러나 그 밖의 상당수 노래는 이별의 순간을 직감하는 '나'(<추억 속의 재회·어제밤 꿈속에서·슬픈 베아트리체·추억에도 없는 이별>), 이별한 '그대'를 잊지 못해 슬퍼하는 '나'(<지울 수 없는 꿈·그대를 사랑해·흔들리는 나무·애상·그대의 향기는 흩날리고·나비리본의 추억>)의 모습이 보인다. 우연을 가장하여 꿈속에서나마 다시 '그대'와 사랑하고 싶다는 소극적인 태도의 '나'는 <슬픈 오늘도 기쁜 내일도·물결 속에서·아이마미·꿈꾸던 사랑·꿈의 요정>에 있다.

♪ 인생에 대한 성찰

조용필은 '나'의 인생과 삶에 관한 노래를 꾸준히 발표하였다. 후반기 자작곡 중에서도 '나'의 인생사, 삶에 대한 성찰을 보여 준 노래가 다수 보인다. 후반기, 어느덧 지천명의 나이에 이른 조용필은 대중적 인기에 영합하기보다는 '나'의 노래를 부름으로써 자신의 음악 메시지와 언어 메시지를 알게 모르게 꾸준히 우리에게 전해 주었다.

인생이라는 고독한 길을, 도심지 빌딩 숲속에서 홀로 걷고 있는 '나'는 <고독한 Runner·꿈>에, 지금은 청춘과 인생을 성찰하는 때라고 말하는 '나'는 <어느 날 귀로에서>에, 머나먼 인생길을 떠나는 청춘에게 소중한 것은 옆에 있다는 깨달음을 전하는 '나'는 <이젠 그랬으면 좋겠네>에 존재한다.

♪ 삶의 의지

<나무야>의 '나'는 욕심 없는 나무가 되고파 한다. <흔적의 의미> 속 '나'는 지금의 후회나 아쉬움, 심지어 이별조차도 긍정하는 달관의 경지를 보여 준다. <소망·판도라의 상자>에서 '나'는 세상사의 아픔을 극복하고 희망을 지니고 살자고 한다. 시련과 역경을 극복하자는 '나'의 의지는 <태양의 눈>에서도 확인된다.

그리고 현실 너머의 꿈과 이상을 추구하자는 <With·끝없는 날개짓 하늘로>의 '나'는 "자유로운 세계·꿈을 찾아 날갯짓"할 것을 요구한다. 다른 한편으로 '나'는 우리를 아프게 하는 그들을 향해 한 따끔한 일침을 날리는 것도 잊지 않는다.

내	추억 속의 재회(3), 그대의 향기는 흩날리고(2), 해바라기(8), 꿈꾸던 사랑(9), 꿈의 요정(1), 꿈을 꾸며(1), 추억이 잠든 거리(7), 어제밤 꿈속에서(5), 슬픈 베아트리체(2), 이별의 인사(1), 고독한 Runner(1), 추억에도 없는 이별(1), 흔적의 의미(3), 슬픈 오늘도 기쁜 내일도(3), 흔들리는 나무(1), Jungle City(1), 그대를 사랑해(1), 애상(2), 소망(4), 태양의 눈(3), 도시의 Opera(2), 꿈의 아리랑(3), 어느 날 귀로에서(3)

'내' 또한 '나'와 마찬가지로 사랑에 관하여 수동적 태도로 일관한다. 더러는 체념적 목소리가 들리기도 한다. 이러한 반응은 적극적으로 '내'

사랑을 표현한 전반기에서는 볼 수 없던 낯선 장면이다. 그렇다고 해서 후반기 모든 자작곡에서 사랑하고 싶고, 사랑받고 싶은 마음까지 모조리 사라진 것은 아니다. 여전히 '내'는 사랑의 감정을 지니고 산다.

<꿈꾸던 사랑·꿈의 요정>은 꿈속에서나마 사랑스러운 그대에게 '내' 마음을 빼앗긴다. <추억이 잠든 거리·슬픈 오늘도 기쁜 내일도> 속 '내'는 사랑받고 싶어 한다. 하지만 사랑하는 사람과의 이별이 너무 많아서인지는 몰라도 <Jungle City>의 '내'는 사랑에 대해 회의적인 태도와 부정적 인식을 보여 준다. <이별의 인사>의 '내'는 사랑하는 그대와의 이별을 앞둔 상태이고, <추억 속의 재회> 속 '내'는 그대를 잊으려 한다.

이별의 슬픔으로 인해 괴롭고 지친 '내'는 <흔들리는 나무·해바라기>에 있고, 그대와의 재회를 소망하며 기다리는 '내'는 <그대의 향기는 흩날리고·어제밤 꿈속에서·애상>에서 보인다. 이와 대조적으로 <그대를 사랑해·슬픈 베아트리체·흔적의 의미·추억에도 없는 이별>에서는 그대와의 이별을 소중한 추억으로 받아들이며 살아가는 '내'가 보이기도 한다.

이별과 같은 부정적인 현실, 특히 지금의 고독감과 외로움을 수긍하며 살아가는 '내' 모습은 <꿈을 꾸며·고독한 Runner·도시의 Opera>에서 두드러져 보인다. 그리고 <소망·태양의 눈·어느 날 귀로에서·꿈의 아리랑>의 '내'는 비록 힘겹더라도 우리는 희망과 꿈을 갖고 미래로 향하자고 한다.

② '것'·'꿈'

"무엇인가를 추상적으로 일컫는 말"인 '것'은 후반기 들어 부각된 중요 어휘이다. '것'이 보이는 노래와 출현 횟수는 다음과 같다.

것	이젠 그랬으면 좋겠네(8), 그대의 향기는 흩날리고(1), 나무야(4), 꿈꾸던 사랑(1), 기다림(3), 꿈의 요정(1), 아이마마(2), 꿈을 꾸며(5), 이별의 인사(2), 추억에도 없는 이별(2), 흔적의 의미(6), 슬픈 오늘도 기쁜 내일도(3), 일몰(2), 애상(1), 판도라의 상자(11), 처음 느낀 사랑이야(2), 어느 날 귀로에서(3)

'것'은 내가 소망하는 추상적 관념은 무엇이고, 내가 하고 싶거나 되기를 바라는 상태가 어떠한 것인지를 알려 준다.

♪ 소망

<일몰·그대의 향기는 흩날리고·아이마마·꿈의 요정>의 '것'은 나의 소망인 사랑을 일컫는다. 또한 '것'은 <꿈을 꾸며·나무야·판도라의 상자>에서도 보이는데, 이때의 의미는 차례로 "내가 이루고 싶은·되고자 하는·잃어버리고 싶지 않은" 모든 소망이다. 산다는 '것', 소중한 '것'이 있는 <추억에도 없는 이별·이젠 그랬으면 좋겠네>는 인생 소망에 해당한다.

♪ 상태

'것'은 내가 알고 싶거나 얻어질 바라는 무엇으로써 곧 사랑을 일컫는다. <기다림>에서는 사랑한다는 '것'을 알게 되었다고 한다. <꿈꾸던 사랑·이별의 인사·애상>의 '것'도 내가 원하는 사랑을 의미한다.

인생과 관련하여 <어느 날 귀로에서·흔적의 의미>에서는 산다는 '것'의 의미를 상기시켜 준다. <처음 느낀 사랑이야·이별의 인사>는 우리 사이에 존재해야 할 '것', 바로 지금의 우리 사랑이다. 반대로 우리에게 있어서는 안 될 '것'은 <슬픈 오늘도 기쁜 내일도>에서 보인다. 즉 사랑하는 우리 사이가 멀어지는 상황은 맞이하고 싶지 않다는 것이다.

조용필의 열세 번째 <정규 앨범>명이기도 한 '꿈'은 소망하는 무엇

또는 이상을 뜻한다. 몇 곡에서는 잠을 자는 동안 발생하는 정신 현상을 의미하기도 한다. '꿈'이 보이는 노래와 출현 횟수는 다음과 같다.

꿈	추억 속의 재회(1), 해바라기(2), 꿈(3), 꿈꾸던 사랑(2), 기다림(1), 꿈의 요정(5), 지울 수 없는 꿈(6), 꿈을 꾸며(2), 추억이 잠든 거리(5), 장미꽃 불을 켜요(6), 고독한 Runner(2), 끝없는 날개짓 하늘로(6), 소망(2), 태양의 눈(2), 일성(5), 도시의 Opera(1), 어느 날 귀로에서(4)

'꿈'은 후반기 들어 여러 노래에서 자주 보인다. 그런데 '꿈'이 중요 어휘가 될 수 있었던 결정적 원인은 열세 번째 <정규 앨범>의 전곡이 꿈을 주제로 했기 때문이다. 우선 <기다림·꿈의 요정·꿈을 꾸며>의 '꿈'은 사랑을 만난 때이다. 전혀 의도하지 않았으나 "사랑스러운 요정"(<꿈의 요정>)을 만나는 행운을 얻었기에 나에게는 사랑스러운 '꿈'(<기다림·꿈을 꾸며>)으로 여겨진다.

♪ 잊은 꿈

<해바라기·장미꽃 불을 켜요·지울 수 없는 꿈>의 '꿈'은 아름다운 사랑을 소망한다는 뜻이다. 그 꿈은 결코 잊거나 포기할 수 없는 것이나, 현실에서는 쉽사리 이룰 수 없는 이상이 된다. 그래서 눈물 흘리게 되고, 그러다가도 언젠가는 잊힌다. 누구나 사랑을 소망한다. 하지만 모두가 사랑할 수 있는 것은 아니다. 이러한 사랑의 '꿈'은 <추억이 잠든 거리·꿈꾸던 사랑·추억 속의 재회>에서 보인다.

♪ 찾는 꿈

나와 우리는 지금과 다른 미래를 꿈꾼다. 지금은 비록 온전히 이루지 못했지만, 삶의 희망을 소중히 간직하며 살아가고 있다. <소망·태양의

눈>에는 소중히 묻어둔 나의 '꿈'이 있다. 반면 <꿈·고독한 Runner·끝없는 날개짓 하늘로>에서는 '꿈'을 찾아 나선다. 꿈을 찾고, 꿈을 실현하기 위해서 삭막한 도시의 빌딩 숲을 헤매기도 한다. 또한 인생 마라톤에 뛰어들고, 하늘 높이 날아보려 날갯짓도 해 본다.

소망과 희망을 지니고 사는 우리의 인생사는 <일성·도시의 Opera·어느 날 귀로에서>에서 '꿈'으로 상징된다. 이 세상을 살아가는 우리는 '꿈'(<일성>)을 꾸지만, 그 꿈은 사라진(<도시의 Opera>)듯 느껴지기도 한다. 그러나 아직도 '꿈'이 가득(<어느 날 귀로에서>)할 수 있다면 우리 모두는 여전히 청춘으로 간주된다.

③ '떠나다'·'없다'

'떠나다'는 이동하여 변화했다는 의미이다. '떠나다'가 보이는 노래와 출현 횟수는 다음과 같다.

| 떠나다 | 추억 속의 재회(1), 이젠 그랬으면 좋겠네(5), 그대의 향기는 흩날리고(2), 나비리본의 추억(3), 나무야(1), 추억이 잠든 거리(1), 어제밤 꿈속에서(16), 슬픈 베아트리체(1), 이별의 인사(2), 고독한 Runner(1), 추억에도 없는 이별(1), 흔적의 의미(1), Jungle City(1), 태양의 눈(2), With(4), 도시의 Opera(4), 어느 날 귀로에서(2) |

'떠나다'는 사랑과 인생에 대한 나의 심리 상태를 나타낸다.

♪ 상실감과 망각

<나비리본의 추억·도시의 Opera>는 '그대'가, <추억이 잠든 거리·고독한 Runner·추억에도 없는 이별>에서는 '모두'가 나를 떠나버렸다고 한다. 마치 파도에 밀리듯(<어제밤 꿈속에서>), 바람처럼(<이별의 인사>) 그대가, 또 모두가 나를 떠났다. 순간적으로 찾아온 일방적인 이별

이었으니, 그때의 상실감은 대단했으리라 짐작된다. 그런데 떠나간 것은 사람이지만, 상실한 것은 사랑이라고 봄이 타당할 듯하다. <슬픈 베아트리체·Jungle City·흔적의 의미>에서도 "사랑이 떠"났다고 한다. 그런데 상실감도 세월이 흐르면 흐를수록 점차 사라져서 추억조차 못 하는 때를 맞이하게 된다. 추억하지 못하는 슬픈 사랑은 <그대의 향기는 흩날리고·추억 속의 재회>에서 보인다.

♪ 방황하는 인생

우리는 인생길에서 갈팡질팡하다가 뒤늦게 인생의 진리를 깨닫게 된다. 이렇듯 방황하는 인생길은 <나무야·어느 날 귀로에서·이젠 그랬으면 좋겠네>의 '떠나다'에 있다. 차례로 "가야 할 곳도 모르면서·젊음을 두고서·굳이 안 가도 되는데" 떠나가는 우리의 모습이 보인다.

그런데도 여전히 떠날 수 있는 용기가 우리에게 절실히 요구된다. 잘 알지 못해도, 불확실하더라도 과감히 자신의 인생길을 찾아 떠나는 것이 현실에 안주하고 포기하는 것보다는 백배는 낫다. 이러한 인식을 보여주는 '떠나다'는 <태양의 눈·With>에서 확인된다. 무지개를 찾아 나서고, 끝없는 날갯짓하며 하늘로 날아오르는 '우리'의 미래는 무지갯빛과 밝은 희망이 예상된다.

'없다'는 사전적으로 "어떤 사실이나 현상이 현실로 존재하지 않는 상태"를 뜻한다. '없다'가 보이는 노래와 출현 횟수는 다음과 같다.

없다	추억 속의 재회(2), 나무야(4), 꿈꾸던 사랑(3), 기다림(1), 지울 수 없는 꿈(1), 꿈을 꾸며(1), 어제밤 꿈속에서(1), 슬픈 베아트리체(3), 이별의 인사(1), 고독한 Runner(2), 추억에도 없는 이별(5), 흔적의 의미(1), 슬픈 오늘도 기쁜 내일도(5), 흔들리는 나무(3), 판도라의 상자(1), 처음 느낀 사랑이야(1), 태양의 눈(3)

'없다'는 지금의 상황을 부정적으로 인식하거나, 인생관을 명확히 밝히는 데 일조한다. '없다'에서는 "없어서 나쁘다!"와 "없이 살아도 좋다!"는 의미가 동시에 파악된다.

♪ 부정적 인식

무엇이 '없다'면 지금의 상황을 더욱더 부정적으로 인식할 수 있다. 무엇 때문에 지금의 상황에 이르게 된 것은 아니지만, 무엇이 '없다'는 것은 그 자체로도 지금의 상황을 절망적으로 느끼게 한다.

<추억 속의 재회·기다림·추억에도 없는 이별>의 '없다'는 이별 후의 막막한 심정을 표현한 것이다. 사랑하는 사람과 아무 약속 없이 헤어졌으니, 앞으로의 재회가 쉽지 않을 것이다. 사랑하는 사람이 아무 말 없을 때도 마찬가지인데, 이 경우에는 답답함이 더해진다. 아무런 말 없이 떠나(<어제밤 꿈속에서>)버린 그대, 말없이 가만히 앉아만 있는 그대(<이별의 인사·태양의 눈>)는 나의 애간장을 다 녹인다.

눈물 '없'는 슬픈 사랑이 <지울 수 없는 꿈·슬픈 오늘도 기쁜 내일도>에, 축복·기대감 '없'는 사랑은 <흔들리는 나무·처음 느낀 사랑이야>에서 보인다. <슬픈 베아트리체>에서는 "살아야 할 이유마저 '없다'"하여 부정적 인식과 슬픔의 극치를 보여 준다.

♪ 인생관

우리의 인생길이 지닌 의미는 <고독한 Runner·흔적의 의미>의 '없다'를 통해 드러난다. <고독한 Runner>에서는 시작이라는 신호가 '없는' 것을 인생길로 정의한다. <흔적의 의미>는 세상의 모든 것이 돌고 돌아서 마지막이 '없'는 것을 인생길로 간주함으로써 마치 윤회사상과 뫼비

우스의 띠를 연상케 한다.

그리고 <나무야>의 '없다'는 "욕심이 '없'는 나무가 되고 싶"은 나의 바람을 보여 준다. "시련은 '없다'"한 <판도라의 상자>는 나와 우리의 희망찬 미래를 예견한 노래이다.

화려한 꿈은 아무 의미가 '없다'고 한 <꿈꾸던 사랑>과 "이름 '없'는 들꽃"을 소중히 여기는 <꿈을 꾸며>도 상이한 관점으로 보여 줌으로써 인생의 의미를 다시금 일깨워 준다. "멋지고 화려한 꿈은 역시나 망상인가? 소박한 삶이 인생의 정답인가?"

④ '없다'·'있다'

먼저 '없다'는 "어떤 일이 가능하지 않다"는 뜻으로 불가능하다는 의미이다. 그러나 다른 한편으로는 가능하지 않았으면 하는 것, 즉 소망하는 바가 역설적으로 드러나기도 한다. '없다'가 보이는 노래와 출현 횟수는 다음과 같다.

없다	추억 속의 재회(6), 나비리본의 추억(2), 나무야(1), 꿈꾸던 사랑(8), 기다림(1), 지울 수 없는 꿈(4), 아이마미(3), 꿈을 꾸며(2), 추억이 잠든 거리(3), 추억에도 없는 이별(1), 슬픈 오늘도 기쁜 내일도(1), 끝없는 날개짓 하늘로(4), 애상(1), 판도라의 상자(2), 태양의 눈(3), 어느 날 귀로에서(3)

♪ 불가능하다

현실에서는 이루어질 수 없는 사랑 노래에서 '없다'가 보인다. <기다림·아이마미·추억에도 없는 이별·어느 날 귀로에서·애상>의 '없다'는 그대를 사랑하는 것이 불가능하다는 의미로 해석된다. 요컨대 그대가 너무 멀리 있어서 사랑할 수 없고, 다시 만날 수 없다는 것이다.

반면 <끝없는 날개짓 하늘로>의 '없다'는 우리의 "삶의 흔적들은 사랑만으로 채울 수 없"는 것으로 보건대, 세상살이의 전부가 사랑은 아님을 깨달은 것으로 여겨진다. 왜냐하면 사랑 못지않게 소중한 가치가 너무나도 많은 것이 우리의 인생사이기 때문이다. 그리고 인생을 살다보면 불가피한 양보를 요구받아 어쩔 수 없이 타협을 한다. <판도라의 상자> 속 '없다' 바로 이 경우에 해당한다.

♪ 소망

<꿈을 꾸며·슬픈 오늘도 기쁜 내일도>의 '없다'는 역설적으로 소망을 이루고 싶다는 뜻이 된다. 우리는 알 수 '없'으면서도, 알 수 '없'는 시간 속에서도 무엇을 끊임없이 갈망한다.

"미워할 수 '없'는 그대·잊을 수 '없'는" 그대가 <추억 속의 재회·나비 리본의 추억>에 있다. "잃을 수 '없'는·잊을 수 '없'는 사랑과 이별"은 <꿈꾸던 사랑·나무야>에서 보인다. 종합하면 나는 그대를 사랑하고, 사랑을 잃지 않겠다는 의미로 파악된다. 그리고 <추억이 잠든 거리·지울 수 없는 꿈·태양의 눈>의 '없다'는 반어적 표현으로써 꿈과 희망을 간직하겠다는 굳센 의지를 강조한 것이다. 꿈과 희망을 간직하고 살아가는 동안, 부지불식간에 어느덧 불가능은 가능으로, 실패는 성공으로 변화하는 것이 우리의 인생사이자 실재하는 역사이다.

다음으로 '있다'는 "어떤 사실이나 상태가 존재하는 상태"를 의미한다. 후반기 자작곡에서는 '있다'가 자주 보인다. '있다'가 보이는 노래와 출현 횟수는 다음과 같다.

있다	이젠 그랬으면 좋겠네(4), 그대의 향기는 흩날리고(3), 꿈의 요정(4), 지울 수 없는 꿈(1), 아이마미(5), 꿈을 꾸며(2), 이별의 인사(1), 고독한 Runner(4), 추억에도 없는 이별(3), 흔적의 의미(3), 슬픈 오늘도 기쁜 내일도(1), Jungle City(2), 작은 천국(5), 태양의 눈(2), 일성(6)

♪ 사랑

먼저 <그대의 향기는 흩날리고·꿈의 요정·지울 수 없는 꿈>에서는 내가 사랑하는 그대가 '있다'고 한다. 그대는 '여기'에 있기도 하고, 멀리 있기도 하다. 멀리 있는 그대는 꿈속(<아이마미·꿈을 꾸며>)과 마음속(<흔적의 의미>)에 '있'기도 하고, 의외로 가까이에 '있'(<슬픈 오늘도 기쁜 내일도·Jungle City>)을 수도 있다.

멀리 있는 그대로 인해 "아직 슬픔이 남아 '있'"(<추억에도 없는 이별>)고 그대를 "잊을 날이 '있'"(<이별의 인사>)을 수 있지만, "우리의 사랑을 더할 수 '있'"(<작은 천국>)기를 바라는 것이 솔직한 심정일 것이다.

♪ 인생

우리는 지금, 각자의 인생길 어딘가에 서 '있다'(<이젠 그랬으면 좋겠네>). 그 인생길에서 가장 소중한 것은 꿈과 희망이다. <고독한 Runner·일성>의 '있다' 역시 인생길에서 꿈과 희망이 존재하고 있음을 뜻한다. 하지만 다른 한편에서는 <태양의 눈>에서와 같이 아픔이 '있'는 인생길로도 인식된다.

⑤ '않다'

'않다'의 사전적 정의는 "앞말이 뜻하는 행동을 부정한다"는 뜻이다. 부정적 인식을 나타내므로 '하지만'과도 유사해 보인다. '않다'가 보이는 노래와 출현 횟수는 다음과 같다.

않다	추억 속의 재회(1), 나무야(1), 꿈(2), 꿈의 요정(1), 꿈을 꾸며(2), 슬픈 오늘도 기쁜 내일도(1), 흔들리는 나무(2), 그대를 사랑해(4), 판도라의 상자(2), 처음 느낀 사랑이야(2), With(4), 도시의 Opera(3), 꿈의 아리랑(3)

'않다'는 앞말에 대한 부정적 인식이 긍정적 결론으로 나아간 경우와 결국은 부정적으로 귀착되는 경우로 나누어진다.

♪ 긍정적 결론

<꿈의 요정·그대를 사랑해·처음 느낀 사랑이야>의 '않다'는 사랑하는 그대가 나와 함께한다는 뜻으로 받아들여진다. 차례로 나에게는 "사라지지 않는·잊히지 않는·다른 길을 간다고 믿고 싶지 않은" 그대가 있다. 그래서 나는 외롭지 '않'(<With>)고, 사랑은 멀지 있지 '않'(<슬픈 오늘도 기쁜 내일도>)다는 확신을 갖기도 한다.

비록 우리는 고단한 현실 속에 존재하지만 흔들지는 '않'(<흔들리는 나무>)는 삶을 살고자 하고, 희망을 포기하지 '않'(<판도라의 상자>)으려 한다. 그리고 가급적이면 눈물의 거리(<도시의 Opera>)에서 또다시 힘겨운 시간(<꿈의 아리랑>)을 맞이하고 싶지는 '않다'고 생각한다.

♪ 부정적 재확인

<추억 속의 재회·꿈을 꾸며>의 '않다'는 사랑과 영원에 대한 부정적 인식을 강조한다. 떠나간 사랑은 사랑이 아니라고 본 <추억 속의 재회>, 영원을 믿지 않고 오늘 하루도 최선을 다하자고 한 <꿈을 꾸며>는 부정적 인식의 일면을 보여 준다. 이와 반대로 떠나지 않은 지금의 사랑과 이 순간을 더욱 소중히 여겨야 한다는 뜻으로 해석될 수도 있겠다.

<꿈>에서는 이 세상의 어느 누구도 나에게 시련과 역경의 인생길을 어찌 살아야 하는지 말해 주지 '않'는다고 함으로써 도시 속 현대인의 고독감과 소외의식을 드러낸다.

<나무야>는 세상살이가 예상보다도 너무나도 힘든 것임을 깨닫게 해

준다. 우리는 "시작이 반이다"라는 옛말의 힘을 믿으나, 정작 그 시작은 너무나도 힘든 것임을 잊기 십상이다. 우리가 이미 알고 있는 옛말에는 인생의 진리가 무수히 많이 담겨져 있다. "아무리 바빠도 바늘허리 매어 쓰지는 못한다"고 했으니 "천 리 길도 한걸음부터" 천천히 잘 준비해서 인생길을 완주해야 한다.

⑥ '찾다'··'싶다'··'버리다'

'찾다'는 "무엇을 얻기 위해 살핀다"는 뜻이다. '찾다'가 보이는 노래와 출현 횟수는 다음과 같다.

찾다	추억 속의 재회(4), 이젠 그랬으면 좋겠네(1), 꿈(2), 추억이 잠든 거리(1), 장미꽃 불을 켜요(2), 고독한 Runner(2), Jungle City(5), 끝없는 날개짓 하늘로(1), 애상(1), 판도라의 상자(3), 작은 천국(2), 처음 느낀 사랑이야(2), 태양의 눈(2)

우리는 인생을 살아가면서 많은 것을 얻고자 한다. '찾다'는 우리의 대표적 욕망인 사랑, 꿈과 희망, 행복을 추구한다. 찾고 싶은 것은 상당히 명확히 드러나므로 요약적으로 제시한다.

<추억 속의 재회·애상·장미꽃 불을 켜요·Jungle City·처음 느낀 사랑이야>에서는 사랑을 찾는다. 우리가 인생에서 찾고 싶은 꿈은 <꿈·고독한 Runner·추억이 잠든 거리>에서 보인다. 희망은 <태양의 눈·판도라의 상자·끝없는 날개짓 하늘로>에, 행복은 <작은 천국·이젠 그랬으면 좋겠네>에 있다.

'싶다'는 "무엇을 하고자 하는 마음이나 소망을 나타내는 말"이다. '싶다'가 보이는 노래와 출현 횟수는 다음과 같다.

싶다	이젠 그랬으면 좋겠네(3), 나무야(2), 꿈(2), 지울 수 없는 꿈(1), 아이마미(3), 추억이 잠든 거리(1), 이별의 인사(1), 그대를 사랑해(1), 작은 천국(2), 처음 느낀 사랑이야(4), With(3), 도시의 Opera(3)

'싶다'는 사랑에 관한 욕망과 인생의 소망을 잘 보여 준다. 우리는 지금 할 수 없는 것을 욕망하고, 지금보다는 더 나은 미래를 맞이하고 싶은 소망을 지니고 살아간다.

♪ 욕망

<지울 수 없는 꿈·아이마미·그대를 사랑해·작은 천국·처음 느낀 사랑이야·이별의 인사>의 '싶다'는 사랑의 욕망을 뜻한다.

<지울 수 없는 꿈>은 외롭고 슬픈 사랑을 잊고 '싶다'고 하여 사랑의 욕망과는 다소 동떨어져 보이기도 한다. 하지만 사랑의 상처는 또 다른 사랑으로 치유되므로 슬픈 사랑을 잊게 하는 또 다른 사랑의 욕망이 예상된다. 눈물의 거리로 안 돌아가고 '싶다'는 <도시의 Opera>와 추억이 잠든 거리를 떠나고 '싶다'는 <추억이 잠든 거리>도 <지울 수 없는 꿈>에서의 인식과 유사하다.

<아이마미>는 아이마미를 보고 '싶다'하고, <그대를 사랑해>에서는 그대의 사랑을 간직하고 '싶다'고 한다. <작은 천국>은 그리운 얼굴을 보고 '싶다'고, <처음 느낀 사랑이야·이별의 인사>는 그대와 얘기하고 '싶다'고 고백한다.

♪ 소망

새로운 세상에서의 삶을 소망한 것으로 파악되는 '싶다'는 <이젠 그랬으면 좋겠네·With·꿈>에서 보인다.

하늘 높이 날아 별을 안고 '싶다'는 <이젠 그랬으면 좋겠네>와 또 다른 세계로 달려가고 '싶다'는 <With>는 새로운 희망을 찾아 새 출발을 하고 싶은 소망을 보여 준다. 고향의 향기 들으며 눈을 감고 '싶다'한 <꿈>도 삭막한 도시에서의 외로운 삶으로부터 벗어나고 싶은 소망이다. <나무야>에서는 "나는 욕심 없이 푸르른 나무가 되고 '싶다'"고 하여 평소의 소망이 무엇인지를 명백하게 밝혔다.

'버리다'의 사전적 정의는 "앞말이 나타내는 행동이 이미 끝났음을 나타내는 말"이다. '버리다'가 보이는 노래와 출현 횟수는 다음과 같다.

버리다	추억 속의 재회(1), 그대의 향기는 흩날리고(2), 해바라기(2), 나비리본의 추억(3), 어제밤 꿈속에서(2), 슬픈 베아트리체(2), 고독한 Runner(1), 추억에도 없는 이별(5), 흔들리는 나무(1), With(2)

'버리다'는 더 이상 돌이킬 수 없는 이별, 추억, 슬픔을 의미한다. 결국은 사랑하는 그대를 다시 만날 수 없었고, 추억조차 할 수 없으며, 슬픔만 남아버렸다는 것이다.

♪ 이별·추억·슬픔

먼저 <추억 속의 재회·나비리본의 추억·어제밤 꿈속에서·고독한 Runner>의 '버리다'는 나를 두고 떠나버린 그대, 즉 이별을 의미한다. <그대의 향기는 흩날리고·추억에도 없는 이별> 속 '버리다'도 그대와의 추억이 이제는 사라졌다는 뜻이다. 나의 넋을 앗아간 그대의 모습과 슬픔에 지친 내 모습은 <슬픈 베아트리체·해바라기·흔들리는 나무·With> 속 '버리다'와 함께 보인다.

2.1.2. 슬프게도 아름다운 사랑

① '사랑'·'사랑하다'

후반기 조용필 노래에서는 "무슨 '사랑', 어떤 '사랑하다'고 했는가?" '사랑'은 전반기와 똑같이 '나'에 이어서 두 번째로 가장 많은 노래에서, 제일 많이 출현한 어휘이다. 그런데 수록곡 수, 출현 횟수 면에서 전반기에 비해서 큰 증가세를 보인다. 우선 '사랑' 노래와 출현 횟수는 다음과 같다.

사랑	추억 속의 재회(2), 나비리본의 추억(3), 나무야(1), 꿈꾸던 사랑(17), 기다림(9), 꿈의 요정(2), 지울 수 없는 꿈(2), 꿈을 꾸며(1), 추억이 잠든 거리(5), 장미꽃 불을 켜요(9), 어제밤 꿈속에서(1), 슬픈 베아트리체(12), 고독한 Runner(3), 흔적의 의미(3), 슬픈 오늘도 기쁜 내일도(1), 흔들리는 나무(6), Jungle City(19), 끝없는 날개짓 하늘로(1), 그대를 사랑해(5), 물결 속에서(1), 일몰(4), 애상(3), 판도라의 상자(1), 소망(1), 작은 천국(1), 처음 느낀 사랑이야(5), 도시의 Opera(9), 꿈의 아리랑(1), 어느 날 귀로에서(1)

후반기 '나'의 '사랑' 노래는 추억 속 슬픈 사랑과 사랑에 대한 성숙한 인식을 동시에 보여 준다. 전자에서 이루어지지 못한 사랑에 대한 연민과 공감을, 후자에서는 사랑의 본질적 의미에 관한 진지한 모색이 추구된다.

♪ 이루지 못한 사랑

'나'는 <처음 느낀 사랑이야>에서처럼 운명적인 첫사랑에 빠진 적도 있지만, 끝내 '사랑'을 온전히 이루지 못한다. <나무야·흔들리는 나무·추억이 잠든 거리·물결 속에서>에는 '나'의 "뜻대로 안 되는·축복 없는·잃어버린·둘로 갈라진" '사랑'이 차례로 보인다. 한때는 뜨거웠던, 하지만 지금은 없는 '사랑'이 <어제밤 꿈속에서·Jungle City>에서 보인다.

결국은 끝없는 기다림만이 남은, 시들은 꽃처럼 슬픈 '사랑'은 <기다

림·지울 수 없는 꿈>에 있다. <추억 속의 재회·나비리본의 추억·그대를 사랑해·애상>의 '사랑'은 서러운 추억 속에, 꿈속의 '사랑'은 <꿈꾸던 사랑·꿈의 요정·장미꽃 불을 켜요>에서 보인다.

♪ 성숙한 사랑

이루지 못한 사랑으로 인해 '나'는 좀 더 성숙해지고, '사랑'에 대한 인식의 전환을 이룬다. 조용필 노래는 우리의 삶이 '사랑'만으로 채워질 수 없음(<끝없는 날개짓 하늘로>)을 깨닫게 하고, '사랑'으로 인해 울고 있는 우리를 위로(<일몰·도시의 Opera>)한다. 그리고 '사랑'은 우리 인생에서 미움과 함께하고 있음(<고독한 Runner>)과 멀리 있지 않을 것임(<슬픈 오늘도 기쁜 내일도>)을 일깨워 준다. 이러한 인식의 전환은 사랑의 본질적 의미에 대한 탐색으로 이어져 불멸의 사랑·불변의 사랑에 대한 희구(<슬픈 베아트리체·흔적의 의미>), 순수한 사랑(<꿈을 꾸며·어느 날 귀로에서·꿈의 아리랑>)의 염원 끝에 마침내 새로운 사랑의 시작(<판도라의 상자>)을 가능하게 한다.

무슨 '사랑'을 했는지에 이어서는 그것은 어떤 '사랑'이었는지 살펴본다. '사랑하다'가 수록된 노래와 출현 횟수는 다음과 같다.

| 사랑하다 | 꿈꾸던 사랑(2), 기다림(2), 꿈의 요정(3), 지울 수 없는 꿈(2), 고독한 Runner(2), 추억에도 없는 이별(1), 슬픈 오늘도 기쁜 내일도(5), Jungle City(1), 그대를 사랑해(6), 애상(1), 처음 느낀 사랑이야(5) |

♪ 짝사랑과 옛사랑 그리고 뒤늦게 찾아온 사랑

<꿈꾸던 사랑·기다림·지울 수 없는 꿈>의 '사랑하다'는 지금은 멀리 있는 짝사랑의 안타까움을 뜻한다. <Jungle City·그대를 사랑해>의 '사

랑하다'는 서로 사랑했지만, 지금은 헤어진 경우에 해당한다. 이제는 지나가 버린 너와 나의 옛사랑은 <고독한 Runner·추억에도 없는 이별>에서의 '사랑하다'에서 보인다.

예전에는 전혀 몰랐는데 이제야 비로소 그것이 사랑임을 깨닫기도 한다. 이 경우에 해당하는 노래로 <꿈의 요정·처음 느낀 사랑이야>가 있다. <슬픈 오늘도 기쁜 내일도>는 가까이 있는 사랑을 미처 깨닫지 못한 '그대'를 향한 안타까움과 뒤늦게라도 사랑할 수 있다는 긍정적 메시지를 전해 준다. <애상>은 끝끝내 자신이 누군가를 사랑했었는지, 괜한 슬픔만을 느꼈는지를 구별하지 못하는 이름 모를 한 '영혼'에 관한 노래이다.

② '속'·'마음'·'가슴'

'속'은 후반기의 자작곡에 새롭게 부각된 어휘이다. '속'은 '나', '사랑'에 이어 세 번째로 많은 노래에서, 가장 많이 보이는 후반기의 중요 어휘이다. 사전적인 정의에 따르면 '속'은 "어떤 현상이나 상황, 일의 안이나 가운데"를 뜻한다. 노랫말의 문맥상 '속'은 지향하는 바가 무엇이고, 어떠한 심리 상태인지를 나타낸다. '속'이 보이는 노래와 출현 횟수는 다음과 같다.

속	추억 속의 재회(2), 그대의 향기는 흩날리고(8), 고궁(2), 해바라기(2), 꿈꾸던 사랑(1), 기다림(4), 꿈의 요정(3), 지울 수 없는 꿈(2), 아이마미(3), 꿈을 꾸며(1), 추억이 잠든 거리(6), 장미꽃 불을 켜요(3), 어제밤 꿈속에서(1), 추억에도 없는 이별(2), 흔적의 의미(3), 슬픈 오늘도 기쁜 내일도(1), Jungle City(2), 끝없는 날개짓 하늘로(4), 그대를 사랑해(6), 물결 속에서(2), 소망(1), 처음 느낀 사랑이야(3), 태양의 눈(7), 어느 날 귀로에서(1)

자작곡의 '속'에는 사랑하는 그대와의 추억과 우울한 심정이 자리하

고 있다.

♪ 사랑과 추억

내 사랑 '속'은 <소망·장미꽃 불을 켜요>에서 보이고, '속' "마음·가슴"이 <어제밤 꿈속에서·흔적의 의미·어느 날 귀로에서·꿈꾸던 사랑>에 있다.

<처음 느낀 사랑이야·기다림·그대를 사랑해·추억 속의 재회·추억에도 없는 이별>의 '속'은 그대와의 추억을 아직도 간직하고 있음을 뜻한다. 반면 <추억이 잠든 거리·슬픈 오늘도 기쁜 내일도·물결 속에서>에서는 그대와의 사랑과 추억이 시간 '속'에서 사라져간다며 아쉬워한다. <그대의 향기는 흩날리고>에서는 사랑하는 그대 모습이 안개 '속'에 있다고 하여 기억이 흐릿해졌음을 우회적으로 표현하였다.

♪ 우울한 마음

지금의 암울한 '속'마음은 <고궁·해바라기·지울 수 없는 꿈·아이마미·꿈을 꾸며>에서 찾아진다. <Jungle City>에서는 '내'가 복잡한 도시 숲 '속'을 헤매고 있다. <꿈의 요정·끝없는 날개짓 하늘로>은 동화 '속' '요정', 환상 '속'의 '너'와의 순간적인 사랑을 꿈속에서 나눈다. <태양의 눈>에서는 고통이 진실의 눈 '속' 있다고 하여 진실한 사랑은 고통과 슬픔을 수반한다는 사실을 일깨워 준다.

그런데 '마음'은 전반기에 비해 수록곡 수와 출현 횟수가 모두 감소한 것으로 파악된다. 그렇다고 해서 '마음'의 의미까지 퇴색한 것은 아니다. '마음'이 보이는 노래와 출현 횟수는 다음과 같다.

마음	이젠 그랬으면 좋겠네(3), 그대의 향기는 흩날리고(7), 해바라기(3), 나무야(2), 꿈(2), 꿈꾸던 사랑(1), 어제밤 꿈속에서(1), 이별의 인사(1), 흔적의 의미(3), 흔들리는 나무(1), 그대를 사랑해(1), 일몰(2), 판도라의 상자(2), 작은 천국(2), 처음 느낀 사랑이야(2)

 이별의 슬픔과 삶의 고통마저도 감내할 수 있는 '마음', 절망 속에서도 희망을 찾는 '마음'을 갖는다는 것은 쉽지 않은 일이다. 이러한 마음은 오랜 연륜과 성숙한 인격이 뒷받침되어야 비로소 터득할 수 있는 인간의 품격이다.

♪ 이별 후 속마음

 사랑하는 그대와의 추억을 잊지 못하는 '마음'이 <꿈꾸던 사랑>에서 보인다. 모름지기 잊지 못하면 더욱 그리워지고 슬퍼져야 하는데, 후반기 자작곡에서는 오히려 아름다운 추억으로 소중히 간직하겠다는 '마음'이 상당수인 것으로 파악된다. <일몰·그대를 사랑해·그대의 향기는 흩날리고·흔적의 의미·어제밤 꿈속에서·이별의 인사>는 이별 후 '마음'이 보이는데, 이별의 슬픔을 노래로써 승화했다.

♪ 지친 마음과 행복한 마음

 <이젠 그랬으면 좋겠네·흔들리는 나무·해바라기>의 지치고 외로운 '나'의 '마음'을 위로해 주는 존재는 바로 '그대'이다. 나의 상처와 슬픔을 아물게 해 주는 것도 바로 '그대'(<처음 느낀 사랑이야>)이고, 흔들리는 내 '마음'이 의지할 곳은 그대와의 추억이다. 이때 중요한 것은 '그대'라는 존재, 그 자체가 내 '마음' 속에 있다는 믿음뿐이다. 그대가 현재 내 곁에 있고 없음은 그다지 중요치 않다는 것이 핵심이다. 왜냐하면 영원히 한마음이라는 확신은 물리적 거리감을 충분히 극복할 수 있기

때문이다.

그리고 절망적인 상황 속에서도 '희망'만이 남아 있다는 긍정적 인식·'행복'은 항상 우리와 함께한다는 깨달음은 <판도라의 상자·작은 천국> 속 '마음'이다.

"마음이나 생각"을 뜻하는 '가슴'은 현재의 심리 상태를 구체적으로 잘 보여 준다. '가슴'이 보이는 노래와 출현 횟수는 다음과 같다.

가슴	추억 속의 재회(3), 해바라기(2), 꿈꾸던 사랑(1), 꿈의 요정(1), 지울 수 없는 꿈(1), 꿈을 꾸며(1), 장미꽃 불을 켜요(7), 슬픈 베아트리체(1), 이별의 인사(1), 추억에도 없는 이별(2), 슬픈 오늘도 기쁜 내일도(2), 애상(1), 판도라의 상자(3), 처음 느낀 사랑이야(1), 태양의 눈(4), 일성(1), 꿈의 아리랑(7), 어느 날 귀로에서(1)

'가슴'을 통해 사랑의 전개 과정(사랑 → 이별 → 그리움 → 무감각)을 볼 수 있고, '가슴'으로 느끼는 지금의 현실은 어떠한 것인지를 짐작할 수 있다.

♪ 가슴 속 사랑

<처음 느낀 사랑이야·꿈의 요정·꿈꾸던 사랑>에서는 사랑의 기쁨을 노래한다. 두근두근 '가슴' 떨리는 사랑은 <처음 느낀 사랑이야·꿈의 요정>에서 보인다. <꿈꾸던 사랑> 속 '가슴'은 사랑의 불꽃으로 타오르고 있다.

그러다가도 이별 후의 슬픔과 그리움이 가득한 '가슴'이 다수의 노래에서 보인다. 사연 많은 이별을 맞이한 '가슴'은 <이별의 인사>에 있다. <추억 속의 재회·지울 수 없는 꿈> 속 '가슴'에는 눈물 꽃이 지지 않는다. 이별한 '나'는 <슬픈 오늘도 기쁜 내일도·해바라기>처럼 아픈 '가슴'과

<꿈을 꾸며·장미꽃 불을 켜요·슬픈 베아트리체> 속 그리움 가득한 '가슴'을 지니며 살아간다.

세월이 지나면 이별 직후의 감정은 사라지게 된다. 그래서인지 이별을 전생의 죗값인 듯 무덤덤하게 받아들이는 '가슴'은 <애상>에 볼 수 있고, <추억에도 없는 이별>에는 이미 무뎌질 대로 무뎌져버린 '가슴'이 존재한다.

♪ 가슴으로 대하는 현실

후반기 조용필 노래에서도 '가슴'으로 느끼는 지금의 현실과 미래에 관한 인식을 볼 수 있다. 대표적으로 지금은 '가슴' 아픈 사연이 많아 보인다는 <일성>과 작은 '가슴'으로 젊은 시절이 점점 더 멀어져 감을 두려워하는 <어느 날 귀로에서>가 있다. 조용필이 작사까지 한 <일성>은 당리당약을 추구하면서 한낱 정쟁만을 일삼는 정치 현실에 대한 조롱과 연민의 시선을 담고 있다. <어느 날 귀로에서>에서는 앞으로 살아갈 날이 얼마 남지 않았으나, 여전히 사랑을 찾는 꿈 많은 청춘이고 싶은 노년층의 소회를 대변하였다.

<판도라의 상자·태양의 눈>에서는 모두가 '가슴' 활짝 펴고, 우리의 미래에 대한 소망과 희망을 소중히 간직하자고 하였다. 이 두 노래는 비록 우리의 현실이 절망적으로 보이고, 때로는 답답하게 느껴지더라도 희망은 여전히 우리 곁에 있다는 희망의 메시지를 전하고 있다. <꿈의 아리랑>에서도 꿈으로 부푼 우리의 '가슴'에 희망이 있음을 강조하였다. 이 노래는 '2002 한일 월드컵 축구 대회조직위원회'로부터 작사, 작곡을 의뢰받아 창작한 축하곡으로서 우리의 자긍심을 고취하는 희망의 메시지가 노랫말에 곳곳에서 보인다.

③ '바람'·'시간'

'바람'은 자연현상[風]이면서 사랑이자 동시에 시련을 뜻한다. '바람'이 보이는 노래와 출현 횟수는 다음과 같다.

| 바람 | 추억 속의 재회(1), 그대의 향기는 흩날리고(2), 고궁(1), 해바라기(3), 나무야(6), 추억이 잠든 거리(3), 장미꽃 불을 켜요(2), 어제밤 꿈속에서(6), 슬픈 베아트리체(1), 이별의 인사(1), 일몰(4), 작은 천국(2), 처음 느낀 사랑이야(1), 태양의 눈(4), With(1) |

우선 자연현상으로서의 '바람'은 <With·추억 속의 재회·그대의 향기는 흩날리고·고궁>에 있다. 차례로 "시원한·순간의·늘 부는·밤에 부는" '바람'이 보인다.

♪ 사랑과 시련

<장미꽃 불을 켜요·처음 느낀 사랑이야·해바라기·일몰> 속 '바람'은 사랑을 뜻한다. 나에게 불어온 바람은 곧 사랑이다. 그 바람으로 인해 가슴 떨리고 사랑에 빠진다. 반면 <추억이 잠든 거리·어제밤 꿈속에서·이별의 인사·슬픈 베아트리체>의 '바람'은 이별이다. 요컨대 '바람'은 우연히 찾아온 사랑과 갑자기 맞이한 이별을 모두를 상징한다.

그리고 '바람'은 인생의 시련을 뜻하기도 한다. 거친 '바람'은 우리를 변하게(<작은 천국>) 한다. 거센 '바람'(<태양의 눈>)은 나의 마음을 흔든(<나무야>)다.

'시간'은 '알다'와 마찬가지로 현실 인식을 잘 보여 준다. '시간'이 보이는 노래와 출현 횟수는 다음과 같다.

시간	추억 속의 재회(1), 꿈의 요정(1), 지울 수 없는 꿈(1), 추억이 잠든 거리(5), 고독한 Runner(1), 흔적의 의미(3), 슬픈 오늘도 기쁜 내일도(1), 끝없는 날개짓 하늘로(2), 그대를 사랑해(1), 일몰(2), 판도라의 상자(3), 처음 느낀 사랑이야(1), 태양의 눈(2), 꿈의 아리랑(3), 어느 날 귀로에서(1)

무슨 '시간'이라는 것을 안다는 것, 어떤 '시간'이었음을 깨닫는 것은 곧 내가 무엇을 하고 있(해야 하)는지를 정확히 인식한다는 의미이다.

♪ 사랑

<추억 속의 재회·그대를 사랑해>의 '시간'은 그대와 사랑을 나누던 때이다. 과거에 그대와 사랑을 했다는 것, 지금 그대를 사랑하고 있으므로 우리의 사랑은 의심의 여지가 없다. <꿈의 요정·처음 느낀 사랑이야>에는 사랑인 줄 모르던 긴 '시간'이 보인다. 이때는 꿈인지 생시인지, 사랑인지 아닌지조차 구분하지 못하던 첫사랑의 풋풋함이 느껴진다. 그러니 사랑이 온전히 이루어졌을 리 만무하다. 한편 이별을 뜻하는 '시간'은 <지울 수 없는 꿈·흔적의 의미·일몰>에 있다. 이별할 때가 되었음을 직감한 순간, 이제는 우리가 헤어져야 할 '시간'이다.

♪ 역사적 시간

<슬픈 오늘도 기쁜 내일도·추억이 잠든 거리·끝없는 날개짓 하늘로>에는 무심히 흐르는 '시간'이 보인다. 이 '시간'은 알 수 없는 때로 "오랫동안"이라는 의미 외에는 현실을 인식하는 데 아무런 도움이 되지 않는 무심한 시간이다.

역사적 '시간'은 <꿈의 아리랑·태양의 눈·어느 날 귀로에서·고독한 Runner·판도라의 상자>에서 보인다. 이 가운데에서 <꿈의 아리랑·태양의 눈> 속 '시간'을 통해서는 우리의 역사에 대한 인식을 보여 준다. 이

두 노래는 눈물의 고개를 힘겹게 넘고, 아픔의 시간을 지나서 드디어 희망에 이른 지금의 우리가 주인공이다.

<어느 날 귀로에서·고독한 Runner·판도라의 상자>의 '시간'은 개인의 역사에 해당한다. 차례로 "화려했던·낯선·짧게 주어진" '시간'이 보인다. 이러한 '시간'이 있어 지금의 내가 있고, 그 시간이 곧 나의 인생사이다.

④ '잊다'·'슬프다'

'잊다'는 기억하지 못한다는 뜻인데, 그 역으로 꼭 기억하고 싶은 소중한 그 무엇을 강조하기도 한다. '잊다'가 보이는 노래와 출현 횟수는 다음과 같다.

잊다	추억 속의 재회(1), 이젠 그랬으면 좋겠네(2), 그대의 향기는 흩날리고(2), 고궁(1), 나비리본의 추억(2), 나무야(1), 기다림(1), 지울 수 없는 꿈(1), 추억이 잠든 거리(4), 어제밤 꿈속에서(1), 이별의 인사(1), Jungle City(1), 애상(1), 태양의 눈(2), With(2)

잊지 못하는, 결코 잊고 싶지 않은 것은 무엇인가? 첫째는 사랑이다. 잊지 못하는 사랑이 <추억 속의 재회·Jungle City·기다림·그대의 향기는 흩날리고·나무야·어제밤 꿈속에서>에 있다.

둘째는 사랑하는 사람이다. 내가 못 잊는 그대는 <나비리본의 추억·추억이 잠든 거리·고궁·지울 수 없는 꿈·이별의 인사>에 있다.

셋째는 우리에게 소중한 무엇과 세월이다. <이젠 그랬으면 좋겠네·With>의 '잊다'는 우리가 소중히 여긴 것과 모든 것을 대상으로 한다. 잊지 못할 세월과 시간은 <애상·태양의 눈>에 있다.

'슬프다'는 속마음을 직설적으로 표현한 것인데, 후반기의 여러 곡에서 자주 사용된 중요 어휘이다. '슬프다'가 보이는 노래와 출현 횟수는 다음과 같다.

슬프다	추억 속의 재회(1), 고궁(2), 꿈(2), 기다림(4), 꿈의 요정(1), 지울 수 없는 꿈(1), 장미꽃 불을 켜요(1), 어제밤 꿈속에서(1), 슬픈 베아트리체(3), 이별의 인사(1), 슬픈 오늘도 기쁜 내일도(5), 그대를 사랑해(1), 일성(1), 꿈의 아리랑(1)

개인적인 슬픔과 우리의 슬픔을 '슬프다'로 표현함으로써 무엇 때문에 나와 모두가 아프게 되었는가를 명확하게 보여 준다.

♪ 슬픈 사랑

'슬프다'는 다수의 노래에서 슬픈 사랑으로 인한 나의 아픔을 드러낸다. 노을빛 하늘을 보면서 갑자기 '슬프다'고 한 <장미꽃 불을 켜요>, 저 멀리서 들려온 새소리가 '슬프다'고 느낀 <이별의 인사>, 그대가 '슬프다'고 본 <추억 속의 재회·슬픈 베아트리체> 외 다수의 노래는 슬픈 사랑으로 인한 나의 아픔이다. 이러한 슬픈 사랑은 <꿈의 요정·지울 수 없는 꿈·기다림>의 '슬프다'에서도 확인된다. 뿐만 아니라 <어제밤 꿈속에서·그대를 사랑해>의 '슬프다'도 이별과 그리움으로 인해 슬퍼하는 나의 마음을 표현한 것이다.

♪ 슬픈 역사와 현실

우리의 역사와 오늘날 현실을 '슬프다'고 본 노래로 <고궁·꿈의 아리랑>과 <꿈·슬픈 오늘도 기쁜 내일도·일성>이 있다.

<고궁>은 점차 빛을 잃어가고 있는 고궁의 단청을 통해서 흥망성쇠를 거듭해 온 우리 역사의 장구함을, <꿈의 아리랑>에서는 눈물과 슬픔의

시간을 꿈과 희망의 시간으로 승화한 우리 민족의 저력을 보여 준다. <꿈·슬픈 오늘도 기쁜 내일도>의 '슬프다'는 삭막한 빌딩 숲에서 오늘을 살아가는 우리의 슬픔에 관한 것이다. <일성>에서는 정쟁만을 일삼는 오늘날 정치 현실이 '슬프다'고 일성을 발함으로써 우리에게 가슴 아픈 소식을 전하는 정치권에 일침을 가한다.

⑤ '하지만'

일반적으로 접속사 '하지만'은 서로 다른 앞뒤의 사실이나 상반된 상황 사이에서 자리한다. 그래서 앞말과 뒷말은 서로 다른 뜻으로 해석된다. '하지만'이 보이는 노래와 출현 횟수는 다음과 같다.

| 하지만 | 나무야(1), 꿈꾸던 사랑(1), 꿈의 요정(1), 지울 수 없는 꿈(1), 아이마미(2), 추억에도 없는 이별(2), 흔적의 의미(3), Jungle City(2), 끝없는 날갯짓 하늘로(3), 그대를 사랑해(3), 작은 천국(2), 어느 날 귀로에서(1) |

'하지만'은 이전과 다른 이후, 이전과 다르지 않은 이후라는 두 가지 경우로 나누어진다. 편의상 전자를 '하지만' "그렇게"로, 후자는 '하지만' "그러나"로 이해하는 것이 좋겠다.

♪ 하지만 그렇게

'하지만' "그렇게"라는 것은 이전과의 단절을 전제한, 즉 이전과는 전혀 다른 이후의 상황이 전개된다는 뜻이다. "오늘은 서로 사랑한다. '하지만' 내일이면 우리는 헤어진다(<Jungle City>), "사랑을 느낀다. '하지만' 아쉬워"(<꿈꾸던 사랑>), "날려고 한다. '하지만' 시작마저도 쉽지 않"(<나무야>)듯 이후는 이전과는 다른 인식을 보여 준다. '하지만' 이후에는 이전과 다른 상황을 수긍하므로 부정적인 인식을 보여 준 것으로 이해된다.

♪ 하지만 그러나

'하지만' "그러나"는 이전과의 단절 없이도, 이전의 상황과 무관한 이후가 전개된다는 것이다. 이후에는 이전의 부정적 현실을 극복하고, 그 나름의 신념을 실천한다. 이러한 상반된 상황의 전개를 보여 주는 '하지만'이 상당수의 자작곡에서 보인다.

<지울 수 없는 꿈>은 "너를 잊고 싶다. '하지만' 너만을 사랑해"라고, <흔적의 의미>에서는 "세상이 자꾸 변한다. '하지만' 내 마음속에는 소중한 사랑이 있"다고 한다. <그대를 사랑해>는 "그대는 사라져 갔다. '하지만' 지금도 그대를 사랑"하고, <꿈의 요정>에서도 "꿈을 깨고자 두 눈을 깜빡여 봤다. '하지만' 꿈의 요정은 사라지지 않"는다. <추억에도 없는 이별>에서 "내 가슴은 무뎌질 대로 무뎌졌다. '하지만' 아직 슬픔은 남아 있"다고 한다. 마찬가지로 <작은 천국>에서도 "거친 바람이 우리를 변하게 한다. '하지만' 함께한 마음이 있으니 우리는 영원할 수 있"다고 주장한다.

이러한 상반된 양상은 사랑에만 국한되지 않고, 인생관을 드러낸 노래에서도 보인다. <어느 날 귀로에서>는 "귀로(=인생길)를 돌이킬 수 없다. '하지만' 나는 오히려 그것을 알 것 같"다 한다. <끝없는 날갯짓 하늘로>에서는 "새가 되어 날아갔다. '하지만' 나 또한 끝없는 날갯짓을 할 것"이라고 함으로써 상반된 인식을 보여 준다.

<아이마마>에서 "친구가 나에게 우연히 잠시 만난 꿈속의 이상형이 다시 내게 되돌아올 것이라고 위로해 준다. '하지만' 나는 친구의 말을 믿지 않"는다. 왜냐하면 나는 그 이유를 이미 잘 알고 있기 때문이다.

문제의 핵심은 내가 꿈속의 이상형을 다시 만나는 데 있지 않다. "아름답고 이성적이고 마음씨 고운 미인"이라는 조건을 충족하는 이상형은 현실은커녕 꿈속에서도 쉽게 만날 수 없어 보인다.

⑥ '추억'·'만'·'멀다'
"과거는 어떻게 '추억'되는가?" '추억'이 보이는 노래와 출현 횟수는 다음과 같다.

추억	추억 속의 재회(4), 그대의 향기는 흩날리고(2), 해바라기(2), 꿈의 요정(1), 추억이 잠든 거리(4), 추억에도 없는 이별(5), 흔들리는 나무(3), 끝없는 날개짓 하늘로(2), 그대를 사랑해(2), 애상(1), 도시의 Opera(5), 어느 날 귀로에서(1)

'추억'은 절대다수의 노래에서 사랑과 연관된다. 과거사가 오직 사랑으로 추억된다는 것은 그만큼 우리 인생에서 사랑이 최고로 중요하다는 사실을 일깨워 준다.

슬프고 서러운 사랑, 이별의 '추억'은 <추억 속의 재회·애상>에 있다. 잊지 못할 그대와의 아름다운, 빛나는 '추억'이 <그대의 향기는 흩날리고·꿈의 요정·추억이 잠든 거리>에서 보인다. 하지만 '추억'은 점차 희미해져 간다. <해바라기·흔들리는 나무·그대를 사랑해·추억에도 없는 이별> 속 '추억'은 점차 사라지고 있다.

반면 반드시 기억되어야 할 '추억'도 있다. 빛나는 '추억'으로 기억되길 바라는 과거는 <끝없는 날개짓 하늘로>에, 여전히 남아 있게 될 '추억'은 <도시의 Opera>에, 그리고 아파해서는 안 되는 '추억'이 <어느 날 귀로에서>에 있다.

'만'은 오직, 뿐이라는 것으로 문자 그대로 전념한다는 뜻이다. '만'이 보이는 노래와 출현 횟수는 다음과 같다.

만	나비리본의 추억(3), 지울 수 없는 꿈(1), 장미꽃 불을 켜요(1), 슬픈 베아트리체(1), 추억에도 없는 이별(1), 흔적의 의미(3), 끝없는 날개짓 하늘로(1), 물결 속에서(2), 애상(3), 판도라의 상자(2), 어느 날 귀로에서(1)

'만'은 오로지 한 가지 일에만 마음을 쓴다는 것이다. 그러나 조용필 노래에서의 '만'은 한 가지가 아니라 최소 두 가지를 지칭한다.

그 가운데 하나는 사랑이다. <나비리본의 추억·지울 수 없는 꿈·장미꽃 불을 켜요·슬픈 베아트리체·끝없는 날개짓 하늘로·물결 속에서·애상·추억에도 없는 이별>에 나'만'의 사랑, 너'만'을 사랑하는 나, 나'만'을 사랑하는 너, 그리움'만'이, 사랑'만'이 보인다.

나머지 하나는 세상살이다. 요컨대 '만'에 초점에 맞추면 자꾸'만' 변하는 세상(<흔적의 의미>) 속에서, 우리는 모든 것을 잃어'만' 가(<판도라의 상자>)기도 하지만, 나는 앞'만' 보고 달려온 지난날의 추억(<어느 날 귀로에서>)을 간직하고 살아간다는 것이다.

'멀다'는 누구나 무엇과의 거리가 멀리 떨어져 있다거나, 시간이 오래 되었다는 뜻으로 풀이된다. '멀다'가 보이는 노래와 출현 횟수는 다음과 같다.

멀다	이젠 그랬으면 좋겠네(4), 나비리본의 추억(3), 기다림(1), 꿈의 요정(1), 지울 수 없는 꿈(5), 추억이 잠든 거리(3), 어제밤 꿈속에서(3), 고독한 Runner(4), 흔들리는 나무(3), 소망(1), With(3)

사랑하는 대상과 점점 더 멀어지고, 실제보다도 오랜 시간이 지났다고

느낄수록 우리는 애틋한 마음을 주체할 수 없게 된다. 따라서 공간적·시간적 거리감은 우리 자신의 심정을 나타내는 척도라고 할 수 있다.

♪ 먼 거리

공간적 거리감을 보여 주는 <이젠 그랬으면 좋겠네·나비리본의 추억·기다림·어제밤 꿈속에서>의 '멀리'는 사랑하는 그대가 나를 두고 떠났다는 뜻이다. <지울 수 없는 꿈> 속 '멀다'는 나와 너의 사랑을 밝혀줄 불빛이 없다는 것, 즉 우리 사랑을 흐릿하게 인식하고 있다. 반면 <With>의 '멀다'는 우리 함께 새처럼 끝없이 드넓은 하늘을 자유롭게 날자는 뜻인바, 영원한 사랑을 상징한다.

♪ 긴 시간

'멀다'는 시간적 거리, 즉 시간의 경과를 뜻하기도 한다. 시간이 흘러가면 기억이 흐릿해지고, 추억을 떠올리지 못하게 된다. <꿈의 요정·흔들리는 나무·추억이 잠든 거리>의 '멀다'가 바로 추억조차 못 하는 지금에 관한 것이다. 그리고 다행인지 불행인지 과거로부터 '멀다'고 느껴지는 지금에 이르게 되면 <소망·고독한 Runner>에와 같이 고통, 슬픔, 외로움이 저절로 사라지기도 한다. 예로부터 "시간이 약"이라고 했으니, 오랜 시간은 명약이 될 수도 있겠다.

⑦ '보다'·'아름답다'

'보다'는 전반기에 이어 후반기에도 중요 어휘로 인식된다. '보다'가 보이는 노래와 출현 횟수는 다음과 같다.

보다	추억 속의 재회(1), 나무야(1), 꿈꾸던 사랑(1), 아이마미(4), 장미꽃 불을 켜요(1), 어제밤 꿈속에서(1), 슬픈 오늘도 기쁜 내일도(1), 흔들리는 나무(1), 태양의 눈(2), 일성(3), 어느 날 귀로에서(1)

전반기의 '보다'는 몇몇 부정적 시선과 다수의 긍정적 시선을 지니고 있음을 보여 준 바 있다. 그런데 후반기에는 본다는 것의 의미가 좀 더 구체적으로 드러나 있다.

♪ 사랑을 보다

<추억 속의 재회·꿈꾸던 사랑·아이마미·어제밤 꿈속에서>의 '보다'는 사랑을 본다는, 즉 사랑의 감정을 느끼고 있음을 나타낸다. 사랑하는 사람끼리 바라보기(<추억 속의 재회·꿈꾸던 사랑>)도 하고, 나 혼자 꿈속에서 사랑스러운 그대를 보기(<아이마미·어제밤 꿈속에서>)도 한다.

♪ 알아 보다

<장미꽃 불을 켜요>는 하늘을, <흔들리는 나무>에서는 나무를 본다. 하늘과 나무는 내가 사랑에 눈을 뜨게 된 계기로서 '보다'는 행위는 사랑의 감정을 촉발한 동기가 된다.

<나무야·태양의 눈>의 '보다'는 흔들림 없는 삶과 희망을 찾는 삶의 가치를 일깨워 준다. <나무야>에서는 하늘을 보았는데, 이때의 하늘은 우리를 현혹한다. 이 하늘로 인해 우리는 헛된 기대감을 갖게 되고, 급기야 지금의 소중한 삶을 버린다. <태양의 눈>에서 본 무지개는 내가 잠시 잊고 지냈던 미래의 희망을 상징한다. 나는 그 옛날 보았던 무지개를 다시 본 후, 새 희망을 찾아 나설 수 있게 된다. <일성>에서는 TV를 본 후 우리를 슬프게 하는 세상, 특히 우리는 안중에도 없는 현실 정치권을 향해 일침을 가하였다.

'보다'는 지금의 나 스스로를 재인식하게도 한다. <슬픈 오늘도 기쁜 내일도>는 야위고 아픈 '나'를, <어느 날 귀로에서>에서는 나의 추억을 인식하는 계기로써 지금의 나와 지금까지의 나의 삶에 관한 성찰의 시간을 갖게 한다.

그런가 하면 조용필 노래에서는 "누구를, 무엇을 '아름답다'고 했나?" 우선 '아름답다'가 보이는 노래와 출현 횟수는 다음과 같다.

아름답다	그대의 향기는 흩날리고(4), 꿈꾸던 사랑(5), 꿈을 꾸며(1), 추억이 잠든 거리(3), 장미꽃 불을 켜요(2), 슬픈 베아트리체(1), 추억에도 없는 이별(4), 흔적의 의미(2), 끝없는 날개짓 하늘로(2), 소망(1), 꿈의 아리랑(4)

'아름답다'는 신조어인 '애정하다'와 유사하다. '아름답다'야말로 좋아하는 관심의 대상에게 보내는 최고의 찬사가 아닐까 싶다.

♪ 아름다운 그대

<그대의 향기는 흩날리고·꿈꾸던 사랑·장미꽃 불을 켜요·슬픈 베아트리체·추억에도 없는 이별>은 내가 사랑하는 그대가 '아름답다'고 한다. 그리고 그대와의 추억은 <추억이 잠든 거리·끝없는 날개짓 하늘로>에서 '아름답다'고 하였다.

♪ 아름다운 우리

그리고 세상 모든 것이 '아름답다'고도 한다. <흔적의 의미>에서는 심지어 '후회'도 '아름답다'고 했고, <꿈을 꾸며>는 이름 없는 들꽃과 굴러다니는 모든 것도 '아름답다'고 보았다. 우리의 세상이 '아름답다'는 <소망>과 아리랑 고개가 '아름답다'고 한 <꿈의 아리랑>에서는 지금의 우리 모두와 우리 민족의 역사에 대한 깊은 애정과 자긍심을 엿볼 수 있다.

2.1.3. 그대와 우리 그리고 나

① 그대

'그대'는 '내'가 사랑하는 사람으로서 '나'를 위로해 준다. 그리고 때로는 안타까움을 자아내는 연민의 대상이 된다. '그대'가 보이는 노래와 출현 횟수는 다음과 같다.

| 그대 | 추억 속의 재회(8), 이젠 그랬으면 좋겠네(3), 그대의 향기는 흩날리고(13), 나비리본의 추억(10), 꿈꾸던 사랑(15), 기다림(5), 추억이 잠든 거리(1), 장미꽃 불을 켜요(3), 어제밤 꿈속에서(4), 슬픈 베아트리체(8), 이별의 인사(2), 추억에도 없는 이별(5), 슬픈 오늘도 기쁜 내일도(5), Jungle City(1), 그대를 사랑해(15), 물결 속에서(3), 작은 천국(2), 처음 느낀 사랑이야(5), 태양의 눈(10), 도시의 Opera(6), 어느 날 귀로에서(2) |

♪ 사랑의 대상

'그대'는 사랑스러운 존재로 인식된다. <꿈꾸던 사랑>의 '그대'는 내가 오래도록 꿈꾸던 이상적인 여인이다. <처음 느낀 사랑이야> 속에서 뒤늦게야 '내'가 찾은 첫사랑이 바로 '그대'이다. 그리고 또 아름다운 두 눈을 가진 '그대'가 <장미꽃 불을 켜요>에 있다. 사랑의 향기마저 느껴지는 '그대'는 <그대의 향기는 흩날리고>에 있고, <물결 속에서>에서는 그동안 내가 오직 '그대'만을 바라보며 살아왔다고 하였다.

사랑했지만 지금은 나와 너무 멀어진 아름다운 '그대'는 <나비리본의 추억·추억에도 없는 이별·추억이 잠든 거리·기다림·도시의 Opera>에 있다.

♪ 고마운 존재

<이젠 그랬으면 좋겠네>의 '그대'는 나의 지친 마음을 아물게 해 준

다. 시련 속에서도 나를 환하게 비추는 한 줄기 빛과 같은 존재로 '그대'는 <태양의 눈>에 있다. <어느 날 귀로에서>의 '그대'는 인생의 뒤안길, 귀로에서 묵묵히 나를 기다려 주는 고마운 존재로 인식된다.

♪ 연민의 대상

나와 이별한 후 슬픔에 잠겨 울고 있는 '그대'는 <슬픈 베아트리체·추억 속의 재회>에서 보인다. 혹시라도 사랑의 상처 때문에 울고 있는 '나'와 '그대'에게서 동병상련의 감정을 느끼며 펑펑 울고 싶은 독자가 있다면 이 두 노래를 강력히 추천한다. 그리고 삶에 지쳐 힘든 '그대'는 <작은 천국>에서 위로받고 다시 일어날 수 있다.

<슬픈 오늘도 기쁜 내일도·Jungle City>는 사랑을 믿지 않고 혼자이길 고집하는 '그대'를 향한 연민과 동정의 시선이 가득하다. '그대'는 지금 완강하게 사랑을 외면하고, 도무지 믿지 못하겠다고 한다. 하지만 나 또한 물러서지 않고, 그래도 결국은 사랑밖에 없음을 일깨우기 위한 애정 어린 충고를 거두어들이지 않는다.

② '처럼'

'처럼'은 전반기에 '나' 스스로의 심정을 비유할 때 자주 사용되었는데, 후반기에는 자신의 심정 외에도 '그대'에 관한 인식과 추상적 관념이 드러날 때 자주 보인다. '처럼'이 보이는 노래와 출현 횟수는 다음과 같다.

처럼	추억 속의 재회(2), 나비리본의 추억(3), 나무야(2), 꿈의 요정(2), 지울 수 없는 꿈(2), 꿈을 꾸며(1), 추억이 잠든 거리(3), 어제밤 꿈속에서(1), 슬픈 베아트리체(3), 추억에도 없는 이별(1), 슬픈 오늘도 기쁜 내일도(2), Jungle City(1), 판도라의 상자(3), 처음 느낀 사랑이야(3), With(3)

'그대'는 '꽃향기'·'이슬'·'아기새'·'꿈'(<추억 속의 재회·슬픈 베아트리체·처음 느낀 사랑이야·꿈의 요정>으로, '사람'은 강물·도박사·새(<Jungle City>·나무야·With>)로 비유된다.

추상적 관념으로 사랑은 "시들은 꽃처럼"(<지울 수 없는 꿈>), "뜨거웠던 사랑은 외기러기처럼"(<어제밤 꿈속에서>)의 경우와 같이 의미가 좀 더 명확하게 드러난다. 요컨대 나는 슬픈 사랑을 했고, 사랑을 잃어서 외로워졌다는 것이다. "비밀'처럼'인" 내 꿈(<꿈을 꾸며>), "꿈결'처럼' 다가온" 추억(<나비리본의 추억>), "바람'처럼'" 떠난 추억(<추억이 잠든 거리>)은 은밀하게 지녀온 꿈과 아쉬운 추억을 보여 준다.

그리고 외로움은 "어느 해 겨울'처럼'"·"외로움은 그림자'처럼'"(<추억에도 없는 이별·슬픈 오늘도 기쁜 내일도>) 그 깊이가 너무나도 깊고, 내 삶의 일부인 것으로 여겨진다. 한편 <판도라의 상자>에서는 희망이 "판도라의 그 상자'처럼'" 여전히 남아 있다고 반복함으로써 우리 모두가 부정적 인식에서 벗어날 것을 강조한다.

③ '우리'·'모두'

전반기와 마찬가지로 후반기의 '우리'도 두 가지 의미로 해석된다. 첫 번째는 사랑하는 사이로서의 우리이고, 두 번째는 인생 동반자이자 미래의 개척자로서의 우리이다. 그런데 후반기에는 두 번째 의미가 월등히 많아 보인다. 우선 '우리'가 보이는 노래와 출현 횟수는 다음과 같다.

| 우리 | 어제밤 꿈속에서(1), 이별의 인사(1), 고독한 Runner(2), Jungle City(3), 그대를 사랑해(1), 물결 속에서(4), 일몰(2), 판도라의 상자(7), 소망(1), 작은 천국(6), 태양의 눈(2), 일성(9), 도시의 Opera(2), 꿈의 아리랑(3) |

♪ 사랑하는 우리

'우리'는 사랑하는 사이지만 지금은 사랑을 나누고 있지 않다. 그래서 후반기에는 사실 사랑하는 '우리'가 아니라 사랑했던 '우리'라고 보는 것이 적절할 듯하다. <어제밤 꿈속에서·이별의 인사·그대를 사랑해·물결 속에서·일몰>에서 '우리'는 지금 모두 헤어졌다.

♪ 우리는 인생 동반자이자 미래의 개척자

'우리'는 동시대를 살아가는 동반자로 괴로움, 슬픔, 눈물을 나눈다. 비록 현실은 복잡하고, 미래는 아득해 보이나 '우리'는 함께할 수 있어서 다행이다. 이러한 '우리'는 <고독한 Runner·Jungle City·도시의 Opera>에 있다.

아름다운 세상, 무지개 꿈이 있는 현실과 미래를 함께하는 '우리'는 <태양의 눈·소망>에 있다. '우리'가 다시 찾은 꿈과 희망은 <일성·판도라의 상자>에서 보이고, <꿈의 아리랑·작은 천국> 속 '우리'에게는 희망과 행복이 있다. 후반기의 '우리'에 많은 꿈과 희망 그리고 행복이 있게 된 이유는 무엇일까? 그 이유는 아마도 시대의 변화상에서 찾아질 듯하다.

앞서 밝혔듯이 전반기의 '우리'는 시대 공감과 연대감에 기초해 미래를 준비했다. 그 결과 '우리'는 군부 독재정권을 타도하고, 마침내 자유민주주의 사회로의 전환을 이룩하였다. 그래서 '우리'는 더 이상 슬퍼하지 않아도 되고, 우리의 역사 앞에서 최소한도 내에서의 부끄러움을 지녀도 될 정도의 기본 자격을 획득할 수 있었다. 지금은 과거의 우리가 감히 예상할 수 없던 시대이다. 우리의 미래 또한 지금의 우리로서는 도저히 상상할 수 없는 초시대일 터, '우리'가 지금 지니고 있는 꿈·희망·행복을 더욱 잘 보전·발전시키는 것이야말로 시대정신의 구현이자 당면 과제라고 할 수 있겠다.

'모두'는 "전부, 다"라는 뜻으로 가장 소중히 여기는 것, 또는 최대 관심사로 해석된다. '모두'가 보이는 노래와 출현 횟수는 다음과 같다.

| 모두 | 이젠 그랬으면 좋겠네(2), 나무야(5), 지울 수 없는 꿈(1), 아이마마(1), 꿈을 꾸며(2), 추억이 잠든 거리(3), 고독한 Runner(1), 슬픈 오늘도 기쁜 내일도(2), 판도라의 상자(3), 소망(1), 작은 천국(2), 일성(2), With(2) |

♪ 내 전부

'모두'는 내가 지니고 있는 전부이다. <지울 수 없는 꿈>에서는 사랑하는 너의 모든 흔적을, <아이마마>는 다 말하고 싶은 것을 뜻한다. <추억이 잠든 거리·고독한 Runner>의 '모두'는 내가 소중히 여기는 추억과 사랑이다. 내게 주어진, 허락된 모든 것이라는 의미는 <판도라의 상자·슬픈 오늘도 기쁜 내일도> 속 '모두'에 해당한다.

우리라는 뜻의 '모두'는 <작은 천국·일성>에 있다. 나는 '모두'가 보고 싶고, 나는 우리 '모두'와 함께 살아가고 있다. 따라서 내가 살아가야 할 이유와 내가 살아 숨 쉬고 있음은 '모두'에 의해 찾아지고, '모두'의 덕분이라는 깨달음으로 귀결된다.

♪ 모든 것

<나무야·꿈을 꾸며·소망·With·이젠 그랬으면 좋겠네>의 '모두'는 지금까지 내가 세상살이를 하며 경험하거나, 깨달은 모든 것을 뜻한다. 이 가운데에서 <나무야·꿈을 꾸며·소망> 속 '모두'에서는 변화무쌍한 모든 것에 대한 포용적 태도가 엿보인다. 좀 더 구체적으로 보자면, 세상이 비록 내 뜻에 부합하지 않은 방향으로 흘러가도, 한결같은 내 마음과 달리 자꾸만 변해도, 고통과 슬픔을 주더라도 나는 그 '모두'를 이해할 수 있다는 관용의 정신이 확인된다.

<With·이젠 그랬으면 좋겠네>에는 이미 존재하고 있던 '모두'에 대한 상반된 인식을 나타내어 흥미를 자아낸다. <With>는 자신의 주변에 자리하고 있는 '모두'를 잠시 잊을 것을 요구한다. 반면 <이젠 그랬으면 좋겠네>에서는 소중한 것은 '모두' 자신의 주변에 있다는 깨달음을 항시 잊지 말자고 한다. '모두'를 잊고 자유를 찾아서 멀리 떠날 것인가? 아니면 먼 길에서 돌아와 우리 곁에 있는 '모두'의 가치를 발견할 것인가? 인생에 정답은 없다고 생각한다. 다만 사족 삼아 "선택은 자유이고, 가치는 알아보는 것"이라는 제 나름의 주장을 부연해 본다.

④ '모습'·'어디'

'모습'은 겉으로 드러난 모양으로 조용필 노래에서는 '그'와 '나'의 경우에 국한된다. '그'와 '나'의 '모습'이 보이는 노래와 출현 횟수는 다음과 같다.

모습	추억 속의 재회(2), 그대의 향기는 흩날리고(1), 해바라기(2), 나비리본의 추억(2), 기다림(4), 추억이 잠든 거리(1), 어제밤 꿈속에서(2), 흔들리는 나무(1), 끝없는 날개짓 하늘로(3), 작은 천국(2), 태양의 눈(4), 어느 날 귀로에서(1)

'모습'은 그와 나의 외모를 알려 주는 것이 아니라, 그에 대한 나의 생각과 나의 심정을 잘 보여 준다.

♪ 그의 모습

그의 모습을 바라본 사람은 나이다. 그의 '모습'은 나의 주관적 판단과 인식을 토대로 표현, 묘사된다. 따라서 사실 우리는 그의 '모습'이 어떠한지를 정확히 알 수 없다. 다만 그 '모습'을 표현, 묘사한 나의 생각을 어느 정도 예상해 볼 수 있다.

<그대의 향기는 흩날리고·나비리본의 추억>에서 그대는 아름다운 '모습'으로 표현된다. <해바라기·작은 천국·어느 날 귀로에서>의 나는 그대의 '모습'을 매우 그리워한다. 하지만 때로는 그대의 '모습'이 <추억 속의 재회·기다림·어제밤 꿈속에서>와 같이 슬프고 외로워 보여서 낯설게 느껴진다.

♪ 나의 모습

나의 '모습'은 내가 생각한 나이다. 즉 자기 자신에 대한 스스로의 평가이다. 나의 모습 또한 주관적 판단과 인식의 결과일 터, 지금의 내 심정을 단적으로 드러낸 것과 다르지 않다.

내 '모습'은 <추억이 잠든 거리·흔들리는 나무·끝없는 날개짓 하늘로·태양의 눈>에 있다. 그런데 모든 내 '모습'에 대한 나의 평가는 매우 부정적이다. "도시 속 초라한"(<추억이 잠든 거리·태양의 눈>), "슬픔에 지쳐버린"(<흔들리는 나무>), "전과 같은 - 변화와 발전 없는 -"(<끝없는 날개짓 하늘로>) '모습'은 곧 지금의 내 심정을 여실히 보여 준다.

'어디'는 현실과 상상 속에 자리하는 미지의 장소를 가리키는 말이다. '어디'가 보이는 노래와 출현 횟수는 다음과 같다.

어디	이젠 그랬으면 좋겠네(1), 꿈(4), 아이마미(3), 꿈을 꾸며(3), 추억이 잠든 거리(5), 고독한 Runner(1), 추억에도 없는 이별(4), 끝없는 날개짓 하늘로(1), 태양의 눈(1), 일성(1)

현실 세계에서 나는 '어디'에 존재하고 있다. 그런데 '어디'에 내가 존재한다는 사실과 존재의 당위성을 직시한다는 것은 나 자신의 정체성

인식과 무관하지 않다. 왜냐하면 '어디'의 나가 곧 나 자신을 상징하는 경우가 많기 때문이다. 시쳇말로 "여기는 어디?, 나는 누구?"라는 말은 내가 나의 정체성에 혼란을 느끼고, 정신이 혼미한 상태가 되었음을 뜻한다.

♪ 현재 어딘가의 나

<이젠 그랬으면 좋겠네·추억에도 없는 이별·고독한 Runner>의 '어디'는 나 스스로가 정체성 인식에 관한 혼란을 느끼고 있음을 알려 준다. 우리 모두의 정신적 방황과 무지로 인한 당혹감은 <일성·꿈·꿈을 꾸며>의 알 수 없는 '어디'로 인해 더욱더 심화된다.

♪ 상상 속 어딘가에 있을 꿈과 사랑

상상 속 '어디'에는 꿈과 사랑이라는 추상적 관념이 존재한다. <끝없는 날개짓 하늘로·태양의 눈>의 '어디'는 나의 꿈이 있는 곳이다. <아이 마미·추억이 잠든 거리>에서는 내 사랑이 '어디'에 있으리라고 상상해 보았다.

2.1.4. 이제 깨닫고 알다

① '이제'

"지나간 때와의 단절, 바로 지금"을 뜻하는 '이제'는 후반기에 새롭게 부각된 중요 어휘이다. '이제'가 보이는 노래와 출현 횟수는 다음과 같다.

이제	추억 속의 재회(2), 이젠 그랬으면 좋겠네(3), 그대의 향기는 흩날리고(2), 꿈꾸던 사랑(2), 기다림(3), 꿈의 요정(1), 지울 수 없는 꿈(1), 꿈을 꾸며(2), 이별의 인사(2), 고독한 Runner(1), 추억에도 없는 이별(4), 슬픈 오늘도 기쁜 내일도(1), Jungle City(1), 물결 속에서(2), 판도라의 상자(2), 처음 느낀 사랑이야(3), 꿈의 아리랑(3), 어느 날 귀로에서(3)

과거와 다른 지금 '이제'는 긍정적 의미와 부정적 인식을 동시에 보여 준다. 전자는 시작, 희망, 깨달음 등 다양한 해석이 가능하다. 후자의 경우에는 오직 슬픈 이별만을 뜻한다.

♪ 시작과 깨달음

<꿈꾸던 사랑>의 '이제'는 더 이상 수줍어하지 않고, 당당하게 사랑을 고백하겠다는 시작을 알린다. '이제' 처음부터 다시 시작하자는 <판도라의 상자>는 더 이상의 시련은 없고, 희망만이 있을 뿐이라면서 용기를 북돋워 준다. <꿈의 아리랑>에서도 '이제'는 힘겨운 시간은 종식을 알리면서 희망찬 새 시대의 개막을 선언하는 역사적 순간이다.

<이젠 그랬으면 좋겠네>의 '이제'는 소중한 것이 멀리 있지 않고, 우리와 매우 가까이에 있다는 사실을 일깨워 준다. 흡사 파랑새를 찾아서 먼 길 떠나려는 치르치르와 미치르에게 미리 알려 주었으면 좋았을 법한 깨달음이다.

<기다림·꿈의 요정>에서는 '이제'서야 사랑임을 알게 되었다고 한다. '이제' 어른이 되었다고 한 <꿈을 꾸며>에서는 최선을 다해서 오늘을 산다는 것이 얼마나 중요한 것인지와 인생의 진리를 터득한다. <어느 날 귀로에서>의 '이제'는 어느덧 젊음과 청춘이 찬란했던 과거지사로 기억되기 시작한 인생의 분기점이다.

♪ 이별

<이별의 인사·추억 속의 재회·Jungle City>에서 '이제'는 마침내 이별의 순간이 다가왔음을 직감한 때이다. 그리고 <그대의 향기는 흩날리고·지울 수 없는 꿈·고독한 Runner·추억에도 없는 이별·물결 속에서·슬픈

오늘도 기쁜 내일도·처음 느낀 사랑이야>의 '이제'부터는 홀로되어서 이별을 체감한 순간이다.

② '알다'

후반기의 자작곡에 새롭게 부각된 중요 어휘로 '알다'가 있다. '알다'가 보이는 노래와 출현 횟수는 다음과 같다.

알다	이젠 그랬으면 좋겠네(2), 고궁(1), 나비리본의 추억(2), 나무야(1), 꿈(4), 기다림(1), 꿈의 요정(1), 꿈을 꾸며(3), 추억에도 없는 이별(1), 슬픈 오늘도 기쁜 내일도(1), 소망(2), 처음 느낀 사랑이야(1), 어느 날 귀로에서(3)

'알다'의 사전적 정의는 매우 다양하다. 그런데 후반기 자작곡에서는 이성적 판단과 정서적 측면에 초점이 맞춰진다. 이성적 판단은 나 자신의 현실 인식을 단적으로 드러낸다. 정서적 측면에서는 상대방과의 공감 및 깨달음이 부각된다.

♪ 현실 인식

<고궁·슬픈 오늘도 기쁜 내일도>의 '알다'는 장구한 역사·순환적 시간의 이치에 관한 것으로 지금의 삶이 무슨 의미를 지니는가를 알고 있는지, 또 어떻게 살아야 할 것인지를 묻기 위함이다. 흥망성쇠를 거듭하는 역사와 새옹지마의 연속인 인생사의 이치를 안다면 나의 삶에서 더 이상의 좌절과 포기는 없을 것이 분명하다.

뿐만 아니라 나의 꿈을 내가 잘 안다는 것도 부정적 인식을 버리는 데 큰 도움이 된다. '알다'는 나이가 많든 적든, 즐겁든 괴롭든, 확실하든 불확실하든지 가릴 것 없이 내 꿈을 알고 살아간다는 것 그 자체가 중요하다는 의미로 파악된다. 이와 같은 의미를 지닌 '알다'는 <어느 날 귀로

에서·소망·꿈을 꾸며·어느 날 귀로에서>에서 보인다.

♪ 공감과 깨달음

나와 그대의 공감을 뜻하는 '알다'는 <꿈·처음 느낀 사랑이야·나비리본의 추억>에 있다. 지금 이 순간 누군가가 괴로워하고(<꿈>), 연약해 보이며(<처음 느낀 사랑이야>), 슬픔에 빠진(<나비리본의 추억>)지를 알아야 공감을 나눌 수 있다. 이때의 공감은 사랑을 나눈다는 뜻이 아니라, 상처받은 '마음'을 위로해 줄 수 있다는 의미이다.

인생의 깨달음을 보여 주는 '알다'는 <추억에도 없는 이별·이젠 그랬으면 좋겠네·나무야>에서 보인다. <추억에도 없는 이별>은 어차피 인생은 외로운 것, 외로움은 나의 숙명임을 알고 살아야 한다는 메시지를 전해 준다. 그런데 이 메시지로부터 자꾸만 조용필의 외로움, 고독한 인생사가 떠올라서 예사로워 보이지 않는다. <이젠 그랬으면 좋겠네·나무야> 속 '알다'는 소중한 것과 행복은 우리와 아주 가까운 곳에 항상 자리하고 있다는 사실을 강조한다.

그리고 <기다림>에서는 사랑이란 것이 얼마나 힘든 것인지를 '알'게 되고, <꿈의 요정>은 시간이 흐른 후에야 비로소 사랑임을 '알'게 되었다는 노래이다. 이 두 노래 또한 내가 사랑에 무지했고, 뒤늦게나마 그 본질을 알게 된 것이므로 인생의 깨달음에 해당한다.

2.1.5. 기타

① '너'

'너'는 사전적으로 "듣는 이가 친구나 아랫사람일 때, 그 사람을 가리키는 말"이다. 조용필 노래에서는 사전적 정의처럼 사람을 뜻하기보다는 문맥상 다양한 의미로 해석되는 경우가 대부분이다. '너'가 보이는 노래와 출현 횟수는 다음과 같다.

너	이젠 그랬으면 좋겠네(2), 고궁(1), 나무야(2), 지울 수 없는 꿈(7), 추억이 잠든 거리(5), 끝없는 날개짓 하늘로(3), 일몰(2), 애상(2), 판도라의 상자(4), 처음 느낀 사랑이야(2), 꿈의 아리랑(2)

♪ 사람

사람을 뜻하는 '너'는 <처음 느낀 사랑이야·이젠 그랬으면 좋겠네·판도라의 상자>에서만 보인다. <처음 느낀 사랑이야>의 '너'는 내가 사랑하는 사람이지만, <이젠 그랬으면 좋겠네·판도라의 상자>의 '너'는 내가 충고해 주면서 용기를 북돋워 주는 상대방에 해당한다.

♪ 꿈과 사랑 그리고 역사

문맥상 '너'는 추상적인 대상으로서의 너와 역사적 존재로서의 너로 양분된다. 추상적인 대상으로서의 '너'는 바로 꿈과 사랑이다. <지울 수 없는 꿈·추억이 잠든 거리·끝없는 날개짓 하늘로> 속 '너'는 모두 꿈을 지칭한다. "버릴 수도 잊을 수도 없는 꿈, 흘러가는 시간 속에 잃어버린 꿈, 새가 되어 날아간 꿈"이 바로 '너'였다. <일몰·애상>의 '너'는 곧 사랑이다. "자꾸 우는 '너'"와 "이름조차 모르지만 슬프게 울고 있는 '너'"는 전부 사랑을 뜻한다.

우리의 역사 앞에서 느끼는 다양한 감정과 지금의 인식은 '너'에 대한 노래를 통해서 확인해 볼 수 있다. <고궁·나무야·꿈의 아리랑> 속 '너'는 곧 우리 역사를 의미한다. 어둠 속에 '너'(<고궁>)는 울고 있고, '너'(<나무야>)는 뿌리가 깊다. 그리고 우리는 '너'에게 희망의 노래(<꿈의 아리랑>) 불러준다.

② '눈'

'눈'은 사전적으로 감각 기관을 뜻하나, 문맥상으로는 문제적 상황의 극복을 위한 초감각적 대처법이다. '눈'이 보이는 노래와 출현 횟수는 다음과 같다.

눈	추억 속의 재회(4), 이젠 그랬으면 좋겠네(1), 나무야(2), 꿈(2), 기다림(4), 꿈의 요정(1), 추억이 잠든 거리(1), 장미꽃 불을 켜요(2), 슬픈 베아트리체(1), 추억에도 없는 이별(1), 태양의 눈(4)

♪ 감각 기관

감각 기관으로서의 '눈'은 사랑하는 그대의 것이기도 하고, 내가 현실을 자각할 수 있게도 한다.

<추억 속의 재회·장미꽃 불을 켜요·슬픈 베아트리체>의 '눈'은 내가 사랑하는 그대의 아름답고도 슬픈 두 눈이다. 그리고 '눈'은 <이젠 그랬으면 좋겠네>에서는 내가 편히 쉴 수 있는 곳, 내 삶의 안식처가 바로 여기에 있음을 확인시켜 주는 한편, <꿈의 요정> 속 '눈'으로 인해 꿈과 현실의 구분이 가능해진다.

♪ 초감각 기관

'눈'은 초감각적으로, 다시 말해서 눈을 감고 봄으로써 본질을 성찰하거나 난제를 단번에 해결한다. <나무야>는 욕심 없는 삶을 살기 위해서 '눈'을 감고, 슬픔과 괴로움을 잊으려고 <꿈>에서 '눈' 감는다. <태양의 눈> 속 '눈'은 고단한 도시 생활에 지쳐 힘들어하는 우리를 지켜봐 준다.

현실에서 만나지 못하는 내 사랑을 보려거든 '눈'만 감으면 된다. <기다림·추억이 잠든 거리·추억에도 없는 이별>에서는 '눈'을 감아보길 권한다. 그러면 비록 잠시 동안이지만 사랑하는 사람의 얼굴을 만날 수 있다고 한다.

③ '가다'·'가다'·'때'

첫 번째 '가다'는 "한곳에서 다른 곳으로 장소를 이동하다"는 의미이다. '가다'가 보이는 노래와 출현 횟수는 다음과 같다.

가다	고궁(1), 나무야(1), 꿈을 꾸며(1), 어제밤 꿈속에서(1), 흔들리는 나무(2), 판도라의 상자(2), 소망(4), 처음 느낀 사랑이야(2), 태양의 눈(5), With(2)

'가다'는 이별, 소멸, 생성의 순간으로 이동으로 해석된다. 먼저 이별의 경우로 <어제밤 꿈속에서·처음 느낀 사랑이야·나무야>의 '가다'가 있다. 사랑하는 사람과 내가 각자의 길을 간다는 의미이다.

그다음으로 소멸의 '가다'는 <흔들리는 나무·고궁·꿈을 꾸며>에서 보인다. 걸어가야 할 길을 잃고, 쇠락해 버린 고궁을 마주한 현실에서는 공허함과 적막감이 가득한 소멸의 이미지가 떠오른다.

<태양의 눈·판도라의 상자·소망·With> 속 '가다'는 새로운 생성을 기대하게 한다. 차례로 꿈·희망·미래·세상으로 가려는 의지는 긍정적 메시지를 전해 준다.

두 번째 '가다'는 "앞말이 뜻하는 행동이나 상태의 지속"을 뜻한다. '가다'가 보이는 노래와 출현 횟수는 다음과 같다.

가다	추억 속의 재회(1), 꿈꾸던 사랑(1), 꿈을 꾸며(2), 슬픈 베아트리체(1), 추억에도 없는 이별(2), 흔적의 의미(3), 흔들리는 나무(2), 끝없는 날개짓 하늘로(1), 그대를 사랑해(2), 판도라의 상자(2)

'가다'는 과거로부터 지금까지 지속된 심리, 상태를 보여 준다. 일순간

우연히 맞이한 현상이 아니라, 오랫동안 자꾸만 지속되는 심리·상태이다.

♪ 이별 후의 심정

이별 후의 심정은 <슬픈 베아트리체·그대를 사랑해·꿈을 꾸며·추억에도 없는 이별>에서 잘 보인다. 이 가운데에서 <그대를 사랑해·꿈을 꾸며>는 사랑의 추억이 점점 더 사라진다고 했는데, <추억에도 없는 이별>에는 그리움이 깊어질수록 더욱더 생생한 추억으로 남는다고 이야기한다. 전자가 이별 후에 차갑게 식어가는 사랑이라면, 후자는 이별 후에 오히려 더욱 뜨거워진 사랑에 해당한다. 그리고 <슬픈 베아트리체>에는 깊은 슬픔에 빠져서 아직도 넋을 잃은 채 살아가는 '내'가 있다.

♪ 사랑과 꿈

<추억 속의 재회·꿈꾸던 사랑>의 '가다'는 항상 사랑하고 있었음을 뜻한다. <추억 속의 재회>에서는 그대와의 사랑이 나의 추억 속에서 자꾸만 상기된다. <꿈꾸던 사랑>의 나는 꿈속에서도 오랫동안 그대와의 사랑을 갈망한다. 비록 현실세계에서는 그대가 나를 멀리 떠났지만, 내 추억과 꿈속에서는 여전히 나와 그대는 함께하고 있다.

<흔적의 의미·흔들리는 나무·끝없는 날갯짓 하늘로·판도라의 상자>의 '가다'는 꿈과 희망을 지니고 오늘을 살아가고 있는 내가 있다. 세상이 아무리 변해가고 모두가 사라져도 나에게는 항상 꿈과 희망이 있다는 변치 않는 확신이 느껴진다.

'때'는 기본적으로 시간을 나타내는 말이나, 내가 맞이한 상황이나 나의 심리 상태를 나타낸다. '때'가 보이는 노래와 출현 횟수는 다음과 같다.

때	〈이젠 그랬으면 좋겠네(2), 꿈(4), 장미꽃 불을 켜요(1), 흔들리는 나무(1), 끝없는 날갯짓 하늘로(2), 그대를 사랑해(1), 물결 속에서(2), 애상(1), 작은 천국(4), 처음 느낀 사랑이야(1)〉

우리는 사랑하거나 이별했을 '때', 괴로울 '때'나 감정이 북받칠 '때' 노래를 듣거나 부른다. 바로 이'때'의 조용필 노래는 우리의 심금을 울린다.

♪ 사랑과 이별의 순간

내가 그대를 사랑할 '때'는 〈그대를 사랑해〉에, 아름다운 추억이 빛날 '때'는 〈끝없는 날갯짓 하늘로〉에서 볼 수 있다. 누군가 나를 떠나서 갑자기 슬퍼질 '때'는 〈이젠 그랬으면 좋겠네·꿈·장미꽃 불을 켜요〉에 있다.

♪ 괴롭고 서러울 때

'때'는 우리가 시련을 겪을 때나 역경의 순간을 의미한다. 비바람이 몰아치고 마음이 흔들릴 '때'는 〈물결 속에서·흔들리는 나무〉에 있다. 고단한 삶의 무게로 인해 괴롭고 서글퍼질 '때'는 〈애상·작은 천국·처음 느낀 사랑이야〉가 정확히 알맞다.

④ '저'

'저'는 "멀리 떨어져 있는 대상을 가리킬 때 쓰는 말"이다. '저'가 보이는 노래와 출현 횟수는 다음과 같다.

저	그대의 향기는 흩날리고(2), 나무야(4), 꿈(2), 추억이 잠든 거리(1), 어제 밤 꿈속에서(2), 이별의 인사(1), 추억에도 없는 이별(1), 소망(3), With(3)

'저'는 내 곁에 실재하는 현상이나 추상적인 관념을 가리킬 때 사용된다. 실재하는 현상은 주로 자연이다. 자연현상은 나의 감정을 촉발하는 역할을 하거나, 그 역으로 내가 자연물을 감정이입의 대상으로 삼는다.

♪ 감정·추상적 관념

<With·추억에도 없는 이별·꿈·나무야·이별의 인사>는 '저'로 인한 감정의 촉발을 보여 준다. 이때의 '저'는 하늘·불빛·별·바람·새소리를 가리킨다.

추상적인 관념은 미래, 먼 길, 빛나는 꿈, 잊지 못할 추억과 같이 자신의 소망이나 지향하는 바를 뜻한다. 이러한 '저'는 <소망·어제밤 꿈속에서·추억이 잠든 거리·그대의 향기는 흩날리고>에서 보인다.

2.2. 특이 어휘의 경우

후반기에는 799개 어휘가 평균 5.9회 사용되었는데, 그 가운데에서는 전반기에 볼 수 없던 새로운 특이 어휘가 존재한다. 후반기의 특이 어휘는 평균 1.8회 출현하는데, 그중 출현 횟수가 평균 이상인 것을 요약·정리한 결과는 다음과 같다.

```
아리랑(NNP : 21회)        밀리다(VV : 10회)
아이마미(NNP : 9회)       같다(VA : 8회)
해바라기(NN : 7회)        고개(NN : 6회)
귀로(NN : 6회)            나누다(VV : 6회)
불(NN : 6회)              켜다(VV : 6회)
토록(JX : 6회)            힘들다(VA : 6회)
보랏빛(NN : 5회)          해(NN : 5회)
가득하다(VA : 4회)        거세다(VA : 4회)
고향(NN : 4회)            뒤(NN : 4회)
떠오르다(VV : 4회)        뛰어가다(VV : 4회)
맴돌다(VV : 4회)          미래(NN : 4회)
미련(NN : 4회)            미워하다(VV : 4회)
바보(NN : 4회)            비추다(VV : 4회)
뿌리(NN : 4회)            사막(NN : 4회)
서러움(NN : 4회)          속다(VV : 4회)
요정(NN : 4회)
```

앞서 살펴본 바와 같이 조용필은 전반기에 이미 다수의 자작곡을 발표했고, 다양한 언어 메시지를 전해 주었다. 그런데도 불구하고 후반기의 특이 어휘가 상당수라는 사실은 무엇을 의미하는가?

이것은 조용필 노래가 음악적 측면에서 도전을 멈추지 않고 진화, 발전했듯 후반기에도 언어 메시지로서 우리 시대의 변화상과 조응하며 대중 다수와 활발하게 소통한 결과로 이해된다.

그런데 격동의 20세기가 어느덧 저물어갈 무렵부터 조용필은 최고 인기가수라는 스포트라이트를 대신하여 본의 아니게 새로운 호칭을 하나를 더 얻는다. 그것은 바로 '국민가수'라는 보이지 않는 훈장[1]이다. 그 이후부터 다수의 대중은 국민가수다움을 조용필에게 바라게 되었고, 그 노래 또한 불후의 명곡이어야 한다는 기대감은 창작의 고통을 더욱 가중했다고 생각된다.

2.2.1 역사 인식과 현실 직시

극심한 창작의 고통을 감내하면서 대중의 눈높이에 부응하는 소통과 공감의 메시지를 전한 후반기의 대표곡으로 <꿈의 아리랑>, <꿈>, <어느 날 귀로에서>가 주목된다.

---

[1] 실제로도 조용필은 비교적 이른 나이라고 할 수 있는 63세 때, 대한민국 대중문화예술상(2013)에서 이미 은관문화훈장(2013)을 수상한 바가 있다. 조폐공사에서 한정 발행한 '가왕 조용필 50주년 기념메달'(2018)도 훈장과 다름이 없다. 따라서 앞으로 조용필에게 수여할 수 있는 것은 금관문화훈장밖에 없다.

① '아리랑'·'고개'

<꿈의 아리랑>은 2002 한일 월드컵 축구 대회의 성공적인 개최와 개막 축하를 위해 특별히 작사, 작곡한 노래이다. 조용필은 관련 인터뷰에서 대회조직위원회로부터 축하곡의 창작을 요청받고는 '아리랑'이 포함된 모든 장르의 아리랑 노래를 섭렵한 후에야 비로소 <꿈의 아리랑>을 만들 수 있었다고 자신의 소회를 밝힌 바 있다.

아리랑	꿈의 아리랑(21)
고개	꿈의 아리랑(6)

조용필이 각고의 노력과 연습 끝에 창작한 <꿈의 아리랑>의 '아리랑'과 '고개'는 우리의 역사에 대한 변화된 인식과 자긍심을 보여 준다. 과거의 '아리랑'은 우리 민족의 시련과 아픔을 상징하는 슬픈 노래로, 아리랑 '고개'는 고통의 순간으로 기억된다. 하지만 지금의 우리는 슬픔 없는 환희의 순간을 마주한다. 아리랑 '고개'는 전 세계의 축구팬이 주목하는 꿈의 무대로, 우리 민족이 행복한 순간을 맞이했음을 상징한다. 그리고 이곳에서는 우리의 희망과 사랑이 가득한 꿈의 노래가 불린다.

조용필은 월드컵 개막을 하루 앞두고 전 세계에 생중계된 공식 전야제에서 <꿈의 아리랑>을 불렀다. 그런데 정작 이 노래의 진가는 평양 도심 한복판에서 빛을 발휘한 것으로 기억된다. 2005년 평양 류경정주영체육관에서 펼쳐진 '광복 60년 SBS 특별기획 조용필 평양 2005' 단독 공연에서도 조용필은 <꿈의 아리랑>을 불렀는데, 이때 북측의 관객이 기립 박수로 화답함으로써 이념의 장벽을 초월하여 우리 민족끼리 희망의 메시지를 함께 나누는 역사적 장면을 연출하였다.

② '고향'·'귀로'

조용필이 점차 국민가수로서 예우 될 무렵, 그의 주력 팬층은 장년기를 보내고 있었다. 그 언젠가 꽃다발을 전해 주던 소녀와 그 소녀를 사랑한 소년은 초로기에 이르기도 했다. <꿈>과 <어느 날 귀로에서>는 바로 나이 들어가는 우리 자신을 위한 조용필 노래이다.

고향	꿈(4)
귀로	어느 날 귀로에서(6)

조용필은 전반기 다수의 자작곡에서 꿈과 희망이 가득한 청춘을 응원했는데, 후반기 들어서는 중장년과 노년의 심정을 대변하였다. 특이 어휘가 보이는 대표곡으로 <꿈>과 <어느 날 귀로에서>가 있다.

<꿈>은 화려한 도시의 빌딩 숲에서 느끼는 고독감과 슬픔 그리고 향수를 나타낸 것이다. 불혹의 나이가 된 조용필이 작사, 작곡한 노래로 한때는 조국 근대화의 첨병이자 산업 역군으로서 살아온, 하지만 지금은 꿈을 잊은 채 살아가는 장년세대에게 공감과 위로의 메시지를 전한다. 이 노래를 듣노라면 정든 고향을 떠나 화려한 도시에서의 성공적인 삶을 꿈꾸면서 앞만 보고 달려온 장년세대의 자화상을 엿본 듯한 착각이 든다.

<어느 날 귀로에서>는 열일곱 번째 <정규 앨범>이후, 10년 만에 발표한 <HELLO>에 수록된 노래이다. <어제, 오늘 그리고·내가 아직 어렸을 적엔·나의 노래>에서의 도무지 알 수 없는 인생길에서의 방황을 마침내 끝내고 황혼을 맞이했을 때의 소회가 '귀로'에 함축되었다. 이 노래에서는 인생 최초로, 태어나서 처음으로 맞이한 늙음을 대하는 성숙한 태도가 감동을 준다. <어느 날 귀로에서>는 인생의 '귀로'에서 공허함을 느끼며 슬퍼하기보다는 아직도 남아 있는 꿈과 사랑을 찾을 것을 주문한

다. 어느 날 문득 '귀로'에서 서성거리다 깨달은 존재의 이유이자 인생철학은 곧 다시 꿈과 사랑으로 귀결된다. 요컨대 나이는 숫자에 불과하고, 마음가짐이 무엇보다도 중요하다는 인생의 진리를 깨달았다는 것이다.

열아홉 번째 <정규 앨범>의 공식 발표를 위해 마련된 '프리미어 쇼케이스 : 헬로!'(2013.4.23.)가 올림픽홀에서 개최될 그때 조용필은 이미 이순을 몇 해 전에 넘긴 국민가수였다. 하지만 당시 조용필은 거장으로서 예우를 받기보다는 부끄러움 많은 여느 신인처럼 자신의 음악과 언어 메시지를 또박또박 전달하고자 노력한 모습이 상당히 인상적으로 느껴졌다.

2.2.2. 꿈꾸는 사랑과 소망

후반기의 특이 어휘 중에서도 사랑과 소망을 표현한 것이 많다. 이러한 어휘가 보이는 대표곡으로 <해바라기·아이마미·소망·고독한 Runner>가 있다. <해바라기·아이마미>는 사랑을 찾고 싶은 마음을, <소망·고독한 Runner>는 미래에의 소망을 노래한 것이다.

① '해바라기'·'아이마미'
레오나르도 다 빈치의 <모나리자>가 그랬듯이 <해바라기>도 해바라기 연작 그림으로 유명한 빈센트 반 고흐(1853~1890)의 '해바라기'를 연상하게 한다.

해바라기	해바라기(7)
아이마미	아이마미(9)

'해바라기'는 그 꽃말이 상징하듯 사랑하는 대상을 향한 그리움, 기다림, 열정을 뜻한다. 하지만 "해바라기 사랑"이라는 말처럼 외롭고 괴로운 것이 사랑이기도 하다. 슬프도록 아름다운 것 또한 우리의 사랑이다. 오직 해가 뜨기만을 기다리고, 어둠 속에서 해를 그리워하는 것이 "해바라기 사랑"이다. 아마도 조용필의 <해바라기>는 '해바라기'의 꽃말을 알기 쉽게 풀이하여 노래한 것으로 보인다. 작사가의 본래 의도는 알지 못하지만, 언제나 열창하는 조용필은 이미 그 자체로도 충분한 열정을 보여 주었다.

'해바라기' 외에도 조용필 노래에는 다수의 '꽃'이 보인다. 자작곡만 하더라도 '민들레·목련꽃·장미꽃·벽련화'가 있고, '꽃·꽃그늘·꽃다발·꽃물·꽃바람·꽃상여·꽃씨·꽃잎·꽃피다·꽃향기'과 같은 어휘가 자주 보인다. 꽃은 사랑의 화신(化身)이자 화신(花神)이다. 조용필의 사랑 노래에서 '꽃'은 간과될 수 없는 핵심어이다. 조용필의 사랑 노래에 어김없이 보이는 '꽃'은 비극적 사랑을 슬프도록 아름다운 것으로 인식하는 데 일조함으로써 카타르시스를 느끼게 한다.

'아이마미'는 앨범 발매 당시 신조어로 "아름답고, 이성적이고, 마음씨 고운, 미인"이라는 뜻이다. 따라서 '아이마미'는 이상형으로 이해될 수 있겠다. 그러나 현실에서는 절대로 존재할 수 없는 '초(超) 이상형'이라고 일컫는 게 좀 더 합리적인 해석일 듯하다. <아이마미>에서는 어젯밤 꿈속에서 '나'는 '아이마미'를 만났고, 또다시 만나고 싶어졌다고 한다. 그렇다면 정말로 "'나'의 본심은 '아이마미'와의 사랑일까?"

'아이마미'는 아직은 사랑할 준비가 안 된, 사랑할 수 없다는 핑곗거리로 고안해 낸 허상일 따름이다. '아이마미'를 꿈에서 다시 만날 수 있을 것이라고 위로하는 '친구'는 분명히 '나'의 지음(知音)일 것이다. 모처럼 일가친척이 모이는 명절 때, 결코 해서는 안 되는 세 가지 말이 있다. 그것은 곧 "첫째, 언제 결혼할 거냐? 아이는? 둘째, 어디 취직했냐? 셋째, 대학은 어디로 갈 거니?"라고 한다. 나의 무심한 덕담과 충고는 상대방에게 극심한 스트레스와 상처를 줄 뿐이다.

② '미래'‥'뛰어가다'

<소망>에서는 지난날의 고통과 슬픔을 모두 잊고 '미래'로 나아가자는 소망을 노래했다. 조용필 노래는 미래의 희망에 관한 것이 많은데, 실제 '미래'가 있는 자작곡이 후반기의 <소망>밖에 없을 줄은 그간 예상조차 못 했다.

미래	소망(4)
뛰어가다	고독한 Runner(4)

<소망>에서는 평소 가슴 속에 품고만 있던 꿈을 드러내고, 단 하루라도 좋으니 '미래'로 나아갈 것을 역설한다. 꿈과 소망의 가치가 외부로 드러날 때 빛을 발하고, 실천해야 이루어지게 된다는 것은 지극히 당연한 사실이다. 하지만 우리는 꿈이 이루어지길 바랄 뿐, 꿈을 이루기 위한 노력은 하지 않는다.

또한 노력은 하되 전혀 '미래' 지향적이지 않은 꿈과 소망을 지닌 것도 문제이다. 명목상 미래의 꿈과 소망을 앞세우나, 결국은 과거의 답습이나 퇴행에 불과한 역사적 과오를 범하기도 한다. 우리가 진정으로 바라는 '미래'는 도전, 자기 혁신, 희생에 따른 변화와 발전[2]에 의해서 이루어진다는 사실을 잊어서는 안 된다.

<고독한 Runner>의 '뛰어가다'는 꿈과 사랑을 찾아 고독한 인생길을 뛰어간다는 굳센 의지를 나타낸 것이다. "무지개 찾아 떠나는" <태양의 눈>도 <고독한 Runner>에서 전하고자 한 메시지와 일맥상통한다. 아무리 시련을 겪더라도 포기하지 않고, 홀로 인생길을 뛰어가는 장면은 상상만으로 가슴 벅차다.

인생은 흔히 마라톤에 비유된다. 우리는 인생길에서 평생 동안 참으로 여러 가지를 할 수 있다. 빠르게 걸을 수도 있고, 천천히 뛰기도 한다. 포기만 하지 않으면 된다. 가급적 좌절도 하지 않는 것이 좋다. 그래도 포기하고 싶을 때, 조용필 노래를 들으면서 각자의 인생사를 되돌아보면 다소나마 위안과 용기를 얻을 수 있으리라.

---

2 이와 같은 변화와 발전상이 최근의 대중가요계에서, 특히 방송연예계에서 잘 보이지 않아서 안타깝다. 근본적으로 사상 초유의 코로나-19의 전 세계적 대유행, 비대면 사회로의 강제 전환이 변화와 발전을 가로막고 있다. 코로나-19 발생 이전, 근 20여 년간 구축한 온·오프라인 상의 다채로운 노래문화는 사라졌고, 다수의 대중가요계 종사자들은 아사 직전에 이르렀다. 그사이 특정 장르를 위주로 한 퇴행적 복고주의가 전성기를 맞이한 듯하다. 다양한 장르의 신곡 발표는 기약 없이 연기된 반면, 세련된 편곡으로 변주된 옛이야기만이 들려온다. 의무적인 감동을 강요하는 편집 화면이 지루할 정도로 반복된다. 우리나라 대중가요의 발전을 위해 더 이상의 퇴행적 행보를 멈추고 다양한 장르의 노래가 활성화되었으면 좋겠다.

| 참고문헌 |

1. 학위논문

이태윤(2012),「조용필과 밴드 위대한 탄생 음악분석-리듬섹션을 중심으로-」, 청운대 석사논문.
하명숙(2015),「조용필 대중가요에서 노랫말의 역할과 특성 연구-박건호·하지영·김순곤·양인자를 중심으로-」, 한국방송통신대 석사논문.
홍호표(2007),「조용필 노래의 맹자적 특성에 관한 연구」, 성균관대 박사논문.

2. 단행본

김익두(2010),『상아탑에서 본 국민가수 조용필의 음악 세계 : 정한의 노래, 민족의 노래』, 평민사.
김익두(2014)「'대중가요'에 있어서의 민요의 창조적 전승 문제-조용필의 경우-」,『한국민요학』41, 한국민요학회.
서정민갑 (2013),「조용필, 변방과 중심의 음악 전략」,『문화과학』74, 문화과학사.
이경분(2014),「조용필, 알란 탐, 다니무라 신지의 Pax Musica: 음악으로 동아시아에 평화를」,『음악과 문화』30, 세계음악학회.
최현우·양은영(2018),「조용필 음악 50년의 한국 대중음악사적 의의 연구」,『융합정보논문지』제8권 제4호, 중소기업융합학회.
홍호표(2009),「조용필의 노래와 맹자적 전통」,『일본사상』17, 한국일본사상사학회.

3. 웹사이트

국립국어원 표준국어대사전 https://stdict.korean.go.kr/main/main.do
조용필 공식 홈페이지 www.choyongpil.com/
조용필 팬클럽 위대한 탄생 www.choyongpil.net/
조용필 팬클럽 위대한 탄생 조용필 디지털 박물관 www.choyongpil.net/info
조용필 팬페이지 미지의세계 choyongpil.co.kr/

조용필 팬클럽 이터널리 www.cho-yongpil.com/

4. 기타

이우호(2013),「JOURNAL 특집 고참 기자는 무엇으로 사는가? 조용필, 네이버…
 '오래된 방송기자'의 넋두리」,『방송기자』12(5·6월호), (사)방송기자연합회.
최민우 (2013),「포스트 아이돌 시대, 거장의 베타 테스트 : 조용필Hello」,『플랫
 폼』, 인천문화재단.
하성란(2002), <올드팬 열전11 / 조용필 - 그 뒤로 나는 가수 브로마이드를 사지
 않았다 ->,《월간말》2002년 11월호, 월간말.

| 부록 |

【조용필 노래의 연어: 출현 어휘 종합】
※ 2020년 10월 현재 지적곡 83편, 총 1197개 어휘 대상

어휘	출현 곡수	곡명	출현 횟수	품사	의미
나	57	창밖의 여자/ 단발머리/ 고추잠자리/ 내 이름은 구름이야/ 너의 반지하/ 물망초/ 역이/ 님/ 일편단심 민들레야/ 웃을 수 있는 날을 찾겠다/ 찌꼬리/ 너/ 나의 산유화/ 나는 너 좋아/ 정의 마음/ 눈물은 보이는 그대, 아재, 오늘, 그리고/ 나의 노래/ 그대여/ 아시아의 불꽃/ 여행을 떠나요/ 사랑해요/ 사랑 시를 이제, 나는 몰라/ 모나리자/ 니가 좋아/ 회상 X/ 우리여행 X/ 희망의 도시/ 모래성/ 사역/ 추억 속의 재회/ 이제 그랬으면 좋겠네/ 그대 향기는 날리고/ 내 마음의 추억/ 나무와 새/ 꿈/ 꿈꾸단 사랑/ 꿈의 요정/ 지울 수 없는 꿈/ 아이아미/ 잔은 거리/ 어제 밤 내일도/ 슬픈 오늘도/ 기쁜 내일도/ 솔로만 Runner/ 추억에도 없는 이별/ 그대 사랑해/ 꿈길 속에서/ 애수/ 판도라의 상자/ 소망/ 슬픈 베아트리체/ 고독한 날개짓 허들도/ 그대 사랑해/ 꿈결 속에서/ 애수/ 판도라의 상자/ 소망/ 처음 느낀 사랑이야/ 태양의 눈/ 일상/ With/ 아느 날 가로에서	253	NP	일인칭 대명사
사람	52	창밖의 여자/ 촉복[촉불]/ 너의 반지하/ 일편단심 민들레야/ 꽃버림/ 지존심/ 비련/ 산유화/ 한강/ 나는 너 좋아/ 황진이/ 정의 마음/ 눈물로 보이는 그대, 아재, 오늘, 그리고/ 나의 노래/ 내가 아직 아들을 적에/ 그대여/ 마지막 세계/ 아시아의 불꽃/ 사랑해요/ 사랑 너를 몰라/ 모나리자/ 내마음의 추억/ 나무와 사람/ 기다림/ 꿈의 요정/ 지울 수 없는 꿈/ 잔은 거리/ 정일 꿈꾸는 거요/ Jungle City/ 탈출/ 고독한 Runner/ 혹작이 문득 추억의 의미/ 솔로/ 오늘도 기볼 내일도/ 판도라의 상자/ 처음 느낀 Runner/ 혹작이 문득 추억의 의미/ 솔로/ 오늘도 기볼 내일도/ 판도라의 상자/ 처음 느낀 사람이야/ 도시의 Opera/ 꿈의 아리랑/ 아느 날 가로에서	224	NN	어떤 사람이나 존재를 명시 아끼고 귀중히 여기는 마음

부록 | 229

어휘	출현곡수	곡명	출현횟수	의미
내	41	청바위 여자/ 단발머리/ 내 이름은 구름이야/ 너의 빈자리/ 붉은 노을/ 내가 이젠 아껴둘 적에/ 그대여/ 서울 서울 서울/ 너를 모시러 간 내 사랑/ 신사동 그 사람/ 추억 속의 재회/ 그대 돌아 오네라지/ 해바라기/ 우주여행 X/ 목련꽃 사연/ I LOVE YOU/ 추억 속의 재회/ 그대의 향기는 흘러지고/ 해바라기/ 공주관 사랑/ 꿈의 요정/ 정박 가지/ 어제함 공주에서/ 슬픈 베이트리체/ 이별의 인사/ 고독한 Runner/ 추억에도 흔적이 이별/ 흔들리는 나무/ Jungle City/ 그대를 사랑해 애상/ 소망/ 태양의 눈/ 도시의 Opera/ 포의 아리랑/ 아는 발 규모에서	125	NP	나에 주격 조사 지나 보격 조사가 붙는 때의 형태
가슴	38	슬픈 미소/ 너의 빈자리/ 붉은 노을/ 일은 수 없는 그대 아직/ 오늘/ 그리고/ 내 자존심/ 신사동 그 사람/ 한강/ 나는 너 좋아/ 정밀 마음이야/ 눈물을 보이는 그대 아직/ 오늘/ 그리고/ 내 자존심/ 신사동 그 사람/ 한강/ 나는 너 좋아/ 정밀 서울 서울/ 서울 1987년/ 희색이 도시/ I LOVE YOU/ 추억 속의 재회/ 미지의 세계/ 마음으로 사랑해오/ 서울의 요정/ 지붕 수 없는 꿈의 꿈의 이별 구락/ 정박 대학/ 슬픈 베이트리체/ 이별의 인사/ 추억에도 흔적이 이별/ 슬픈 오늘도 가슴 내밀의 이별/ 흔들리는 나무/ 그대/ 그대를 사랑해/ 일상/ 포의 아리랑/ 아는 발 규모에서	70	NN	마음이나 생각
마음	37	단발머리/ 건우독/ 고주참자리/ 내 이름은 구름이야/ 너의 빈자리/ 붉은 노을/ 일명인심 민들레야/ 잊을 수 없는 너/ 촛불과/ 지촌심/ 신사화/ 그대/ 꽃분이/ 서울 서울 서울/ 나도 몰라/ 모나리자/ 한색인 마음/ 추억 속의 재회/ 마음으로 사랑해오/ 서울 서울의 풍경은 따나내/ 그대/ 꽃분이/ 서울 서울/ 나도 몰라/ 모나리자/ 한색인 마음/ 추억 속의 재회/ 마음으로 사랑해오/ 그대의 향기는 흘러리고/ 나도 몰라/ 해바라기/ 나무야/ 꿈/ 공주관 사랑/ I LOVE YOU/ 이편 그랬으면 좋겠네/ 이별/ 인사/ 흔들리는 나무/ 그대를 사랑해/ 일상/ 만도라야/ 작은 천국/ 처음 느낀 충격이 사랑이야	98	NN	사람이 본래부터 지닌 성격이나 품성
그대	36	청바위 여자/ 축복(축하)/ 내 이름은 구름이야/ 그윽이여/ 비밀/ 신사동 그 사람/ 눈물로 모은는 그대/ 그대여/ 사랑해요/ 서울 서울 서울 사연/ I LOVE YOU/ 그대/ 속의 재회/ 이젠 그랬으면 좋겠네/ 내가만의 추억/ 추억의 사랑/ 짝사랑/ 기다림/ 속의 재회/ 이젠 그랬으면 좋겠네/ 아젯밤 공주에서/ 슬픈 베이트리체/ 이별의 인사/ 추억에도 흔적이 이별/ 슬픈 거리/ 장미꽃 불을 깨오/ 아젯밤 공주에서/ 슬픈 베이트리체/ 이별의 인사/ 추억에도 흔적이 이별/ 흔들리는 나무/ Jungle City/ 그대를 사랑해/ 불결 속에서/ 작은 천국/ 처음 느낀 이별 오늘도 가슴 내밀도/ 도시의 Opera/ 아는 발 규모에서	207	NP	듣는 이를 높여 이르는 대명사

어휘	출현곡수	곡명	출현횟수	품사	의미
속	32	너의 번지리/ 꽃바람/ 비행/ 정의 미로/ 아재, 오늘, 그리고 나의 노래/ 그대에/ 서울 사랑/ 축의 속의 재회/ 그대의 향기는 흘날리고/ 고공/ 해바라기/ 꿈자락 사랑/ 기다림/ 꿈의 요정/ 지울 수 없는 꿈/ 아이야/ 잠 못이루는 오후의 비밀/ 아재별 꿈속에서/ 추억에도 없는 이별/ 추억의 의미/ 소망/ 숨 느낀 사랑이야/ 그대를 사랑해/ 물결 속에서/ Jungle City/ 청춘의 여자/ 축복5/ 건양독/ 역앙/ 꽃바람/ 비행/ 정의 미로/ 눈물로 보이는 그대/ 아재, 오늘, 그리고 남/ 꽃바람/ 서울 1987년/ 회색의 도시/ 목련꽃/ 사이, 축의 속의 재회/ 내가 아직 아끼는 사랑/ 기대린 거리/ 축억이 잠든 베이트리체/ 이별의 인사/ 침묵의 꿈속에서/ 첨 느낀 사랑이야/ 그대를 사랑해/ 물결 속에서/ 숨 Opera/ With	90	NN	어떤 현상이나 상황, 일의 안이
바람	30	청반이 여자/ 축복5/ 건양독/ 역앙/ 남/ 꽃바람/ 비행/ 정의 미로/ 눈물로 보이는 그대/ 아재, 오늘, 그리고 나의 노래/ 내가 아직 아끼는 사랑/ 서울 1987년/ 회색의 도시/ 목련꽃 사이/ 그대의 향기는 흘날리고/ 고공/ 해바라기/ 꿈자락 사랑/ 기다림/ 꿈의 요정/ 지울 수 없는 꿈/ 아이야/ 잠 못이루는 오후의/ 숨 베이트리체/ 아재별 꿈속에서/ 이별의 인사/ 첨 느낀 사용이야/ 태양이 뜨는 날 귀르에서/ With	69	NN	기업의 변화 또는 사람이나 기계에 의하여 일어나는 공기의 움직임
그	29	단발머리/ 슬픔/ 축복(祝福)/ 꿈망조/ 일편단심 민들레야/ 못 찾겠다 꾀꼬리/ 신유횡 내가 나를/ 마지막 연결/ 노래/ 내가 아직 아끼는 사랑/ 서울 1987년/ 호세이 도시 사랑/ 목련꽃 사이, 아재별 꿈속에서/ 숨 베아트리체/ 흘들리는 나무/ 판도라의 상자/ 작은 천국/ 첫 느낀	73	MM	활성화지 아니한 일을 가리킬 때 쓰는 말
없다	29	너의 번지리/ 솔/ 일을 수 없는 너/ 자존심/ 나는 너 좋아/ 안에, 오늘, 그리고 나의 노래/ 마지막 연결/ 미도요/ 사랑해요/ 나도 물라/ 모나리자/ 우주여행 X/ 서울 1987년/ 추억/ 나무야/ 중요한 사랑/ 기다림/ 지울 수 없는 꿈/ 아이야/ 이제 오늘도 기뻐 냈을까 숨/ 꽃씨까지 힘들도록/ 첨 느낀	101	VA	어떤 일이 불가능하다
알다	27	너의 번지리/ 자존심/ 눈물로 보이는 그대, 아재, 오늘, 그리고 나의 노래/ 미지의 세계/ 사랑해요/ 그리고 나의 추억/ 나무야/ 이전 그늘으면 총질에 추억/ 나무야/ 꿈 기다린/ 꽃/ 내내르브의 추억/ 고인/ 내일도/ 서울 1987년 이전 그늘으면 총질에 고인/ 꿈만 숲 꿈꾸매/ 추억에도 없는 이별/ 숨 오늘도 기뻐 냈을 소망/ 첨 느낀 사랑이야/ 어느 날 귀르에서	50	V	교육이나 경험, 사고 행위를 통하여 어떤 사물이나 상황에 대한 지식을 갖추다

어휘	출현 곡수	곡명	출현 횟수	품사	의미
우리	26	너의 쌍이요/ 너의 비자리/ 나는 너 좋아 어제, 오늘, 그리고 그리고/ 내가 이저 이야기 작년의 미지의 세계/ 이사이의 블꽃 마도요, 사랑해요/ 우주여행 X/ 서울 1987년/ 목련꽃 사영/ 어제랑 어제랑 서/ 이별 인사/ 고독한 Runner/ Jungle City/ 그대 사랑해/ 중결 베인트라체/ 일념 공속에 상자/ 소망/ 작은 천국/ 태양의 도시의 Opera/ 공의 아련임	97	NP	말하는 이 자기를 포함한 여러 사람을 가리키는 일인칭 대명사
처음	26	정분의 여자/ 단별머리/ 내 이름은 구름이야/ 약한 남 난 아니야/ 자존심/ 눈물을 보이는 그대/ 아제, 오늘, 그리고 그리고/ 마도요/ 휘색의 도시/ 내리판의 추억/ 나무야/ 공의 요정/ 지물 수 없는 감/ 공꿈 가마/ 이별 거리/ 아재랑 공속에서/ 슬픈 상자에는 이별/ 슬픈 오늘도/ 추억의 잠도/ Jungle City/ 판도라의 상자/ 처음 느낀 사랑이야/ With	53	JK	시간상으로 또는 순서상으로 맨 앞
떠나다	25	일만년상 말을해야/ 눈물을 보이는 그대 여제, 그리고, 미지의 세계/ 여행 떠나요/ 마도 요/ 모나리자/ 휘색의 도시/ 목련꽃 사영/ 이제 그랬으면 좋겠네/ 그대 향기는 흘날리고/ 내 리판의 추억/ 나무야/ 잠든 가리/ 이별 의미/ 아제랑 공속에서/ 술품 베인트라체/ 이별 한 공속에는 이별/ 촉속적 의미/ 태양의 도 시의 Opera/ 공의 아련임	82	W	있던 곳에서 다른 곳으로 옮기다
이제	25	못 찾겠다 꾀꼬리/ 꽃밭의 나는 너 좋아/ 내가 이저 이야기 아픔을 사랑해요/ I Love 수지/ 목련꽃 사영/ 축약 축의 소의 재휘/ 이제 그랬으면 좋겠네/ 그대 향기는 흘날리고/ 다만 요청/ 지물 수 없는 감/ 공꿈 가마/ 내일도 기다림/ 판도라 상자/ 처음 느낀 사랑이야 슬픔 오늘도 Jungle City/ 몰걸 공속에서/ 판도라의 상자/ 처음 느낀 사랑이야 아련랑 공속에서	58	NN	바로 이때
있다	24	단별머리/ 슬품 미소/ 내 이름은 구름이야/ 너의 비자리/ 몸밴꽃, 웃을 수 없는 미/ 너의 눈물로 보이는 그대/ 목련꽃 사영/ I LOVE YOU/ 축의 소의 재휘/ 그대 향기는 흘날리고 그대/ 목련꽃 사영/ 내리판의 추억/ 나무야/ 지물 수 없는 감/ 추억이 잠든 가리/ 아재랑 공속에/ 서/ 이별의 인사/ 그곳/ Jungle City/ 몰걸 공경 예상/ 태양의 도 시의 With	54	W	한번 알았던 걸을 기억하지 못하거나 기억해 내지 못하다
가다	23	슬품 미소/ 간증록/ 고충정자라/ 내 이름은 구름이야/ 신유희/ 한강/ 촛출이/ 눈물로 보이는 그대/ 그대/ 목련꽃 사영/ I Love 수지/ 우주여행 X/ 고곤/ 나무야/ 내가 아직 이유를 작연/ 그대야/ 아사이의 블꽃/ 판도라의 나무/ 아재랑 공속에서/ 들뜨리는 소리/ 침도를 벌/ 아재랑 공속에서/ 들뜨리는 나무/ 판도라의 상자/ 소당/ 처음 느낀 사랑이야/ 태양의 땅을 구마/ 아재랑 공속에서/ 들뜨리는 도/ With	55	W	한곳에서 다른 곳으로 장소를 이동하다

어휘	출현 국수	곡명	출현 횟수	출현 품사	의미
것	23	눈물을 보이는 그대, 아저씨, 오늘, 그리고 내가 이젠 어릴을 작별 마드모아젤, 모나리자, 우주여행 X/ 이젠 그랬으면 좋겠네/ 그대는 힘키는 돌림판/ 기다림, 공의 요정/ 아이마미/ 꿈을 꾸며/ 이별/ 인사/ 추억에 없는 이별/ 흔적의 의미/ 습속도 기분 내일도/ 일불/ 애인/ 판도라의 상자/ 처음 느낌 그대로/ 어느 날 거로에서	88	NNB	사물, 일, 현상 따위를 추상적으로 이르는 말
눈물	23	책벌의 아자/ 축복[祝福]/ 꽃밭조/ 너 아니야 비밀/ 정의 마음/ 눈물을 보이는 그대/ 내가 이젠 어릴을 사랑에요/ 난 아니야/ 모나리자/ 눈물/ 추억 속의 재회/ 꿈/ 추억이 잠든 거리/ 도시의 Opera/ 정마음 아저반 공속에서	51	NNG	눈물 바깥면의 위에 있는 샘에서 나오는 분비물
꿈	22	못 찾겠다 꾀꼬리/ 미지의 세계/ 마드모아젤, 아저씨의 불꽃/ 여행 떠나요/ I Love 수지/ 우주여행 X/ 회색의 도시/ 이젠 그랬으면 좋겠네/ 나무야/ 아저밤 공속에서/ 습속에 없는 꿈/ 꿈을 꾸며/ 아이마미/ 이별/ 흔적의 의미/ 판도라의 상자/ 습의 고독한 Runner/ 잠든 거리/ 습속도 기분 내일도/ 꿈/ 공작인 사람/ 기대림/ 공의 요정/ 지물 수 없는 꿈/ 봄의 태양의 눈/ 소양/ 일성/ With	66	NNG	실현하고 싶은 희망이나 이상
모두	22	I Love 수지/ 신부화/ 우주여행 X/ 회색의 도시/ 이젠 그랬으면 좋겠네/ 미/ 꿈을 꾸며/ 추억의 잠든 거리/ 고독한 Runner/ 털 끝까지 하늘의 남개가 소양, 태양의 눈/ 일성/ 도시의 Opera	39	MAG	일정한 수효나 양을 빠짐없이 다
없다	22	너의 빈자리/ 아저씨/ 오늘, 그리고/ 미지의 세계/ I Love 수지/ 회색의 도시/ 이젠 그랬으면 좋겠네/ 나무야/ 꿈을 꾸며/ 이별/ 아저밤 공속에서 인사/ 고독한 Runner/ 추억에는 없는 이별/ 습속도 기분 내일도/ 나무/ 판도라의 상자/ 처음 느낌 그대로의 사랑이야/ 태양의 눈	48	VA	어떤 사실이나 현상이 현실로 존재하지 않는 상태이다
있다	22	약 남 훔친이 사랑해요/ I Love 수지/ 서울 1987년/ 회색의 도시/ 이젠 그랬으면 좋겠네/ 공의 요정/ 지물 수 없는 꿈/ 이아미/ 이별/ 만든 총겠내 인사/ 고독한 Runner/ 추억에는 없는 이별/ 흔적의 의미/ 습속도 기분 내일도/ 나무/ 판도라의 상자/ 처음 느낌 그대로/ 습속 이별 흔적의 의미/ 습속도 오늘도 기분 내일도/ 잠든 전국/ 태양의 눈/ 일성/ 작은 천국, City	73	VA	어떤 사실이나 현상이 현실로 존재하는 상태이다

어휘	출현곡수	곡명	출현횟수	품사	의미
보다	21	단발머리/ 고추잠자리/ 지존심/ 정의 마음/ 눈물로 보이는 그대/ 여행/ 떠나요/ 사랑해요/ 사랑한 날/ 쓸쓸함/ 나도 몰라/ I Love 수지/ 추억 속의 사랑/ 이아이미/ 정미꽃 같은 카오/ 아제랑 꽃속에서/ 슬픈 오늘도 흐들리는 나무/ 태양인 너/ 일 기본에서	47	W	눈으로 대상의 존재나 형태적 특징을 알다
사랑하다	21	너무 젊어요/ 자존심/ 아제, 오늘, 그리고/ 미지의 세계/ 아시아의 불꽃/ 사랑해요/ 나도 몰라/ 우주여행 X/ 목련꽃 사역/ 공부만 하는 사람/ 기다림/ 꿈이 없는 꿈/ 고독한 Runner/ 추억속에도 없는 이별/ 슬픈 오늘도 흐들리는 나무/ Jungle City/ 그대를 사랑해 애상/ Runner/ 추억속에도 없는 이별/ 슬픈 느낌 사랑이야	54	W	현재 없는 사람이나 존재를 몹시 아끼고 귀중히 여기다
찾다	21	슬픈 미소/ 일편단심 민들레야/ 못 찾겠다 꾀꼬리/ 난 아니야/ 지존심/ 나는 너 좋아/ 마돈나/ 모나리자/ 떠나요/ 마돈나/ 우주여행 X/ 추억 속의 재회/ 정미꽃 같은 카오/ 나는 너 좋아/ 이별/ 꿈이 없는 꿈/ 베에트리체/ 추억속에도 없는 이별/ 흐들리는 하늘로/ 애상/ I Love 수지/ 내마리본의 추억/ 지불 수 있는 꿈/ 정미꽃 같은 카오/ 나는 너 좋아/ 이별/ 꿈이 없는 꿈/ 베에트리체/ 추억속에도 없는 이별/ 흐들리는 하늘로/ 애상/ 모나리자의 작은 전적/ 처음 느낌 사랑이야/ 태양인 너	70	W	현재 없는 사람이나 잊어버린 것을 얻으려고 여기저기를 뒤지거나 살핌
만	19	일편단심 민들레야/ 미지의 세계/ 나도 몰라/ I Love 수지/ 목련꽃 사역/ 나는 너 좋아/ I LOVE YOU/ 이별 그랬으면 좋겠네/ 내마리본의 추억/ 지불 수 있는 꿈/ 정미꽃 같은 카오/ 이아이미/ 이별/ 이별의 인사/ 그대를 사랑해 애상/ 처음 느낌 사랑이야/ 모나리자의 작은 전적/ 꿈결 속에서/ 애상/ 모르리자 아는 날	29	JX	다른 것으로부터 제외하여 어느 것을 한정함을 나타내는 말
싫다	19	단발머리/ 고추잠자리/ 미지의 세계/ 나도 몰라/ I Love 수지/ 목련꽃 사역/ 이별 그랬으면 좋겠네/ 나무야 꽁 이야마이/ 공부만 하는 사람/ 지불 수 있는 꿈/ 추억속에도 없는 사람이야/ 그대를 사랑해 With/ 도시의 Opera	44	VX	앞말이 못하는 행동을 하고자 하는 마음이나 욕구가 있음을 나타내는 말
없다	19	일편단심 민들레야/ 자존심/ 눈물로 보이는 그대/ 나의 노래/ 사랑해요/ 추억 속의 재회/ 나무야 꽁 이야마이/ 슬픔 구아/ 처음 느낌 사랑이야/ With/ 해버리기/ 흐들리는 나무/ 그대를 사랑해/ 도시의 Opera	44	VX	앞말이 못하는 행동이나 상태를 부정하는 뜻을 나타내는 말
추억	19	너의 마지막/ 꽃바람/ 눈물로 보이는 그대/ 내가 아직 작에/ 눈물 서른 사람의 목련꽃 사역/ 꽁이 있의 재해/ 나에 항기는 흘날리고/ 추억속에 없는 이별/ 흐들리는 나무/ 불없는 날 귀로에서/ Opera/ 아는 날	41	NN	지나간 일을 돌이켜 생각함

어휘	출현 곡수	곡명	출현 빈도수	출현 품사	의미
때	18	단발머리/ 못 찾겠다 꾀꼬리/ 넌 아니야/ 눈물로 보이는 그대/ 내가 아직 아껴둔 적이/ 아시아의 불꽃/ 마음, 못 전할 사연/ 이젠 그랬으면 좋겠네/ 정미풍 종결 속에서/ 꿈/ 남자잇/ 허들도/ 그대를 사랑해/ 꿈의 대화/ 첫 사랑/ 창문/ 잃어버린 우산	36	NN	시간의 어떤 순간이나 부분
슬프다	18	고추잠자리/ 일편단심 민들레야/ 나도 몰라/ 모나리자/ 추억 속의 재회/ 꿈/ 기억의 습작/ 고장난 벽시계/ 꿈/ 기억/ 꿈의 요정/ 지금 오늘도 기분 좋은/ 정미풍 종결 속에서/ 아재랩 공속에서/ 이별/ 슬픈 베아트리체/ 처음 느낀 사랑이야/ 슬픈 인사	33	VA	원통한 일을 겪거나 불쌍한 일을 보고 마음이 아프고 괴롭다
울다	18	고추잠자리/ 봄맞이/ 못 찾겠다 꾀꼬리/ 넌 아니야/ 모나리자/ 오늘, 그리고/ 내가 아직 아껴둔 적이/ 사랑해요/ I Love 수지/ 회색의 도시/ 이젠 그랬으면 좋겠네/ 꿈꾸던 사랑/ 지울 수 없는 꿈/ 참지 못해서 눈물 흘리다/ 이별의 인사/ Jungle City/ 일탈/ 첫 사랑이야	45	V	감정을 억누르지 못하거나 아픔을 참지 못해서 눈물 흘리다
하늘	18	건어물/ 고추잠자리/ 일편단심 민들레야/ 정말 마음/ 내가 아직 아껴둔 적이/ 세계/ 여행 떠나요/ 서울 1987년/ 꿈꾸던 사랑/ 지울 수 없는 꿈/ 화색의 도시/ 이별/ 참지 못해서 눈물 흘리다/ 정말 불분 카요/ 고독한 Runner/ 잠든 느낀 남개짓 허들도/ 일상/ 규모에서	38	NN	지평선이나 수평선 위로 보이는 무한대의 넓은 공간
너	17	축복/ 고추잠자리/ 너의 의미/ 일편단심 민들레야/ 넌 아니야/ 나는 너를 좋아해/ 정말 마음/ 아시아의 불꽃/ 이젠 그랬으면 좋겠네/ 고장난 벽시계/ 지울 수 없는 꿈/ 촉촉이 젖는 거리/ 남개짓 허들도/ 일상/ With	75	NP	듣는 이가 친구나 아랫사람일 때 그 사람을 가리키는 이인칭 대명사
버리다	17	축복/ 촛불/ 너의 의미/ 약약/ 남 일을 수 없는/ 너/ 나는 내 좋음/ 아시아의 불꽃/ 이젠 그랬으면 좋겠네/ 해바라기/ 전국 거리/ 남개짓 허들도/ 일탈/ 아리랑	35	VX	앞말이 나타내는 행동이 이미 끝났음을 나타내는 말
시간	17	숨/ 미소/ 너의 의미/ 못 찾겠다 꾀꼬리/ 정말 마음/ 신유한 너/ 나는 내 좋음/ 아시아의 불꽃/ 추억 속의 재회/ 해바라기/ 냉바라기의 추억이 잠든 나무/ 축억에도 고독한 Runner/ 흔적의 임미/ 남개짓 허들도/ 그대를 사랑해/ 일말/ With	31	NN	어떤 시각에서 어떤 시각까지의 사이
어디	17	고추잠자리/ 약약/ 남 일을 수 없는 꿈/ 축억이 잠든 거리/ 고독한 Runner/ 훈적의 임마/ 생애/ 나의 노래/ 추억의 임이/ 잠든 오늘도 지울 수 없는 꿈/ 추억이 잠든 거리/ 그대를 사랑해/ 일탈/ 판도라의 상자/ 처음 느끼 사랑이야/ 태양의 꿈/ 일상	40	NP	잘 모르는 어느 곳을 가리키는 지시 대명사

어휘	출현국수	곡명	출현횟수	품사	의미
저	17	못 찾겠다 꾀꼬리/ 생일/ 자존심/ 정이 있는 마음/ 그대여/ 미지의 세계/ 회색의 도시/ 그대의 향기를 찾아/ 홀날리고 나무야/ 잠 못 드는 거리/ 어제밤 꿈속에서/ 이별이 인사/ 추억에도 없는 이별/ 꿈이 없는 남자/ 꿈이 어려움/ Opera/ 꿈이 아림	45	MM	말하는 이와 듣는 이로부터 멀리 있는 대상을 가리킬 때 쓰는 말
남다	16	단벌의/ 산유화/ 홍차의/ 눈물을 보이는 그대/ 어제, 오늘, 그리고 서울 산 목련꽃 사연/ 추억 속의 재회/ 잠 기다림/ 어제밤 꿈속에서/ 슬픔 베이트리체/ 고독한 Runner/ 추억에도 없는 이별/ 꿈이 없는 상자/ With	45	W	다 쓰지 않거나 정해진 수준에 이르지 않아 나머지가 있게 되다
모습	16	정의 마음/ 나도 몰라/ 회색의 도시/ I LOVE YOU/ 추억 속의 재회/ 그대의 향기를 찾아/ 목련꽃 사연/ 잠 못 드는 거리/ 어제밤 꿈속에서/ 슬픔 베이트리체/ 해바라기/ 내 마음의 촛불도/ 기다림/ 추억에도 없는 이별/ 흘러가는 나무/ 꿈 없어/ 날개짓 히늘도/ 적은 전곡/ 태양의 눈/ 아노 날	53	NN	사람의 생긴 모양
가다	15	산유화/ 슬픈 미소/ 내 이름은 구름이여/ 너의 반자리/ 일편단심 민들레야/ 한강/ 흘러가는 나무/ 목런꽃 사연/ 이젠 그것으로 충분해/ 고주/ 추억에도 없는 이별/ 꿈 없는 내일도/ 도시의 Opera/ 꿈이 어려움	26	VX	앞말이 뜻하는 행동이나 상태가 계속 진행됨을 나타내는 말
세월	15	단벌이여/ 슬픈 미소/ 그러고 그대여/ 서울 산 목련꽃 사연/ 목련꽃 향기는 흘날리고/ 꿈속이 사랑/ 홀로 꾸며/ 추억에도 없는 이별/ 흘러가는 나무/ 꿈 없어	28	NN	흘러가는 시간
이룸답다	15	정의의 아저씨/ 미지의 세계/ 서울 산 목련꽃 사연/ 목련꽃 향기는 흘날리고/ 꿈주먹 사랑/ 홀로 꾸며/ 추억이 점은 거리/ 정미/ 꽃을 흘러 주는 여자/ 꿈없는 남자기 의미 아림	40	VA	보이는 대상, 목소리 따위가 조회를 이루어 즐거움과 만족을 자아낼 만하다
날	14	너무 젊잖이요/ 못 찾겠다 꾀꼬리/ 산유화/ 어제, 오늘, 그리고 너의 노래/ 회색이 도시/ 추억 속의 재회/ 지울 수 없는 이별 노래/ 슬픈 베이트리체/ 이별이 인사/ 고독한 Runner/ 소암/	22	NN	지구가 한 번 자전하는 동안
만나다	14	너무 젊잖이요/ 너의 빈자리/ 일편단심 민들레야/ 도시/ 추억 속의 사랑/ 지울 수 없는 날 Jungle City/ 물결 속에서/ 애요/ 아노 날 귀로에서	29	VV	어떤 사실이나 사물을 눈앞에 대하다

어휘	출현 국수	곡명	출현 횟수	품사	의미
얼다	14	I Love 수지/ 우주여행 X/ 목련꽃 사역/ 이젠 그랬으면 좋겠네/ 내리런분의 추억/ 기다림/ 품의 요정/ 지울 수 없는 꿈/ 축역이 잠든 거리/ 아재랩 꿈속에서/ 고독한 Runner/ 흘들리는 나무/ 소망/ With	39	VA	거리가 많이 떨어져 있다
슬픔	14	슬픈 미소/ 정인 마음/ 눈물을 보이는 그대/ 아제, 오늘, 그리고/ 나의 노래/ 그대여, 그대여/ 내리런분의 추억/ 축역의 축역에도 없는 이별/ 흘들리는 나무/ 그대를 사랑해 애상/ 소망/ 사랑이야	24	NN	슬픈 마음이나 느낌
이쩍	14	고주점자리/ 너의 바지라/ 넌 아니야/ 신우화 나는 너 좋아/ 나의 노래/ 그대여, 그대여/ 지울 수 없는 꿈/ 아재랩 꿈속에서/ 축역에도 없는 이별/ 그대를 사랑해 판도라의 상자/ 처음 느낀 사랑이야	36	MA	어떤 일이나 상태 모두 아직게 되기까지 시간이 더 지나야 함을 나타내는 말
이	13	축복(축복)/ 내 이름은 구름이야/ 넌 아니야/ 자존심/ 서울 서울 서울/ 회색이/ 축역의 도시/ 축역의 좋은 거리/ 그랬으면 고곳/ 꿈/ 축역에도 없는 이별/ 슬픔 오늘도 기분 베이트리체/ 작은 친구/ 일생	32	MM	말하는 이가 생각하고 있는 대상을 가리킬 때 쓰는 말
다시	13	일을 수 없는 너/ 서울 서울 서울 / 나도 문라/ 자존심 나무야 다시/ 꿈/ 축역에도 없는 이별/ 태양의 눈/ 꿈의 아리랑	32	MA	하던 것을 또 도물이해서
되다	13	청춘의 여자/ 갈앙독/ 품망초/ 남/ 자존심/ 나무야 다시/ 꿈/ 베이트리체/ 고독한 Runner/ 말할 수 없는 남까지/ 해늘도/ 그대를 사랑해	25	W	다른 것으로 바꾸어가나 변하다
못하다	13	너무 짧아요/ 넌 아니야/ 청인 마음/ 아제, 오늘, 그리고/ 나도 문라/ 그대여 항기는 출발린다/ 고곳/ 해바라기/ 나무야 이야이야/ 아재랩 꿈속에서/ 이별의 인사	23	W	어떤 일을 일정한 수준에 못 미치게 하거나 그 일을 할 능력이 없다
별	13	생의/ 선무와/ 청인 마음/ 나의 노래/ 그대여, 우주여행 X/ 서울 1987년/ 회색의 도시/ 이젠 그랬으면 좋겠네/ 꿈/ 청미꽃 볼 볼/ 그대를 사랑해/ 도시의 Opera	23	NN	천체 가운데 성운처럼 퍼지는 치계 하거나 그 일을 할 능력이 없다 모양을 가진 천체를 제외한 모든 천체

부록 | 237

어휘	출현 곡수	곡명	출현 횟수	품사	의미
사랑	13	너무 젊어요/ 너의 반지리/ 꽃바람/ 어제, 오늘, 그리고/ 여행을 떠나요/ 마도요/ 우주여행 X/ 서울 1987년/ 이젠 그랬으면 좋겠네/ Jungle City/ 애상	22	NN	생각하고 언어를 사용하여 도구를 만들어 쓰고 사회를 이루어 사는 동물
하지만	13	나는 좋아/ 마도요/ 나무야/ 꿈의 요정/ 지울 수 없는 이별/ 충격의 의미/ 이젠 그랬으면 좋겠네/ 날 귀로에서	31	MA	서로 일치하지 않는 사실 두 가지를 말할 때 뒤에는 두 문장을 이어 줄 때 쓰는 접속 부사
헤매다	13	달빛머리/ 숨은 미스/ 못 찾겠다 꾀꼬리/ 꽃바람/ 마도요/ 목련꽃 사연/ 이젠 그랬으면 좋겠네/ 지울 수 없는 꿈/ 숨은 베이트리체/ 팥없는 날개짓/ 하늘로/ 그대를 사랑해/ 앞산/ 만도라이 상자	21	VV	갈 바를 몰라 이리저리 돌아다니다
밤	12	건안독/ 여와 남/ 일팬판지 민들레야/ 신유회/ 한강/ 너의 노래/ 고궁/ 내려보낸 추억/ 정미꽃 붙을 까요/ 고독한 Runner/ Jungle City/ 처음 느낀 사랑이야	17	NN	해가 져서 어두워질 때부터 다음 날 해가 밝아지기 전까지의 동안
보이다	12	못 찾겠다 꾀꼬리/ 자존심/ 눈물로 보는 그대/ 아시아의 불꽃/ 사랑해요/ 내려보낸/ 만드라이 상자	29	VV	눈으로 대상의 존재나 형태적 특징을 알게 되다
있다	12	자존심/ 아제, 그리고/ I Love 수지/ 회색의 도시/ 나무야/ 꿈이 있는 기다림/ 꿈의 요정/ 아이마이/ 꿈을 꾸어/ 술 오늘도 기분 내일도/ Jungle City/ 태양인 눈	26	VV	어느 곳에서 떠나거나 벗어나지 아니하고 머물다
적다	12	날 아니야/ 자존심/ 나도/ 나무야/ 꿈이 있는 꿈/ 꿈을 꾸어/ 정미꽃 붙을 까요/ 꿈결 속에서 작은 전국/ 처음 느낀 사랑이야/ 어느 날 귀로에서	14	VA	길이, 넓이, 부피 따위가 다른 대상이나 보통보다 덜하다
주다	12	달빛머리/ 마도요/ 모나리자/ I Love 수지/ 고운/ 꿈꾸던 사람/ 꿈의 요정/ 정미꽃 붙을 까요/ 꿈결 속에서/ 처음 느낀 사랑이야	30	VX	앞 동사의 행위가 다른 사람의 행위에 영향을 미침을 나타내는 말
지금	12	나의 노래/ 내가 이렇 아름답 젊에/ 나도 몰라/ I Love 수지/ 나무 물러 목련꽃/ 꿈의 꾸매/ 이별의 인사/ 추억에도 없는 이별/ 흘들리는 나무/ 그대를 사랑해 소양/ 작은 전국	25	NN	말하는 바로 이때

어휘	출현 곡수	곡명	출현 횟수	품사	의미
하다	12	너의 빈자리/ 약속/ 남/ 난 아니야/ 모나리자/ I LOVE YOU/ 나무야/ 숨은 베아트리체/ 이별의 인사/ 춤적인 의미/ 소망/ 아는 날 귀로에서	20	VX	앞말이 뜻하는 행동이나 상태를 이루함을 나타내는 말
혼자	12	약속/ 남/ 눈물을 보이는 그대/ 혜성의 도시/ 장미꽃 볼을 켜요/ Jungle City/ 소망/ 아는 날 귀로에서/ 장미꽃 볼을 오늘도 기른 숨을/ 애상/ 처음 느낀 사랑이야/ With	19	NN	다른 사람과 어울리지 않고 그 사람 한 명만 있는 상태
곳	11	미지의 세계/ 이사이의 불꽃/ 서울 사랑 서울/ I Love 수지/ 우주여행 X/ 이젠 그랬으면 좋겠네/ 지울 수 없는 곳/ 추억의 장미꽃/ 처음 느낀 사랑이는 나무	34	NN	공간적인 또는 추상적인 일정한 자리나 지역
그립다	11	단발머리/ 내 이름은 구름이야/ 해바라기/ 추억의 장미꽃/ 지울 수 없는 거리/ 처음 느낀 사랑이는 나무	24	VA	보고 싶거나 만나고 싶은 마음이 간절하다
기다리다	11	고추잠자리/ 내 이름은 구름이야/ 민들레야 못 찾겠다 꾀꼬리/ 고추/ 해바라기/ 꿈꾸던 사람/ 기다림/ 애상/ 아는 날 귀로에서	30	V	어떤 사람이나 때가 오기를 바라다
말	11	너무 짧아요/ 너의 빈자리/ 자존심/ 나는 너를 몰라/ I LOVE YOU/ 꿈꾸던 사랑/ 아이엄마/ 어젯밤 꿈속에서/ 이별의 인사/ 태양의 눈	29	NN	사람의 생각이나 느낌 따위를 표현하고 전달하는 데 쓰는 음성 기호
말하다	11	축복의 숯불/ 나의 빈자리/ 나는 너를 좋아/ 이젠 그랬으면 좋겠네/ 꿈/ 꿈꾸던 사랑/ 기다림/ 꿈의 요정/ 구마/ 처음 사랑이야/ 도시의 Opera/ 꿈의 아리랑	20	V	생각이나 느낌 따위를 말로 나타내다
세상	11	홍진이/ 나의 노래/ 내가 이제 어렸을 적에/ 미노요/ 목련빛 사연/ 화/ 홍적의 의미/ 소망/ 일상/ 꿈/ With/ 꿈의 아리랑	22	NN	사람이 살고 있는 모든 사회를 통틀어 이르는 말
이름	11	잊을 수 없는 내/ 꽃처럼/ 추억 속의 재회/ 지울 수 없는 꽃/ 들물리는 나무/ 태양의 눈/ 도시의 Opera	26	NN	어떠한 상태
있다	11	I Love 수지/ 혜성의 도시/ 고추/ 꿈꾸면 사람/ 지울 수 없는 꽃/ 꿈을 오늘도 기른 내일도/ 애상/ 소망/ 아는 날 귀로에서	26	VX	앞말이 뜻하는 행동이 계속 진행되고 있음을 나타내는 말
지다	11	나무 짱아영/ 그대여/ 혜성의 도시/ 꿈 꿈 꾸며/ 추억에도 없는 이별/ 그대를 사랑해/ 일몰/ 태양의 눈/ 일상/ 꿈의 아리랑	16	VX	앞말이 뜻하는 대로 하게 됨을 나타내는 말

어휘	출현 곡 수	곡명	출현 횟수	품사	의미
지우다	11	난 아니야/ 선운화/ 흥칭/ 나도 몰라/ 추억 속의 재회/ 기다림/ 지울 수 없는 꿈/ 아제밤 꿈속에서/ 이별의 인사/ 추억에도 없는 이별/ 그대를 사랑해	20	W	글씨나 그린 그림, 흔적 따위를 지우개나 천 따위로 보이지 않게 없애다
걷다	10	장벽의 여자/ 술 미소/ 못 찾겠다 꾀꼬리/ 나도 몰라/ 추억 속의 재회/ 나무야/ 기다림/ 추억에도 없는 이별	17	W	눈까풀을 내려 눈동자를 덮다
모르다	10	나는 너 좋아/ 내가 아직 어렸을 적에/ 나도 몰라/ I Love 수지/ 우주여행 X/ 나무야/ 아이야미/ 숲은 오늘도 기분 내일도/ 애상	31	W	사람이나 사물 따위를 알거나 이해하지 못하다
미소	10	술 미소/ 지존심/ 나도 몰라/ 모나리자/ 아이야미/ 술 베아트리체/ 이별의 인사/ 작은 천국	12	NN	입양을 부내며 아청하듯이 웃음
보다	10	내 이름은 구름이야/ 옷 찾겠다 꾀꼬리/ 정의 마음/ 나의 노래/ 그대의 향기는 풀냄새고/ 춤추면 사랑/ 꿈의 요정/ 아이야미/ 작은 전국/ With	31	VX	어떤 행동을 시험 삼아 함을 나타내는 말
사이	10	내마음의 추억/ 추억의 잠든 거리/ 아제밤 꿈속에서/ 술 베아트리체/ 추억에도 없는 이별/ With	10	NN	한곳에서 다른 곳까지 또는 한 물체에서 다른 물체까지의 거리 나 공간
싫다	10	내가 그렇어/ 우주여행 X/ 이젠 그랬으면 좋겠네/ 꿈을 꾸대/ 술 베아트리체/ 추억에도 없는 이별/ 꿈을 남게까지 하더라도/ 일뿐/ 소망/ 열성	21	W	어느 곳에서 거주하거나 가까하다
왜	10	달맞이뱃/ 축복/옷풍/ 고추장자리/ 즐음이냐/ 나도 몰라/ I LOVE YOU/ 지울 수 없는 꿈/ 추억이 잔든 거리/ 일뿐/ 아느 날	40	MA	무슨 까닭으로 또는 어째서
이별	10	여왕 남/ 정의 마음/ 눈물로 보이는 그대/ 내가 아직 어렸을 적에/ 이젠 그랬으면 좋겠네/ 아이야미/ 술 서울 서울/ 추억 속의 재회/ 아제밤 꿈속에서/ 이별의 인사/ 작은 전국	19	NN	서로 갈라져 떠남
있다	10	술 미소/ 내가 아직 어렸을 적에/ 그대여/ 이젠 그랬으면 좋겠네/ 아이야미/ 술 서울 서울/ 추억에도 없는 이별/ 아느 날	21	VA	어떤 일을 이루거나 밤생하는 것이 가능함을 나타내는 말
거리	9	장벽의 여자/ 풍암조/ 서울 서울/ 술 베아트리체/ 이별의 인사/ 추억이 잔든 거리/ 고독한 Runner/ Jungle City/ 도시의 Opera	23	NN	사람이나 차춤이 많이 다니는 길

어휘	출현 곡수	곡명	출현 횟수	품사	의미
겨울	9	첫사랑 여자/ 자존심/ 그대여/ 모나리자/ 목련꽃 사연/ 해바라기/ 꿈꾸던 사랑/ 꿈의 요정/ 처음 느낌 사랑이야	21	NN	어떤 대상의 앞
구름	9	고추잠자리/ 내 이름은 구름이여/ 생일/ 정의 마음/ 내가 아직 어릴 적에/ I Love 수지/ Jungle City/ 태양의 눈/ With	21	NN	공기 중의 수분이 얼기에서 물방울이나 얼음 결정이 되어 공중에 떠 있는 것
그리움	9	단발머리/ 잊을 수 없는 너/ 자존심/ 산유화/ 눈물로 보이는 그대/ 서울 서울 서울/ 너도 몰라/ 축억에도 없는 이별/ 그대를 사랑해	19	NN	보고 싶어 애타는 마음
끝났다	9	축복[축원]/ 아재, 오늘, 그리고/ 나의 노래/ 그대의 미지의 세계/ 사랑했어요/ 나도 몰라	22	VA	끝나는 데가 없거나 채임이 없다
나무	9	축복[축복]/ 나는 너 좋아 사랑해요/ 모나리자/ 기대를/ 이별의 인사/ 숨은 오늘도 기분 내렵도/ 판도라의 상자/ 처음 느낌 사랑이야	27	MA	일정한 정도나 한계를 훨씬 넘어선 상태로
누가	9	청바지 여자/ 축복[축복]/ 건양록/ 눈물로 보이는 그대/ 해바라기/ 축억의 거리/ 아재탐/ 꿈속에서 흘들리는 나무/ 꿈의 아리랑	22	NP	인칭 대명사 누구가 조사 ‘가’ 앞에 쓰이는 말
누구	9	축복[축복]/ 야외 남/ 내가 아직 어릴 적에/ 우주여행 X/ 해바라기/ 꿈/ 아이아이/ 일상/ 꿈의 아리랑	21	NP	잘 모르는 사람을 가리키는 인칭 대명사
눈물	9	너의 반지의 사랑해요/ I LOVE YOU/ 해바라기/ 축억에도 없는 이별/ 숨은 오늘도 기분 내렵도/ 결혼/ 천국	16	NN	눈에 나타나는 기색
모든	9	모나리자/ 꿈꾸던 사랑/ 좋은 숙에서/ 예성/ 정원 천국	20	MM	빠짐없이 남김이 없이 전부의
부른다	9	모나리자/ 첫눈이 황진이/ 정이 마음/ I Love 수지/ 우주여행 X/ 축억 숙의 재회/ 어제밤 꿈속에서/ 잊지 못한 첫사랑/ 축억라도 없는 이별/ 흘들리는 나무	20	VV	말이나 행동 따위로 다른 사람의 주의를 오라고 하다
사람지다	9	꽃비람/ 눈물로 보이는 그대 아재, 오늘, 그리고/ 목련꽃 사연/ 정의 요정/ 축억이 젓은 거리/ 그대를 사랑해 소양/ 도시의 Opera	16	VV	현상이나 물체의 자취 따위가 없어지다

어휘	출현빈도	곡명	출현횟수	품사	의미
얘기	9	어제, 오늘, 그리고/ 아서이의 불꽃/ I Love 수지/ 회색의 도시/ 그대의 향기는 흘날리고/ 꿈/ 숨/ 오늘도 기분 나쁜 내일도/ 끝없는 날갯짓 하늘로/ 작은 천국	25	NP	말하는 이에게 가까운 곳을 가리키는 지시 대명사
오다	9	내 이름은 구름이야/ 눈물을 보이는 그대/ 여행을 떠나요/ I LOVE YOU/ 추억/ 속의 재회/ 이젠 그랬으면 좋겠네/ 그대의 향기는 흘날리고	22	VX	앞말이 못하는 행동이나 상태가 계속 진행됨을 나타낸다
외롭다	9	단발머리/ 축복/ 촛불/ 꽃바람/ 해바라기/ 기다림/ 아쉬워할 수 없는 꿈/ 아재발 꿈속에서/ With/ 어느 날 귀로에서	15	VA	홀로 되거나 의지할 곳이 없어 쓸쓸하다
지치다	9	여왕/ 남/ 자존심/ 회색의 도시/ 이젠 그랬으면 좋겠네/ 해바라기/ 고독한 Runner/ 흘낡는 나무/ 소망/ 작은 천국	16	W	힘든 일을 하거나 어떤 일에 시달려서 기운이 빠지다
무르다	9	미지의 세계/ 여행을 떠나요/ 서울 1987년/ 회색의 도시/ 나무야/ 숨/ 슬픈 베이트리체/ Runner/ With/ 어느 날 귀로에서	14	VA	한곳에서 다른 곳으로 옮아 가라고 누구에게 말로 알리다
한	9	여행할 떠나요/ I Love 수지/ 우주여행 X/ 꿈/ 슬픈 베이트리체/ 태양이 돈/ 꿈의 아리랑/ 어느 날 귀로에서	14	MM	그 수량이 하나임을 나타낸다
그곳	8	우주여행 X/ 꿈꾸면 사람/ 꿈/ 슬픈 베이트리체/ 태양이 돈/ I Love 수지/ 꿈의 아리랑/ 어느 날 귀로에서	23	NP	거기를 문어적으로 이르는 말
꿈꾸다	8	청바지 여자 미소 꽃/ 물음표/ 못 찾겠다 꾀꼬리/ 나도 문득/ 이젠 그랬으면/ 꿈꾸는 사람/ 꿈/ 정맞은 불을 까와/ 슬픈 오늘도 기분 나쁜 내일도/ 꿈의 아리랑	24	W	꿈을 꾸는 상태에 있다
돈	8	청바지의 여자 미소 꽃/ 물음표/ 꽃의 요정/ 추억 속의 재회/ 정맞은 불을 까와/ 슬픈 베이트리체	29	NN	빛의 자극을 받아 물체를 볼 수 있는 감각 기관
느끼다	8	여왕/ 물음표/ 미지의 세계/ 회색의 도시/ 이젠 그랬으면/ 꿈꾸는 사람/ 꿈/ 추억에	11	W	감각 기관을 통하여 어떤 자극을 깨닫다
남	8	내일 만자리/ 미지의 세계/ 회색의 도시/ 이젠 그랬으면/ 꿈꾸는 사람/ 꿈/ 추억에	14	NN	사모하는 사람, 임

어휘	출현곡수	곡명	출현횟수	출현품사	의미
돌아서다	8	첨벙의 여자/ 솔로/ 자존심/ 산유화/ 정의 마음/ 모나리자/ 이별의 인사/ Jungle City	13	W	향하고 있던 쪽에서 반대 방향으로 방향을 바꾸어 서다
많다	8	못 찾겠다 꾀꼬리/ 이젠 그랬으면 좋겠네/ 훈장의 의미/ 솔은 오늘도 일들의 성자/ 소망/ 일성	11	VA	수효나 분량, 정도 따위가 일정한 기준을 넘다
말다	8	꿈명조/ 미자의 세계/ 우주여행 X/ 꿈을 꾸다/ Jungle City/ 일들/ 아는 날 귀로에서	34	W	어떤 일이나 행동을 하지 않거나 그만두다
바다	8	간방북/ 꿈명조/ 생명/ 미도요/ 서울 1987년/ 솔은 베이트리체/ 고독한 Runner/ With	33	NN	지구 위에서 육지를 제외한 부분
생각하다	8	달밤아리/ 나무 짧이요/ 내가 아직 아쉴 적에/ 나무야 꿈을 꾸다/ 이별의 인사/ 솔은 오늘은 기는 내일도	17	W	사물을 헤아리고 판단하다
아니다	8	넌 아니야/ 눈물을 보이는 그대/ 그대여/ 솔솔 서울 서울/ 이제 그랬으면 좋겠네/ 축적의 의미/ 판도라의 상자	45	VA	어떤 사실을 부정하는 뜻을 나타내는 말
이프다	8	너의 비자리/ 눈물/ 잊을 수 없는 너/ 자존심/ 축련꽃 시연/ 축억 속의 제회/ 해바라기/ 처음 사랑이야	13	VA	몸의 어느 부분이 다치거나 맞거나 자극을 받아 괴로움을 느끼다
일들	8	꿈명초/ 여유 남/ 생명/ 난 아니야/ 이별의 인사/ 추억에도 없는 이별/ 훈적의 의미/ 작은 천국	11	NN	눈, 코, 입이 있는 머리의 앞면
오늘	8	달밤아리/ 못 찾겠다 꾀꼬리/ 아제, 오늘, 그리고/ 꿈을 꾸다/ 이별의 인사/ 솔은 오늘도 기는 내일도/ Jungle City/ 처음 느낀 사랑이야	31	NN	지금 지나가고 있는 이 날
하나	8	달밤아리/ 못 찾겠다 꾀꼬리/ 난 아니야/ 우주여행 X/ 회색의 도시/ 솔은 베이트리체/ 나의 노래/ 자존심	13	NR	수효를 세는 맨 처음 수
하다	8	너무 짧이요/ 자존심/ 미자의 세계/ 나도 몰라/ I Love 수지/ I LOVE YOU/ 이별의 인사/ 꿈결 속에서	16	W	이르거나 말하다

어휘	출현 곡수	곡명	출현 횟수	품사	의미
같다	7	일편단심 민들레야/ 눈물로 보이는 그대/ 나무야/ 꿈이면 사랑/ 이별의 인사/ Jungle City/ 꿈은 날개짓 하듯을	16	VA	서로 다르지 않고 하나이다
그	7	목련꽃 사연/ I LOVE YOU/ 추억 속의 재회/ 그대의 향기/ 해바라기/ 나비문의 추억/ 꿈	44	MM	듣는 이에게 가까이 있는 대상을 가리킬 때 쓰는 말
그립게	7	정의 마음/ 우주여행 X/ 해바라기/ 추억의 의자/ 판도라의 상자/ 처음 느낌 사랑이 아	15	VA	그리워하게 좋아는
길	7	내 이름은 구름이야/ 환상 아제, 오늘, 그리고 이젠 그랬으면 좋겠네/ 나무야 어제만 꿈속에서/ 어느 날 규문에서	13	NN	지날 수 있게 땅 위에 낸 일정한 너비의 공간
날아가다	7	고추잠자리/ 넌 이나야/ 지존심/ 그대야/ 판꽃는 날개짓 하듯을/ 판도라의 상자	14	W	공중으로 날면서 가다
다	7	미지의 세계/ 모나리자/ 이야이야/ 그대야/ 추억에도 없는 이별 일을/ 판도라의 상자	8	MA	남거나 빠진 것이 없이 모두
다가오다	7	추억 속의 재회/ 그대야/ 향기는 흘날리고/ 아이야이야/ 솔은 베아트리체/ 꿈결 속에서 처음 느낀 사랑이야/ 태양의 눈	11	W	어떤 대상이 있는 쪽으로 더 가까이 오다
도시	7	여행을 떠나요/ 미츠요/ 휘색의 도시/ 꿈/ Jungle City/ 태양의 눈/ 도시의 Opera	11	NN	일정한 지역의 중심이 되는 사람이 많이 사는 지역
돌아오다	7	슬픈 미소/ 목련꽃 사연/ 이젠 그랬으면 좋겠네/ 그대의 향기는 흘날리고/ 아이야이야/ 꿈이 어려운/ 어느 날 규문에서	23	W	원래 있던 곳으로 다시 오거나 다시 그 상태가 되다
떠나가다	7	너의 빈자리/ 잊을 수 없는 너/ I Love 수지/ 추억의 지존 거리/ 이별의 인사/ 흘적의 의미/ 엄굴	18	W	있던 곳에서 다른 곳으로 옮겨 가다
무엇	7	아제, 오늘, 그리고 너의 노래/ 이젠 그랬으면 좋겠네/ 꿈꽃는 날개짓 하듯을/ 고곤/ 애상	24	NP	모르는 사실이나 사물을 가리키는 지시 대명사
물들다	7	슬픈 미소/ 고추잠자리/ 잊을 수 없는 너/ 그대에 지울 수 없는 꿈/ 정미꽃 물을 켜요/ With	10	W	빛깔이 스미거나 옮이서 묻다
바라보다	7	그대야/ 나도 몰라/ 고추잠자리/ 모나리자/ 이별의 인사/ 흘들리는 나무/ 애상/ 소망	14	W	어떤 대상을 바로 향하여 보다

어휘	출현 곡수	곡명	출현 횟수	품사	의미
보다	7	여행을 떠나요/ 미도유/ 목련꽃 사연/ 아이야야/ 정미꽃 볼을 캐요/ 슬픈 오늘도/ 기분 내립도/ 애상	7	VX	앞말이 뜻하는 행동이나 상태를 이럼풋이 인식하고 있음을 나타내는 말
불다	7	꽃바람/ 서울 1987년/ 해바라기/ 나무야/ 정미꽃 볼을 캐요/ 고독한 Runner/ 태양의 눈	16	W	바람이 일어나서 어느 방향으로 움직이다
서다	7	청바의 여자/ 못 찾겠다 피꼬리/ 해바라기 피꼬리/ 이젠 그랬으면 좋겠내/ 나무야/ 훈적의 의미/ 아는 날 귀로에서	10	W	발을 밑에 대고 다리를 쭉 뻗으며 몸을 곧게 하다
아름답다	7	못 찾겠다 피꼬리/ 지불 수 없는 꿈/ 정미꽃 볼을 캐요/ 고독한 Runner/ 태양의 눈	13	VA	빛이 없어 밝지 아니하다
언제나	7	미지의 세계/ 마드무/ 나도 몰라/ 나무야/ 정미라의 상자/ 태양의 눈	20	MA	모든 시간 범위에 걸쳐서
웃다	7	영영/ 어제, 오늘, 그리고/ 서울 1987년/ 꼭을 푸며/ 처음 느낀 사랑이야/ 일상/ 아는 날 귀로에서	13	W	기쁘거나 만족스럽거나 우스울 때 얼굴을 활짝 펴거나 소리를 내다
위	7	여약 남/ 못 찾겠다 피꼬리/ 해바색 도시/ 훈적을 의미/ 흔들리는 나무/ With/ 도시의 Opera	13	NN	어떤 기준보다 더 높은 쪽
이름	7	축북(촛불)/ 내 이름은 구름이야/ 꽃버람/ 꼭을 푸며/ 야개땀 꼭속에서/ 흔들리는 나무/ 애상	15	NN	다른 것과 구별하기 위하여 사물, 단체, 현상 따위에 붙이는 말
인생	7	알랭된신 미들레야/ 황진이/ 내 이름은 구름이야/ 꽃버람/ 꼭을 푸며/ 내가 아직 어렸을 적에/ 서울 서울 서울/ 고독한 Runner	14	NN	사람이 세상을 살아가는 일
있다	7	난 아니야/ 신유회/ 어제, 오늘, 그리고/ I LOVE YOU/ 슬픈 베이트리체/ 훈적의 의미/ 흔들리는 나무	13	VX	앞말이 뜻하는 행동이나 변화가 끝난 상태가 지속됨을 나타내는 말

어휘	출현 횟수	곡명	출현 횟수	품사	의미
지나가다	7	너무 짧아요/ 약와 남/ 산유화/ 정의 마음/ 내가 아직 아픔을 작엔 사랑/ 꿈꾸던 사랑/ Jungle City	12	VV	시간이 흘러가서 그 시기에서 벗어나다
함께	7	단발머리/ 고춧잠자리/ 못 찾겠다 꾀꼬리/ 나는 몰라/ 정미꽃 불을 켜요/ 도시의 Opera/ 어느 날 귀로에서	20	VX	일행이 못하는 상태로 될 나타내는 말
지다	7	여행을 떠나요/ 서울 서울 서울/ 목련꽃 사연/ 지금 수 없는 꿈/ 그대를 사랑해 결결 속에서/ 작은 천국	8	MA	함께 벗에
화려하다	7	마음요/ 그대여/ 서울 서울 서울/ 공/ 꿈꾸던 사랑/ 축꾸의 젊은 거리/ Jungle City/ 어느 날 귀로에서	8	VA	환하게 빛나며 곱고 아름답다
흐르다	7	비밀/ 그대여/ 여행을 떠나요/ 서울 서울 서울/ 축꾸의 젊은 거리/ Jungle City/ 물결 속에서	16	VV	액체 따위가 낮은 곳으로 내려 가거나 넘쳐서 옮아지다
곱다	6	단발머리/ 한강/ 꽃바람/ 그대여/ 축꾸 속의 재회/ 해뜨락기/ 나비란포의 축꾸	10	VA	모양, 생김새, 행동거지 따위가 산뜻하고 아름답다
그	6	단발머리/ 꽃바람/ 그대여/ I Love 수지/ 애상/ 일성	25	NP	이미 이야기했거나 듣는 이가 생각하고 있는 사람을 가리킨다
그렇다	6	고춧잠자리/ 나는 네 좋아/ 내가 아직 아픔을 작엔/ 그랬으면 좋겠네/ 나무야/ 숨 오늘도	25	VA	상태, 모양, 성질 따위가 그와 같다
걷다	6	그대여/ 축역 재희/ 고고/ 꿈의 요정/ 숨 오늘도 기분 내일도/ 저음 느낀 사랑이야	11	VA	다리를 움직여 옮겨 다니다
집다	6	내가 아직 아픔을 작엔/ 그대여/ 여행을 떠나요/ 나무야/ 기다림/ 꿈의 요정	11	VA	일정한 곳에 자리를 두고 삶을 영위하다
까지	6	마지막 세계/ 나무야/ 숨 베어트리제/ 고독한 Runner/ 소망/ 작은 천국	10	JX	어떤 일이나 상태 따위에 관련되는 범위의 끝임을 나타내는 보조사
꽃	6	일편단심 민들레야/ 난 아니야/ 아재, 오늘, 그리고, 서울 1987년/ 지물 수 없는 꿈/ 어느 날 귀로에서	18	NN	종자식물의 변식 기관

어휘	출현 쪽수	곡명	출현 횟수	품사	의미
노래	6	너의 노래/ 마지막 세계/ 아시아의 불꽃/ 여행을 떠나요/ 꿈의 아리랑	22	NN	가사에 곡조를 붙여 목소리로 부를 수 있게 만든 음악
담신	6	술이 미소/ 너의 반지리/ 꽃을 보는 너/ 자존심/ 눈물로 보이는 그대/ 나도 몰라	15	NP	듣는 이를 가리키는 이인칭 대명사
되다	6	못 찾겠다 꾀꼬리/ 자존심/ 내가 이적 이렇게 적에/ 꿈 속에서/ 슬픈 베이트리체	9	W	어떤 때나 시기, 상태에 이르다
두	6	풍각초/ 비련/ 한강/ 꿈의 요정/ 정미울 거위/ 꿈결 속에서	11	MM	그 수량이 둘임을 나타낸다
듣다	6	일편단심 민들레야/ 마음요/ 나도 몰라 목련화 사랑/ I LOVE YOU/ 꿈	10	W	사람이나 동물이 소리를 귀관을 통해 알아차리다
또	6	여행을 떠나요/ 해바라기/ 끝없는 날개짓 하늘로/ 예상/ With	14	MA	어떤 일이 거듭하여
드겁다	6	정의 마음/ 사랑해요/ 나도 몰라/ 꿈/ 꿈꾸던 사랑/ 어제밤 꿈속에서	12	VA	손이나 몸에 상당한 지금 느낄 정도로 온도가 높다
마을	6	청방의 여자/ 마지막 세계/ 모나리자/ 추억 속의 재회/ 해바라기	12	W	마무른다의 준말
바라다	6	잊을 수 없는 너/ 신유화/ 아제, 오늘, 그리고/ 해바라기/ 지울 수 없는 꿈/ 슬픈 베아트리체	19	W	가지거나 지니고 싶어 하거나 어느 중걸 내다지거나 손기 하다
변하다	6	목련꽃 사연/ 꿈 주며/ 춘적의 의미/ 슬픈 오늘도 기쁜 내일도/ 자은 천자/ 꿈의 아리랑	14	W	무엇이 다른 것이 되기나 혹은 다른 성질로 달라지다
부터	6	나무 짧이요/ 사랑해요/ 이젠 그랬으면 총겠네/ 꿈꾸던 사랑/ 기다림/ 만도라의 상자	9	JX	어떤 일이나 상태 따위에 관련된 범위의 시작임을 나타내는 보조사
비다	6	자존심/ 한강/ 어제, 오늘, 그리고/ I LOVE YOU/ 꿈 주며/ 슬픈 베아트리체	7	W	일정한 공간에 사물, 사람 가물이 있지 아니하게 되다

어휘	출현곡수	곡명	출현횟수	품사	의미
빛	6	고공/ 숨은 베이트리체/ 애상/ 소망/ 태양의 도/ 꿈의 아련함	13	NN	시각 신경을 자극하여 물체를 볼 수 있게 하는 일종의 전자기파
빛나다	6	나의 노래/ 그대여/ 추억의 잠든 거리/ Jungle City/ 콜럼버스 날카벗 하늘로/ 어느 날 귀로에서	13	NN	빛이 환하게 비치다
소리	6	한강/ 어제, 오늘, 그리고/ 여행을 떠나요/ 서울 1987년/ 무궁화/ 꿈의 요정	16	NN	물체의 진동에 의하여 생긴 음파가 귀청을 울리어 귀에 들리는 것
손	6	청춘의 여자/ 서울 서울 나들 불러/ 우주여행 X/ 이젠 그랬으면 좋겠네/ 춤을 꾸며	8	NN	사람의 팔목 끝에 달린 부분
순간	6	정의 마음/ 미지의 세계/ 추억 속의 재회/ 꿈꾸던 사랑/ 기도-님/ 작은 천국	7	NN	아주 짧은 동안
쉬다	6	간절록/ 생명/ 아시아의 불빛/ 서울 1987년/ 소망/ 작은 천국	10	VV	입이나 코로 공기를 들이마셨다 내보냈다 하다
싫다	6	난 아니야/ 나는 너 좋아/ 모나리자/ 기다림/ 추억의 잠든 거리/ 어제밤 꿈속에서	16	VA	마음에 들지 아니하다
이섭다	6	사랑해요/ 나도 물러/ 모나리자/ 꿈꾸던 사랑/ 어제밤 꿈속에서/ 어느 날 귀로에서	13	VA	헤어지고 있는 쪽이나 못하다
앞	6	약속 남/ 산유화/ 사람들이/ 맨드라미 상자/ 작은 별/ 귀로에서	8	NN	향하고 있는 쪽이나 곳
애기하다	6	내가 아직 이불을 적얼/ 미지의 세계/ 우주여행 X/ 정미꽃 물물 속에서/ 처음 느낌 사람이야	9	VV	이야기하다의 준말
어느	6	나의 노래/ 해바라기/ 추억의 잠든 거리/ 솔푼 Runner/ 숨은 오늘도 기른 내림도/ 흘들리는	14	MM	둘 이상의 것 가운데 똑똑히 모르거나 아직한 사람이나 사물이를 때 쓰는 말
어제	6	어제, 오늘, 그리고/ 회색의 도시/ 숨은 오늘도 기른 내림도/ Jungle City/ 맨드라미 상자/ 태양의	15	NN	오늘의 바로 하루 전날

어휘	출현 곡수	곡명	출현 횟수	품사	의미
언제	6	사랑해요/ 서울 서울 서울/ 우주여행 X/ 나무야/ 고독한 Runner/ 직쏜 천국	8	NP	잘 모르는 때를 가리키는 지시 대명사
연재가	6	담벼락/ 산유화/ 축억 속의 재미/ 잠든 거리/ 오늘도 흘러네도 물결 속에서/ 처음 느낀 사랑이야	14	MA	미래의 어느 때에 가서는
영원하다	6	아시아의 불꽃/ 서울 서울 서울/ 그대의 향기는 흘러가고/ 축직의 의미/ 판도라의 상자/ 직쏜 천국	16	VA	어떤 현상, 상태, 모양 따위가 끝없이 이어지는 상태이다
위하다	6	담벼락/ 내 이름은 구름이야/ 보았는 날까지 하늘로/ 일성/ 꿈의 이러람	16	V	이롭게 하거나 돕다
이렇게	6	담벼락/ 나도 몰라/ I LOVE YOU/ 아제랑 축속에서/ 이별의 인사/ 얼음	13	VA	이러하게 하거나 같이
없다	6	내 이름은 구름이야/ 아제, 오늘, 그리고/ 우주여행 X/ 나무야/ 홀들리는 나무	16	V	가졌던 물건이 자신도 모르게 없어져 그것을 갖지 아니하게 되다
얼음	6	비멸/ 산유화/ I LOVE YOU/ 축억 속의 재미/ 슬픈 베아트리체/ 축억의 의미	13	NN	일 가장자리 안쪽에 도툼히 붙어 있는 곳
자기	6	아제, 오늘, 그리고/ 아시아의 불꽃/ 회색의 도시/ 꿈/ 소명/ 태양의 눈	16	NP	말하는 이나 듣는 이로부터 더 있는 곳 같은 가리키는 지시 대명사
좋다	6	자존심/ 나는 너 중이/ 우주여행 X/ 이젠 그랬으면 좋겠네/ 얘상/ 처음 느낀 사랑이야	19	VA	대상의 성질이나 내용 따위가 보통 이상의 수준이어서 만족할 만하다
지나다	6	사랑해요/ 축억 속의 재미/ 꿈을 꾸마/ 아제랑 축속에서/ 고독한 Runner/ 축억에도 없는 이별	10	V	시간이 흘러가서 그 시기에서 벗어나다
처음	6	너무 젊잖아 일판단 님들에야/ 목련풀 사연/ Jungle City/ 판도라의 상자/ 처음 느낀 사랑이야	9	NN	시간적으로나 순서상으로 맨 앞
친구	6	너의 노래/ 마지막 세계/ 아이메이/ 고독한 Runner/ 처음 느낀 사랑이야/ 어느 날 거리에서	9	NN	가깝게 오래 사귄 사람

어휘	출현 곡수	곡명	출현 횟수	품사	의미
파도	6	생명/ 비련/ 추억 속의 재회/ 꿈 꾸며/ 어제밤 꿈속에서/ 고독한 Runner	16	NN	바다에 이는 물결
하얗다	6	난 아니야/ 회색의 도시/ 꿈꾸던 사랑/ 꿈의 요정/ 지울 수 없는 꿈/ 아는 날 귀로에서	7	VA	깨끗한 눈이나 밀가루와 같이 밝고 선명하게 희다
해	6	야위 님/ 일편단심/ 꽃피는 밀들레야/ 난 아니야/ 내가 아직 어릴 적에/ 지울 서울 서울/ 해바라기	12	NN	태양을 일상적으로 이르는 말
햇살	6	꽃바람/ 한강/ 그대여 향기는 들날리고/ 꿈꾸던 사랑/ Runner/ With	7	NN	해에서 나오는 빛의 줄기
흐르다	6	슬픈 미소/ 너의 반지리/ 일편단심 들날레야/ 꽃눈별/ 도시의 Opera	15	V	시간이나 세월이 지나가다
가다	5	슬픈 미소/ 너의 반지리/ 일편단심 들날레야/ 목련꽃/ 고독한 Runner	7	V	일정한 시간이 되거나 일정한 곳에 이르다
걷다	5	눈물을 보이는 그대/ 나도 몰라/ 그대의 향기는 들날리고/ 기대림/ 어느 날 귀로에서	7	VA	초초, 불확실한 단정을 나타낸다
건다	5	회색의 도시/ 목련꽃 사연/ I LOVE YOU/ 장미꽃 좋은 계요/ Jungle City	8	V	다리를 움직여 바닥에서 발걸음 때어 옮기다
고독	5	난 아니야/ 나는 너 좋아/ 모나리자/ 회색의 도시/ 처음 느낀 사랑이야	5	NN	몸이나 마음의 이픔
고별	5	서울 1987년/ 서울 1987년/ 예상/ 소망/ 태양의 눈	11	MM	그러한의 준말
그려워하다	5	너무 짧아요/ 산유화/ 한강/ I Love 수지/ 그대 사랑해	7	V	사람이나 몸시 보고 싶어 하다
그림자	5	신유화/ 나도 몰라/ 추억에도 없는 이렬/ 흘들리는 나무/ 애상	9	NN	물체가 빛을 가려서 그 물체의 뒷면에 드리워지는 검은 그늘
기쁨	5	너의 노래 서울 서울/ 어제밤 꿈속에서/ 꿈길 속에서/ 처음 느낀 사랑이야	8	NN	욕구가 충족되었을 때의 흡족한 고 흘룸한 마음이나 느낌
길	5	어제, 오늘, 그리고/ 내가 이직 어릴 적에/ 꿈/ 고독한 Runner/ 처음 느낀 사랑이야	12	NN	시간의 흐름에 따라 개인의 삶이나 역사적 발전 따위가 전개되는 과정

어휘	출현 곡수	곡명	출현 횟수	품사	의미
꿈속	5	슬픈 미소/ 꿈꾸면 사랑/ 아이며이/ 어제밤 꿈속에서/ 고독한 Runner	8	NN	꿈을 꾸는 동안
돌다	5	비련/ 환장/ 우주여행 X/ 슬픈 베아트리체/ 축적의 의미	8	VV	물체가 일정한 축을 중심으로 원을 그리면서 움직이다
둥글다	5	선유화/ 여행을 떠나요/ 서울 1987년/ 목련꽃 사역/ 일상	12	VV	사람이나 동물의 귀가 기관을 통해 소리가 알아차려지다
따돌다	5	간영독/ 회색의 도시/ 일몰/ 소망/ With	11	VV	다른 사람이나 동물의 뒤에서 그가 가는 대로 같이 가다
물리다	5	비련/ 서울 서울 서울/ 나를 돌아/ I LOVE YOU/ 처음 느낀 사랑이야	17	VV	몸시 추격자거나 두렵게지다
멀어지다	5	서울 서울 서울/ 추억 속의 재회/ 추억에도 이별/ 그대를 사랑해/ 도시의 Opera	5	VV	거리가 많이 떨어지게 되다
못	5	달빛머리/ 못 찾겠다 꾀꼬리/ 황진이/ 예성/ 아는 날 규모에서	19	MA	동작할 수 없거나 상태가 이루어지지 않았다는 부정의 뜻을 나타내는 말
입다	5	아이며이/ 꿈 주막/ Jungle City/ 처음 느낀 사랑이야/ 태양의 눈	11	VV	어떤 사람이나 말할 것이라고 떨 그렇게 대답하다
부르다	5	아시아의 불꽃/ 여행을 떠나요/ I Love 수지/ 꿈의 이랑	15	VV	곡조에 맞추어 노래의 가사를 소리 내다
불빛	5	축복[축쫄]/ 지울 수 없는 길/ 추억에도 이별/ 도시의 Opera	6	NN	타는 불의 빛
불어오다	5	꽃바람/ 서울 1987년/ 그대 향기는 출발리고/ 해바라기/ 나무야	8	VV	바람이 이쪽으로 불다
붉다	5	잊을 수 없는 사랑/ 꿈꾸면 사랑/ 지울 수 없는 길/ 슬픈 베아트리체/ With	7	VA	빛깔이 핏빛 또는 익은 고추의 빛과 같다
비	5	단발머리/ 풍앙초/ 내가 아직 어렸을 적에/ 서울 1987년/ 꿈의 요정	16	NN	대기 중의 수증기가 식어서 땅 위로 떨어지는 물방울

어휘	출현 곡수	곡명	출현 횟수	품사	의미
바라봄	5	일편단심 민들레야/ 비련/ 서울 1987년/ 고독한 Runner/ 물결 속에서	10	NN	바람과 비를 이룬 이루는 말
숨	5	생명/ 아시아의 불꽃/ 서울 1987년/ 소망/ 작은 천국	9	NN	사람이나 동물이 코 또는 입으로 공기를 들이마시고 내쉬는 기운
스치다	5	추억 속의 재희/ 꿈꾸던 사랑/ 술 베아트리체/ 고독한 Runner/ 일출	7	VV	서로 살짝 닿으면서 지나가다
쓸쓸하다	5	꿈의 요정/ 꿈꾸며 With/ 일출 Opera	7	VA	외롭고 적적하다
아무	5	꿈꾸던 사랑/ 이야이야/ 꿈꾸며 아제깜 꿈속에서/ 처음 느낌 사랑이야	7	MM	전혀 어떠한 뜻을 나타내는 말
아침	5	여행을 떠나요/ 그대의 향기는 들남리고/ 고독한 Runner/ Jungle City/ 물결 속에서	5	NN	날이 새면서 오전 반나절쯤까지의 동안
안다	5	생명/ 비련/ 서울 1987년/ 이젠 그랬으면 좋겠네/ 꿈꾸던 사랑	10	VV	두 팔을 벌려 가슴 쪽으로 끌어 당기다
약속	5	기다림/ 숨/ 술 베아트리체/ Jungle City/ 그대 사랑해 도시의 Opera	13	NN	다른 사람과 앞으로의 일을 어떻게 할 것인가를 미리 정하여 둠
어리다	5	고추잠자리/ 못 찾겠다 꾀꼬리/ 내가 아직 어릴 적에/ 꿈꾸며 장미빛 물결 겨울	15	VA	나이가 적다
열풍	5	나도 몰라/ 해바라기/ 술 베아트리체/ 예성	8	NN	죽은 사람의 넋
오다	5	고추잠자리/ 잊을 수 없는 너/ 꿈꾸던 거리/ 일출	10	VV	어떤 사람이 말하는 사람 쪽으로 움직임
오다	5	술 베아트리체/ 추억에도 없는 이별/ 술 오늘도 가뭄 내일도/ Jungle City/ 물결 속에서	12	VV	말하는 때나 시기에 이르다

어휘	출현 곡수	곡명	출현 횟수	품사	의미
잊어버리다	5	못 찾겠다 꾀꼬리/ 꿈꾸면 사랑/ 지울 수 없는 꿈/ 추억의 잠긴 거리/ 판도라의 상자	13	V	가졌던 물건이 자신도 모르게 없어져 그것을 아주 찾지 아니하게 되다
지우	5	고추잠자리/ 난 아니야/ I Love 수지/ 아이아이/ 흔적의 의미	12	MA	여러 번 반복하거나 끊임없이 계속하여
집다	5	꽃잎이/ 그대여/ 모나리자/ 끝없는 날개짓 하늘로/ 판도라의 상자	6	V	손으로 움키고 놓지 않다
짓다	5	자존심/ 정의 마음/ 아이야/ 이별의 인사/ 애상	9	V	어떤 표정이나 태도 따위를 걸이나 몸에 나타내다
채	5	모나리자/ 술 베이트리체/ Jungle City/ 애상/ 소망	7	NN B	이미 있는 상태 그대로 있다는 뜻을 나타내는 말
태양	5	꽃바람/ 여행을 떠나요/ 지울 수 없는 꿈/ 태양의 도/ With	7	NN	태양계의 중심이 되는 항성
하루	5	나무 젊어요/ 일편단심 민들레야/ 우주여행 X/ 꿈꾸면 사랑/ 소망	12	NN	한 낮과 한 밤이 지나는 동안
항하다	5	여행을 떠나요/ 나무야/ 아재팝 꿈속에서/ 흔들리는 나무/ 그대를 사랑해	14	V	어느 한쪽을 정면이 되게 대하다
흔들리다	5	한강/ 회색의 도시/ 나무야/ 추억에도 없는 이별/ 흔들리는 나무	7	V	상하나 좌우 또는 앞뒤로 자주 움직이다
희망	5	산유화/ 서울 1987년/ 판도라의 상자/ 일상/ 꿈의 이력함	15	NN	어떤 일을 이루거나 하기를 바람
가문들	4	장벽의 여자/ 풍량초/ 회색의 도시/ 아는 날 귀론에서	5	NN	걸기를 따라 살짝에 놓은 등
간절하다	4	술 베이트리체/ 물결 속에서/ 소망/ 태양의 도	8	VA	정성이나 마음 씀씀이가 더없이 정성스럽고 지극하다

어휘	출현 곡수	곡명	출현 횟수	품사	의미
간직하다	4	그래야/ 모나리자/ 그대야 사랑해/ 소망	6	V	물건 따위를 어떤 장소에 잘 간수하여 두다
강	4	일편단심 민들레야/ 내가 아직 아픈 적에/ 술은 베이트리체/ 물결 속에서	7	NN	넓고 길게 흐르는 큰 물줄기
강물	4	첫사랑 여자/ 풍랑몽/ 그대야/ Jungle City	5	NN	강에 흐르는 물
고개	4	난 아니야/ 너의 노래/ 헤바라기/ 아제발 꿈속에서	7	NN	목의 뒷등이 되는 부분
고남	4	첫의 마음/ 내가 아직 아픔을 적에/ 나도 몰라/ 꿈꾸던 사랑	9	MA	더 이상의 변화 없이 그 상태 그대로
그녀	4	서울 서울 서울/ 서울 1987년/ 꿈의 요정/ Jungle City	8	NP	앞에서 이미 이야기한 여자를 가리키는 삼인칭 대명사
기대다	4	못 찾겠다 꾀꼬리/ 흔적의 흔들리는 나무/ With	11	V	몸이나 물건을 무엇에 의지하면서 비스듬히 대다
남다	4	난 아니야/ 이젠 그랬으면 좋겠네/ 나무야/ With	7	V	다 쓰거나 정해진 수준에 이르지 않고 나머지가 있게 하다
남기다	4	너의 반지리/ 내가 아직 아플을 적에/ 축의 속의 재회/ 일출	8	V	다 쓰거나 정해진 수준에 이르지 않고 나머지가 있게 하다
내리다	4	난 아니야/ 서울 1987년/ 꿈의 요정/ 흔들리는 나무	8	V	눈, 비, 서리, 이슬 따위가 오다
달빛	4	생명/ 환경/ 첫의 마음/ 지물 수 없는 꿈	5	NN	달에서 비쳐 오는 빛
되다	4	못 찾겠다 꾀꼬리/ 자존심/ 우주여행 X/ 고독한 Runner/ Jungle City	7	V	새로운 신분이나 지위를 가지다
땅	4	간양록/ 서울 1987년/ 술은 베이트리체/ 일성	5	NN	강이나 바다와 같이 물이 있는 곳을 제외한 지구의 겉면
뜨다	4	일편단심 민들레야/ 해바라기/ 태양의 눈/ 꿈의 아리랑	6	V	가라앉거나 쉴 내려 않아 있거나 아래쪽으로 쉬어오르다

어휘	출현곡수	곡명	출현횟수	품사	의미
묻다	4	꽃바람/ 그대여/ 일몰/ 소망	6	V	물건을 흙이나 다른 물건 속에 넣어 보이지 않게 쌓아 덮다
물결	4	생명/ 한강/ 정의 마음/ 물결 속에서	11	NN	물의 움직임 그 표면이 운동 다 내려갔다 하는 운동
미련	4	자존심/ 산유화/ 어제, 오늘, 그리고/ 어제랜 꿈속에서	16	NN	깨끗이 잊지 못하고 끌리는 데가 남아 있는 마음
보내다	4	한강/ 이젠 그랬으면 좋겠네/ 꿈의 요정/ 솔은 베아트리체	4	V	사람이나 물건 따위를 다른 곳으로 가게 하다
불꽃	4	자존심/ 나도 몰라/ 꿈꾸면 사랑/ 솔은 베아트리체	4	NN	타는 불에서 일어나는 붉은빛의 빛 기운
서로	4	마도요/ 고독한 Runner/ 그대를 사랑해/ 처음 느낀 사랑이야	8	NN	짝을 이룬 것들의 관계를 맺고 있는 상태
소중하다	4	너의 노래/ 이젠 그랬으면 좋겠네/ 훈적의 의미/ 태양의 눈	12	VA	매우 귀중하다
수많은	4	산유화/ 여행을 떠나요/ 우주여행 X/ 이별의 인사	4	VA	수효가 매우 많다
숨결	4	아시아의 불꽃/ 나도 몰라/ I LOVE YOU/ 그대의 향기는 흩날리고	9	NN	숨을 쉴 때의 상태
숨다	4	못 찾겠다 꾀꼬리/ 난 아니야/ 그대여/ 이젠 그랬으면 좋겠네	5	V	보이지 않게 몸을 감추다
앉다	4	약한 남/ 눈물을 보이는 그대/ 나무야/ 춤을 쥐며	5	V	허리가 꺾다물거나 힘들지 않다
아래	4	고향/ Jungle City/ 도시의 Opera/ Jungle City	6	NN	어떤 기준보다 낮은 위치
아쉬워하다	4	마도요/ 해바라기/ 훈적의 의미/ Jungle City	9	V	필요할 때 모자라거나 없어서 안타깝고 불만스럽게 여기다
어깨	4	난 아니야/ 희색의 도시/ I LOVE YOU/ 도시의 Opera	5	NN	사람의 몸에서 목의 아래 끝과 팔의 위 끝에 이르는 부분

어휘	출현 곡수	곡명	출현 횟수	품사	의미
언덕	4	고추잠자리/ 여행을 떠나요/ 해바라기/ 고독한 Runner	7	NN	땅이 비탈지고 조금 높은 곳
영원	4	미지의 세계/ 서울 1987년/ 추억 속의 재회/ 꿈을 꾸며	6	NN	어떤 상태가 끝없이 이어짐
외로움	4	고추잠자리/ 산유화/ 추억에도 없는 이별/ 흔들리는 나무	8	NN	홀로 되어 쓸쓸한 마음이나 느낌
이름	4	내 이름은 구름이야/ 풍랑초/ 나비랑꽃의 추억/ 술은 베아트리체	7	NN	공기 중의 수증기가 낮은 기온에서 엉겨서 생긴 물방울
이야기	4	산유화/ 미지의 세계/ 미도요/ 목련꽃 사연	4	NN	어떤 사물이나 사실, 현상에 대하여 일정한 줄거리를 가지고 하는 말이나 글
잠	4	우주여행 X/ 꿈의 요정/ 이야이야이/ 흔들리는 나무	5	NN	눈이 감긴 채 의식 활동이 쉬는 상태
젖다	4	단발머리/ 풍앙초/ 추억 속의 재회/ 그대의 향기는 풀잎처럼	6	W	물이 배어 축축하게 되다
주다	4	일편단심 민들레야/ 나도 몰라/ 모나리자/ 추억이 잠든 거리	6	W	물건 따위를 남에게 건네어 가지거나 누리게 하다
지다	4	서울 서울 서울/ 해바라기/ 지풀 수 없는 꿈/ 고독한 Runner	6	W	해나 달이 서쪽으로 넘어가다
지키다	4	축복(祝福)/ 야와 남/ 태양의 눈/ 꿈의 아리랑	12	W	재산, 이익, 안전 따위를 잃거나 침해당하지 않게 보호하거나 감시하여 막다
초라하다	4	꿈/ 추억이 잠든 거리/ 흔적의 의미/ 태양의 눈	5	VA	겉모양이나 옷차림이 호졸근하고 궁상스럽다
타오르다	4	자존심/ 나도 몰라/ 꿈꾸던 사랑/ 술은 베아트리체	4	W	불이 붙어 거세게 타기 시작하다

어휘	출현 곡수	곡명	출현 횟수	품사	의미
피다	4	솔 미소/ 어제, 오늘, 그리고/ 목련꽃 사연/ 아는 날 구로에서	5	VV	꽃봉오리 따위가 벌어지다
하다	4	모나리자/ 이제 그랬으면 좋겠네/ 일상/ With	10	VV	다른 사람에게 특별한 방식으로 어떤 영향을 주거나 대하다
행복	4	우주여행/ 나무야/ 작은 천국/ 태양이 눈	8	NN	복된 좋은 운수
향기	4	목련꽃 사연/ 그대의 향기는 출발하고/ 꽃/ 추억의 잔는 거리	7	NN	꽃, 향, 향수 따위에서 나는 좋은 냄새
홀로	4	꿈/ 어제밤 꿈속에서/ 고독한 Runner/ 추억에도 없는 이별	6	MA	자기 혼자서만
홀라가다	4	고추장자리/ 한강/ 정월 마음/ 물결 속에서	8	VV	공중이나 물 위에 떠서 미끄러지듯이 나아가다
홀아지다	4	산유화/ 지를 수 없는 꿈/ 흘들리는 나무/ 도시의 Opera	6	VV	한테 모였던 것이 따로따로 떨어지거나 사방으로 퍼지다
희미하다	4	꽃바람/ 그대여/ 태양이 눈/ 어제밤 꿈속에서	4	VA	분명하지 못하고 어럼풋하다
Love	3	나도 몰라/ I Love 수지/ I LOVE YOU	56	EX	
I	3	나도 몰라/ I Love 수지/ I Love 수지	41	EX	
기다	3	자존심/ 어제, 오늘, 그리고/나비로운의 추억	5	MA	분명이나 수를 따위가 아닌 반 안다 한도에 꼭 찬 모양
가리다	3	생양/ 꿈을 꾸며/ 태양이 눈	4	VV	보이거나 통하지 못하도록 막다
감추다	3	난 아니야/ 고중/ 흘적일 의미	4	VV	남의 가질이나 피해 남기다
길이	3	어제, 오늘, 그리고/ 아시아의 붉꽃/ 물결 속에서	9	MA	물 이상의 사람이나 사물이 함께
고독	3	나의 노래 내가 아직 어릴을 작에/ 나비로운의 추억	3	NN	세상에 홀로 떨어져 있는 듯이 매우 외롭고 슬슬함

부록 | 257

어휘	출현 곡수	곡명	출현 횟수	품사	의미
고독하다	3	해바라기/ 고독한 Runner/ 도시의 Opera	9	VA	세상에 홀로 떨어져 있는 듯이 매우 외롭고 쓸쓸하다
고향	3	간양록/ 풍랑초/ 꿈	7	NN	자기가 태어나서 자란 곳
괴롭다	3	나도 몰라/ I LOVE YOU/ 꿈	8	VA	몸이나 마음이 편하지 않고 고통스럽다
그것	3	눈물로 보이는 그대/ 흔적의 의미/ 꿈의 아리랑	4	NP	듣는 이에게 가까이 있거나 듣는 이가 생각하고 있는 사물을 가리킴
그날	3	단발머리/ 목련꽃 사연/ 아재랑 꽃속에서	6	NN	앞에서 이미 이야기한 날
그래도	3	나는 네 좋아/ 우주여행 X/ 처음 느낀 사랑이야	6	MAJ	뒤 문장의 내용이 앞 문장의 본한 사실과는 상관이 없음을 나타내는 접속 부사
그러나	3	너의 빈자리/ 나는 네 좋아/ 아재랑 꽃속에서	4	MAJ	앞의 내용과 뒤의 내용이 상반될 때 쓰는 접속 부사
그리다	3	간양록/ 그대의 향기는 흩날리고/ 꿈	3	VV	사랑하는 마음으로 간절히 생각하다
기억하다	3	물결 속에서/ 작은 천국/ 처음 느낀 사랑이야	5	VV	이전의 인상이나 경험을 의식 속에 간직하다
깜박이다	3	여와 남/ 마돈나/ 꽃의 요정	3	VV	불빛이나 별빛 따위가 야무지게 밝아졌다 하다
깨다	3	꽃의 요정/ 아이엄마/ 흔들리는 나무	3	VV	온전한 정신 상태로 돌아오다
끝	3	난 아니야/ 미지의 세계/ 기다림	5	NN	시간, 공간, 사물 따위에서 마지막 한계가 되는 곳

어휘	출현 곡수	곡명	출현 횟수	출현 품사	의미
나누다	3	마드무아젤/ 목련꽃 사연/ 그대를 사랑해	3	W	말이나 이야기, 인사 따위를 주고받다
나무	3	나무야/ 흔들리는 나무/ With	17	NN	줄기나 가지가 목질로 된 여러해살이 식물
내일	3	마드모아젤/ 술 오늘도 기분 내일도/ Jungle City	7	NN	오늘의 바로 다음 날
냄새	3	서울 서울 서울/ 회색의 도시/ 회색의 도시	3	NN	코에 흡수되는 것
노을	3	잊을 수 없는 내/ 생일/ 장미꽃 물고 카오	9	NN	해 질 무렵 하늘이 햇빛에 물들어 벌겋게 보이는 현상
눈부시다	3	생명/ 꿈꾸던 사랑/ 지울 수 없는 꿈	4	VA	빛이 아주 아름답고 황홀하다
늘	3	어와 남/ 그대의 향기는 흘러갈리고/ 내버려분의 추억	5	MA	계속해서 언제나
늦다	3	기다릴 판도라의 상자/ 처음 느낀 사람이야	5	VA	정해진 때보다 지나다
다르다	3	애상/ 처음 느낀 사랑이야/ With	6	VA	비교가 되는 두 대상이 서로 같지 아니하다
달	3	어와 남/ 일편단심 민들레야/ 못 찾겠다 꾀꼬리	3	NN	지구의 위성
돌	3	비련/ 고래/ 꿈꿀 꾸며	5	NN	흙 따위가 굳어서 된 광물질의 단단한 덩어리
돕다	3	사랑해요/ 술 베이트리체/ 판도라의 상자	5	EX	일정한 곳에 놓다
두다	3	그대여/ 소망/ 아는 날 귀로에서	5	W	향하고 있는 곳에 방향과 반대되는 쪽이나 곳
뒤	3	눈물을 보이는 그대/ 목련꽃 사연/ 추억 속의 재회	11	NN	

어휘	출현곡수	곡명	출현횟수	품사	의미
못하다	3	I LOVE YOU/ 슬픈 오늘도 기쁜 내일도/ 소망	9	VX	앞말이 뜻하는 사건이나 상태 따위를 부정하거나 추측함을 나타내는 말
닦으시다	3	꽃머리/ 사랑해요/ With	5	VA	조금 닦다
다오르다	3	청벌의 여자/ 못 찾겠다 꾀꼬리/ 기다림	6	W	솟아서 위로 오르다
마다	3	간양록/ 고공/ 장미꽃 불을 켜요	8	JX	낱낱이 모두의 뜻을 나타내는 보조사
마저	3	나무야/ 술 베이트리체/ 애상	6	MA	남김없이 모두
마지막	3	고독한 Runner/ 출정의 의미/ 판도라의 상자	4	NN	시간상이나 순서상의 맨 끝
만남	3	여와 남/ 정의 마음/ 추억 속의 재회	4	NN	만나는 일
만들다	3	너 아니야/ 독련꽃 사연/ 아는 날 거문에서	6	W	재자리에서 옮을 뱅뱅 돌다
맺히다	3	물망초/ 황진이/ 내 버려문의 추억	8	W	끼니들, 실, 노끈 따위가 외어 매듭이 만들어지다
멀리	3	어제, 오늘, 그리고/ 출정의 의미/ 슬픈 오늘도 기쁜 내일도	5	MA	한 지점이나 대상에서 시간이나 거리가 몸시 떨어져 있는 상태로
멈추다	3	축복(祝福)/ 미지의 세계/ 서울 1987년	11	W	사물의 움직임이나 동작이 그치다
목소리	3	얼굴 없는 미들레야/ 나도 몰라/ 목련꽃 사연	4	NN	목구멍에서 나는 소리
무슨	3	어제, 오늘, 그리고/ 꿈의 요정/ 물결 속에서	3	MM	무엇인지 모르는 일이나 대상, 물건 따위를 물을 때 쓰는 말

어휘	출현곡수	곡명	출현횟수	품사	의미
무지개	3	꿈을 꾸며/ 소망/ 태양의 눈/ 꿈의 아리랑	5	NN	공중에 떠 있는 물방울이 햇빛을 받아 나타나는 일곱 빛깔의 줄
물	3	일편단심 민들레야/ 한강/ 여행을 떠나요	9	NN	자연계에 강, 호수, 바다, 지하수 따위의 형태로 널리 분포하는 액체
바보	3	꽃바람/ 자존심/ Jungle City	9	NN	지능이 부족하여 정상적인 판단이 불가능한 사람을 낮잡아 이르는 말
받다	3	한강/ 내가 아직 어려서/ 모나리자	9	VV	다른 사람이 주거나 보내오는 물건 따위를 가지다
밝새다	3	내 이름은 그음이야/ 풀빛춤/ 그대의 향기는 흩날리고	4	VV	밤이 지나 날이 밝아 오다
비치다	3	나도 몰라/ 그대의 향기는 흩날리고/ 추억이 잠든 거리	3	VV	빛이 나서 환하게 되다
빌딩	3	여행을 떠나요/ 회색의 도시/ 꿈	4	NN	내부에 많은 사무실이 있는 서양식의 고층 건물
뿐	3	목련꽃 사연/ 추억 속의 재회/ 꿈꾸던 사랑	4	JX	체언이나 부사어 뒤에 붙어 그것이고 다른 것은 아님을 나타내는 보조사
삶	3	끝없는 날갯짓 허늘도/ 애상/ 작은 천국	4	NN	사는 일
상처	3	꽃바람/ 목련꽃 사연/ 슬픈 베아트리체	3	NN	피해를 입은 흔적
새	3	지킬 수 없는 꿈/ 끝없는 날갯짓 허늘도/ With	8	NN	하늘을 자유로이 날 수 있는 짐승들을 통틀어 이르는 말
서러움	3	슬픈 미소/ 잊을 수 없는 너/ 추억 속의 재회	7	NN	서럽게 느껴지는 마음

어휘	출현 곡수	곡명	출현 횟수	품사	의미
소리치다	3	마도요/ 어젯밤 꿈속에서/ 줄었는 날개짓 하늘로	5	W	소리를 크게 지르다
소망	3	술로 베이트리체 소망/ 태양의 눈	3	NN	어떤 일을 바람
손길	3	비련/ I LOVE YOU/ 물결 속에서	9	NN	내밀거나 잡거나 만지거나 닿는 손
슬퍼하다	3	풀잎초/ 사랑해요/ 나무야	5	W	마음에 슬픔을 느끼다
시리다	3	눈물을 보이는 그대/ 술 오늘도 기분 내일도/ 태양의 눈	6	VA	몸의 한 부분이 찬 기운으로 인해 추위를 느낄 정도로 차다
시작	3	나무야/ 고독한 Runner/ 판도라의 상자	4	NN	어떤 일이나 행동의 처음 단계를 이루거나 그곳에 하게 함
시절	3	못 찾겠다 꾀꼬리/ 목련꽃 사연/ 꿈의 꿈	3	NN	일정한 시기나 때
아이	3	못 찾겠다 꾀꼬리/ 우주여행 X/ 꿈의 요정	3	NN	나이가 어린 사람
아픔	3	그대여/ 슬픈 오늘도 기분 내일도/ 태양의 눈	4	NN	육체적으로나 정신적으로 괴로운 느낌
안개	3	꽃비랑/ 그대여/ 그대의 향기는 흩날리고	3	NN	지표면 가까이에 아주 작은 물방울이 부옇게 떠 있는 현상
앉다	3	못 찾겠다 꾀꼬리/ 난 아니야/ 애상	3	W	사람이나 동물이 엉덩이에 무게를 실어 다른 물건이나 바닥에 몸을 올려놓다
울다	3	그대여 향기는 흩날리고/ 꿈의 요정/ 판도라의 상자	7	W	눈에서 눈물을 흘리거나 멎다
원하다	3	꿈꾸던 사랑/ 꿈꾸던 꿈/ 애상	4	W	무엇을 바라거나 잡고 하고자 하다
의미	3	꿈꾸던 사랑/ 꿈꾸던 꿈/ 꿈의 흔적의 의미	12	NN	말이나 글의 뜻

어휘	출현 곡수	곡명	출현 횟수	품사	의미
이곳	3	I Love 수지/ 술은 오늘도 기쁜 내일도/ 작은 천국	6	NP	여기를 문어적으로 이르는 말
인사	3	정의 마음/ 눈물로 보이는 그대 이별의 인사	4	NN	마주 대하거나 헤어질 때에 예를 표함
일	3	사랑해요/ 그대를 사랑해 판도라의 상자	5	NN	무엇을 이루거나 적절한 대가를 받기 위하여 일정한 시간 동안 하는 활동
있다	3	황진이/ 작은 천국/ 처음 느낀 사랑이야	5	VV	사람이나 동물이 어느 곳에서 떠나거나 벗어나지 아니하고 머물다
잊히다	3	흔들리는 나무/ 끝없는 날개짓 하늘로/ 그대를 사랑해	5	VV	한번 알았던 것이 기억에서 없어지다
자리	3	이제 그랬으면 좋겠네/ 야채밤 꿈속에서/ 어느 날 귀로에서	4	NN	사람이나 물체가 차지하고 있는 공간
잡다	3	고추잠자리/ 추억의 갈대 거리/ 처음 느낀 사랑이야	4	VV	잠 자는 상태가 되다
장미꽃	3	슬픈 미소/ 꿈꾸던 사랑/ 장미꽃 둘을 켜요	10	NN	장미의 꽃
적시다	3	슬픈 미소/ 눈물로 보이는 그대 이별의 인사	7	VV	감정, 정서, 지친 마음 부드러워지게 하다
전하다	3	단발머리/ 비련/ 꿈꾸던 사랑	7	VV	후대나 당대에 이야기지거나 남겨지다
정	3	슬픈 미소/ 비련/ 꿈꾸던 사랑	10	MA	조금도 틀림없이 꼭
지난날	3	지울 수 없는 꿈/ 끝없는 날개짓 하늘로/ 어느 날 귀로에서	5	NN	지나온 과거의 날

어휘	출현곡수	곡명	출현빈도	품사	의미
지다	3	고공/ 일편단심 민들레야/ 어제, 오늘, 그리고	5	V	꽃이나 잎 따위가 시들어 떨어지다
진실	3	너의 빈자리/ 기다림/ 태양의 눈	6	NN	가짓이 없는 사실
짧다	3	나무 짧이요/ 청의 마음/ 판도라의 상자	15	VA	옷이나 있는 공간이나 물체의 두 끝의 사이가 가깝다
차라리	3	청바의 여자/ 꿈/ 추억 속의 거리	7	MA	저리하는 것보다 이리하는 것이 나음을 이르는 말
참가	3	청바의 여자/ 나도 몰라/ 추억 속의 재회	3	NN	청춘의 가장자리
찾아가다	3	풀밤죽/ 미지의 세계/ 아이엄미	7	V	볼일을 보거나 특정한 사람을 만나려고 그와 관련된 곳으로 가다
채우다	3	자존심/ 어제, 오늘, 그리고/ 끝없는 날개짓 하늘로	4	V	일정한 공간에 사람, 사물, 냄새 따위를 가득하게 하다
춤추다	3	I LOVE YOU/ Jungle City/ 도시의 Opera	7	V	장단에 맞추거나 신이 나서 팔 다리와 몸을 율동적으로 움직이다
타다	3	생명/ 우주여행 X/ 어제밤 꿈속에서	4	V	바람이나 물결, 전파 따위에 실려 퍼지다
팀	3	자존심/ 어제, 오늘, 그리고/ I LOVE YOU	4	MA	큰 것이 속이 비어 아무것도 없는 모양
하다	3	끝없는 날개짓 하늘로/ 판도라의 상자/ 태양의 눈	3	V	사람이나 동물, 물체 따위가 행동이나 작용을 이루다
할머니	3	내 이름은 구름이야/ 나도 몰라/ I LOVE YOU	6	NN	짧은 말

어휘	출현 횟수	곡명	출현 횟수	품사	의미
한번	3	우주여행 X/ 일몰/ 애상	4	MA	일단 한 차례
한숨	3	간영록/ 정의 마음/ 꿈의 아련함	4	NN	근심이 있을 때 또는 긴장하였다가 안도할 때 길게 몰아서 내쉬는 숨
헤어지다	3	너의 번자리/ 서울 서울 서울/ Jungle City	3	W	모여 있던 사람들이 따로따로 흩어지다
흩다	3	역의 남/ 난 아니야/ 처음 느낀 사랑이야	3	W	사람이나 동물 등의 무리의 일부 나 전체를 여러 방향으로 움직이게 하다
흩적	3	지플 수 없는 꿈/ 흡적의 외미/ 문밖은 날개짓 하늘로	7	W	어떤 중심이나 실체가 없어졌거나 지나간 뒤에 남은 자국이나 자취
흩날리다	3	꿈의 요정/ 축적의 거리/ 처음 느낀 사랑이야	7	W	시간이나 세월이 지나가다
힘겹다	3	기다림/ 처음 느낀 사랑이야/ 꿈의 아련함	5	VA	힘에 부쳐 능히 감당해 내기 어렵다
You	2	나도 몰라/ I LOVE YOU	44	EX	
가렵다	2	우주여행 X/ 축의 속의 재릴	3	VA	어느 한 곳에서 다른 곳까지의 거리가 짧다
가끔	2	나무아/ 정미풀 불물 카오	2	MA	시간적, 공간적 간격이 얼마쯤씩 있게
감자기	2	고추장자리/ 꿈의 요정	6	MA	미처 생각할 겨를도 없이 급히
강아지	2	못 찾겠다 피피리/ I Love 수지	3	NN	개의 새끼

어휘	출현 빈도	곡명	출현 횟수	품사	의미
겨울	2	흔들리는 나무/ 도시의 Opera	2	NN	밤의 부서를 이용하여 물체의 모양을 비추어 보는 물건
건너다	2	일편단심 민들레야/ With	4	VV	무엇을 사이에 두고 한편에서 맞은편으로 가다
계절	2	비련/ 서울 1987년	4	NN	규칙적으로 되풀이되는 자연현상에 따라서 일 년을 구분한 것
곡목	2	못 찾겠다 꾀꼬리/ 꿈	2	NN	곡조리 통하는 좋은 길
곡이	2	한강/ 여행을 떠나요	6	NN	휘어서 구부러진 곳
그때	2	목련꽃 사연/ 술은 오늘도 기분 내일도	2	NN	앞에서 이미 이야기한 시간상의 어떤 점이나 부분
그리다	2	한강/ 해바라기	3	VV	연필, 붓 따위로 어떤 사물의 모양을 그와 닮게 선이나 색으로 나타내다
그만	2	못 찾겠다 꾀꼬리/ 아이야미	4	MA	자신도 모르는 사이에
그저	2	회색의 도시/ 처음 느낀 사랑이야	4	MA	변함없이 이제까지
기대	2	해바라기/ 처음 느낀 사랑이야	3	NN	어떤 일이 원하는 대로 이루어지기를 바라면서 기다림
기도하다	2	내 이름은 구름이야/ 바람	4	VV	인간보다 능력이 뛰어나다고 생각하는 어떠한 절대적 존재에게 빌다
기쁘다	2	술은 오늘도 기분 내일도/ 그대를 사랑해	6	VA	욕구가 충족되어 마음이 흐믓하고 흘족하다

어휘	출현 국수	곡명	출현 횟수	출현 품사	의미
기약	2	추억 속의 재회/ 기다림	5	NN	때를 정하여 약속함
기억	2	기다림/ 아는 날 궁로에서	5	NN	이전의 인상이나 경험을 의식 속에 간직하거나 도로 생각해 냄
길이	2	너의 바자리/ 잊을 수 없는 너	3	NN	위에서 밑바닥까지 또는 겉에서 속까지의 거리
까맣다	2	못 찾겠다 꾀꼬리/ 그대여	2	VA	불빛이 전혀 없이 밝음과 검은 이 밝고 질게 검다
깨우다	2	우주여행 X/ 추억에도 없는 이별	3	VV	잠, 꿈 따위에서 벗어나게 하다
꽃피다	2	홍장이/ 정의 마음	3	VV	어떤 현상이 한창 일어나거나 벌어지다
꽃향기	2	추억 속의 재회/ 이별의 인사	2	NN	꽃에서 나는 향내
나가다	2	서울 1987년/ 꿈의 아라랑	3	VX	앞말이 뜻하는 행동을 계속 진행함을 나타내는 말
나그네	2	마도요/ Jungle City	5	NN	자기 고장을 떠나 다른 곳에 잠시 머물거나 떠도는 사람
나다	2	I Love 수지/ 장미꽃 불불 켜요	3	VV	신체 표면이나 땅 위에 솟아나다
나비	2	난 아니야/ 홍진이	4	NN	나비목의 곤충
나오다	2	나도 물라/ 작은 천국	3	VV	안에서 밖으로 오다
날	2	고추장자리/ 추억에도 없는 이별	4	NP	나를이 줄어든 말
날갯짓	2	내버림의 추억/ 끝없는 날개짓 하늘로	6	NN	날개를 치는 짓

어휘	출현 곡수	곡명	출현 횟수	품사	의미
날리다	2	꽃바람/ 목련꽃 사연	2	W	바람이나 힘에 의해 공중에 떠서 이리저리 움직이게 하다
남겨지다	2	지울 수 없는 꿈/ 운명적 인연	3	W	다른 사람과 함께 떠나지 않고 있던 대로 있게 되다
내밀다	2	나도 몰라/ 꿈꿀 자매	2	W	신체나 물체의 일부분이 밖으로 나가게 하다
너머	2	회색의 도시/ 그대의 향기로 흩날리고	3	NN	높이나 경계로 가로막은 사물의 저쪽
넘치다	2	흥강/ 어제밤 꿈속에서	2	W	가득 차서 밖으로 흘러나오거나 밀려나다
내쉬시인	2	마도요/ Jungle City	2	NN	내은쿨을 만들어서 여러 가지 빛을 내도록 하는 장치
노래하다	2	정의 미음/ 미지의 세계	4	W	가사에 곡조를 붙여 목소리로 부를 수 있게 만든 음악을 사람이 부르다
놀다	2	이젠 그랬으면 좋겠네/ 끝없는 날개짓 하늘로	4	VA	아래에서 위까지의 길이가 길다
놓다	2	흥강/ 그대의 향기로 흩날리고	3	VX	앞말이 뜻하는 행동을 끝내고 그 결과를 유지함을 나타내는 말
눈물	2	단발머리/ 산유화	5	NN	눈의 앞쪽의 투명한 곳 또는 도자기 있는 곳
다정하다	2	나무 쟁이요/ 이별의 인사	3	VA	정이 많다

어휘	출현곡수	곡명	출현횟수	출현품사	의미
다하다	2	슬픈 베아트리체/ 아는 날 귀로에서	3	W	어떤 것이 끝나거나 남아 있지 아니하다
다하다	2	황진이/ 일성	3	W	어떤 일을 완수하다
단	2	슬픈 베아트리체/ 소망	5	MM	오직 그것뿐임을 나타내는 말
답답	2	생명/ 서울 1987년	3	NN	말을 익숙화하여 높여 이르는 말
달려오다	2	임성/ 아는 날 귀로에서	3	W	달음질하여 빨리 오다
닮다	2	동명초/ 작은 천국	3	W	어떤 물건을 그릇 따위에 넣다
대지	2	생명/ 서울 1987년	4	NN	대자연의 넓고 큰 땅
더	2	꿈꾸던 사랑/ 판도라의 상자	5	MA	계속하여 또는 그 위에 보태어
돌아가다	2	못 찾겠다 피꼬리/ 도시의 Opera	4	W	원래 있던 곳으로 다시 가거나 다시 그 상태가 되다
되다	2	일몽/ 판도라의 상자	4	W	괜찮거나 바람직하다
독일아니다	2	달팽이머리/ 추억에도 없는 이별	4	NR	죽거나 없어진 것이 다시 살아나다
돌	2	못 찾겠다 피꼬리/ 황진이	2	W	어떤 일을 완수하다
들풀	2	고추잠자리/ 꿈꾸며	3	NN	들에 피는 꽃
때문	2	축제의 의미/ 작은 천국	4	MA	경우에 따라서
떠돈	2	끝없는 날개짓 하늘로/ 물결 속에서	4	NNB	어떤 일의 원인이나 까닭
뜻	2	간직독/ 여와 남	2	NN	무엇을 하겠다고 속으로 먹은 마음

어휘	출현 횟수	곡명	출현 횟수	품사	의미
마주하다	2	I LOVE YOU/ 추억 속의 재회	3	W	마주 대하다
만들다	2	미지의 세계/ 물결 속에서	4	W	노력이나 기술 따위를 들여 목적하는 사물을 이루다
머나멀다	2	꿈/ 태양의 눈	5	VA	몹시 멀다
명하다	2	꿈의 요정/ 아이아이	3	VA	정신이 나간 것처럼 지극히 대한 반응이 없다
메아리	2	여행을 떠나요/ 도시의 Opera	10	NN	울려 퍼져 가던 소리가 되울려 오는 소리
모래	2	도시의 Opera	3	NN	자연히 잘게 부스러진 돌 부스러기
몰아치다	2	비련/ 물결 속에서	5	W	한꺼번에 몰려 닥치다
무너지다	2	애상/ 처음 느낌 사랑이야	2	W	쌓여 있거나 서 있는 것이 허물어져 내려앉다
무대지다	2	추억에도 이별/ 끝없는 날개짓 하늘로	6	W	무대지다의 준말
물새	2	생명/ 비련	5	NN	물종새과의 새
물속	2	미지의 세계/ 소망	6	NN	앞으로 올 때
미래	2	미지의 세계/ 소망	5	W	말게 여기거나 맡게 여기는 생각을 직접 행동으로 드러내다
미워하다	2	그대여/ 추억 속 재회	5	W	밉게 여기거나 맡게 여기는 생각을 직접 행동으로 드러내다
미지	2	미지의 세계/ 우주여행 X	4	NN	아직 알지 못함
밀리다	2	비련/ 어제밤 꿈속에서	13	W	일정한 방향으로 움직이도록 반대쪽에서 힘이 가해지다
밤하늘	2	그대여/ 장미꽃 불꽃 키오	3	NN	밤의 하늘

어휘	출현 곡수	곡명	출현 횟수	품사	의미
벽	2	숲은 베아트리체/ 숨을 만드는 나무	4	NN	집이나 방 따위의 둘레를 막은 수직 건조물
보다	2	내 이름은 구름이여/ 추억 속의 재회	3	VV	사람을 만나다
보다	2	숨은 오늘도 기분 내일도/ 끝없는 날개짓 하늘은	12	JK	비교의 표준 나타내는 격조사
비밀	2	나는 네 좋아/ 꿈들 구매	3	NN	숨기어 남에게 드러내거나 알리지 말아야 할 일
빠지다	2	서울 서울 서울/ 그대를 사랑해	4	VV	무엇에 정신이 아주 쏠리어 헤어나지 못하다
부리다	2	일편단심 민들레야/ 서울 1987년	3	VV	꼭짓에 흩어지도록 던지거나 떨어지게 하다
사랑스럽다	2	그대의 향기는 흩날리고/ 꿈들 구매	4	VA	생김새나 행동이 사랑을 느낄 만큼 귀여운 데가 있다
사연	2	이별의 인사/ 일상	2	NN	편지나 말의 내용
새벽	2	우주여행 X/ 그대의 향기는 흩날리고	3	NN	만들이 트려 할 무렵
새소리	2	고공/ 이별의 인사	2	NN	음력 하순의 새벽에 보이는 달
생기다	2	나는 네 좋아/ 흥진이	6	NN	없던 것이 있게 되다
생명	2	생명/ 숨은 베아트리체	12	NN	사람이 살아서 숨 쉬고 활동할 수 있게 하는 힘
서글프다	2	작은 천국/ 기다림	3	VA	쓸쓸하고 외로워 슬프다
서럽다	2	홍진이/ 고공	2	VA	원통하고 슬프다
서성거리다	2	못 찾겠다 꾀꼬리/ 어느 날 귀로에서	4	VV	한곳에 있지 않고 자꾸 주위를 왔다 갔다 하다

어휘	출현 빈도	곡명	출현 횟수	품사	의미
설레다	2	나도 몰라/ 서울 1987년	2	W	마음이 가라앉지 아니하고 들떠서 두근거리다
세계	2	미지의 세계/ With	6	NN	지구상의 모든 나라 또는 인류 사회 전체
소녀	2	단발머리/ I Love 수지	16	NN	키나 몸집이 작은 여자아이
속	2	여행을 떠나요/ 꿈	8	NN	안쪽 부분
속삭이다	2	모나리자/ 그대의 향기는 흩날리고	3	W	남이 알아듣지 못하도록 낮은 목소리로 가만가만 이야기하다
솟아나다	2	꽃바람/ 숨은 베아트리체	2	W	안에서 밖으로 나오다
솟이다	2	난 아니야/ 어젯밤 꿈속에서	2	W	앞으로나 한쪽으로 기울게 하다
숨소리	2	산유화/ 향강	4	NN	숨을 쉬는 소리
숲	2	꿈/ 잠들 수 없는 꿈	3	NN	수풀의 준말
숲속	2	여행을 떠나요/ 고독한 Runner	2	NN	숲의 안쪽
쉬다	2	와와 남/ 이젠 그랬으면 좋겠네	2	W	피로를 풀려고 몸을 편안히 두다
스며들다	2	그대의 향기는 흩날리고/ 숨은 베아트리체	2	W	속으로 배어들다
시들다	2	난 아니야/ 잠들 수 없는 꿈	3	W	꽃이나 풀 따위가 말라 생기가 없어지다
시련	2	비련/ 판도라의 상자	4	NN	겪기 어려운 단련이나 고통
시원하다	2	여행을 떠나요/ With	3	VA	답답하거나 좋지 아니하고 알맞게 서늘하다

어휘	출현 곡수	곡명	출현 횟수	품사	의미
시작하다	2	어제, 오늘, 그리고/ 판도라의 상자	3	VV	어떤 일이나 행동의 첫 단계를 이루거나 그렇게 하게 하다
쌓이다	2	애상/ 아는 날 귀뚜에서	2	VV	여러 개의 물건이 겹겹이 포개어 얹어 놓이다
쏫음	2	자존심/ 정의 마음	4	NN	아이가 없거나 미처 못하여 짓는 웃음
이무	2	마드모/ With	3	NP	어떤 사람을 특별히 정하지 않고 이르는 인칭 대명사
애타다	2	생명/ 꿈꾸던 사람	3	VV	몹시 답답하거나 안타까워 속이 끓는 듯하다
애기	2	아이마이/ 이별의 인사	2	NN	이야기의 준말
어렵다	2	나는 네 좋아/ 눈물로 보이는 그대	3	VA	하기가 까다로워 힘에 겹다
어른	2	못 찾겠다 꾀꼬리/ 꿈을 꾸며	2	NN	다 자란 사람
어젯밤	2	아이마이/ 어젯밤 꿈속에서	2	NN	어제의 밤
어째먼	2	기다림/ 흔들리는 나무	3	MA	확실하지 아니하지만 짐작건대
얼만나	2	어젯밤 꿈속에서/ 판도라의 상자	3	MA	동작의 강도나 상태의 정도가 대단함을 나타내는 말
엄마	2	고추잠자리/ 못 찾겠다 꾀꼬리	11	NN	격식을 갖추지 않아도 되는 상황에서 어머니를 부르는 말
여기저기	2	회색의 도시/ 꿈	4	NN	여러 장소를 통틀어 이르는 말
여름	2	일편단심 민들레야/ 난 아니야	3	NN	한 해의 네 철 가운데 둘째 철

어휘	출현 횟수	곡명	출현 횟수	품사	의미
여리다	2	솔은 베아트리체/ 흔들리는 나무	3	VA	단단하거나 질기지 않아 부드럽거나 약하다
여자	2	물망초/ 여와 남	2	NN	여성으로 태어난 사람
여행	2	여행을 떠나요/ 도시의 Opera	9	NN	일이나 유람을 목적으로 다른 고장이나 외국에 가는 일
오래전	2	꿈꾸던 사랑/ 꿈을 꾸며	5	NN	상당한 시간이 지나간 과거
오랫동안	2	꿈꾸던 사랑/ 소망	5	NN	시간상으로 꽤 긴 동안
오직	2	I LOVE YOU/ 꿈결 속에서	6	MA	여러 가지 가운데서 다른 것은 있을 수 없고 다만
왠지	2	꿈의 요정/ 애상	2	MA	왜 그런지 모르게
울리다	2	산유화/ 서울 1987년	2	VV	악기를 소리나게 하거나 어떤 이름으로 두루 올리게 하다
이런	2	나도 몰라/ 아이에미	5	MM	관형사 상태, 모양, 성질 따위가 이러한
이르다	2	여행을 떠나요/ 그대의 향기는 물밀려고	2	VA	대중이나 기준을 좀 때보다 앞서거나 빠르다
이별하다	2	비련/ 나무야	4	VV	서로 갈리어 떨어지다
일	2	우주여행 X/ 추억 속의 재회	3	NN	입술에서 후두까지의 부분
잔	2	홍진이/ 시를 서울 서울	3	NN	차나 커피 따위의 음료를 따라 마시는 데 쓰는 작은 그릇
저마다	2	미도요/ 꿈	3	MA	각각의 사람이나 사물마다

어휘	출현곡수	곡명	출현횟수	품사	의미
지편	2	소망/ 태양의 눈	6	NP	말하는 이와 듣는 이로부터 멀리 있는 곳을 가리키는 말
적시다	2	I LOVE YOU/ 나비랜드의 추억	3	V	물 따위의 액체를 묻혀 젖게 하다
점음	2	마도요/ 아는 날 귀로에서	5	NN	젊은 상태
접다	2	생명/ 회색의 도시	4	V	폈던 것을 본래의 모양으로 되게 하다
정	2	정의 마음/ 이별의 인사	5	NN	느끼어 일어나는 마음
줄기	2	정벽의 여자/ 물결 속에서	2	NN	잇대어 뻗어 나가는 물이나 산 따위의 갈래
지구	2	여왕 남/ 우주여행 X	3	NN	태양에서 셋째로 가까운 인류가 사는 천체
지나치다	2	축의 속의 재회/ 태양의 눈	20	V	어떤 곳을 머무르거나 들르지 않고 지나가다
지니다	2	추억에도 없는 이별/ 소망	2	V	몸에 간직하여 가지다
차	2	서울 서울 서울/ 얼굴	4	NN	자나무의 어린잎을 말이거나 우린 물
차갑다	2	회색의 도시/ 흔들리는 나무	5		촉감이 서늘하고 썩 찬 느낌이 있다
찬바람	2	넌 이내야/ 해바라기	4	NN	냉랭하고 싸늘한 기운이나 느낌을 비유적으로 이르는 말

어휘	출현 곡수	곡명	출현 횟수	품사	의미
찾아오다	2	꿈/ 추억에도 없는 이별	5	VV	볼일을 보거나 특정한 사람을 만나기 위하여 그와 관련된 곳에 오다
철새	2	비련/ 마도요	6	NN	철을 따라 이리저리 옮겨 다니며 사는 새
철없다	2	축복[祝福]/ 끝없는 날개짓 하늘로	3	VA	사리를 분별할 만한 지각이 없다
청춘	2	도시의 Opera/ 아는 날 거문에서	4	NN	십 대 후반에서 이십 대에 걸치는 인생의 젊은 나이
쳐다보다	2	일편단심 민들레야/ 끝을 속에서	4	VV	어떤 대상을 전적으로 의지하며 바라보다
축제	2	여행을 떠나요/ 서울 서울 서울	2	NN	축하하여 벌이는 큰 규모의 행사
커다	2	축복[祝福]/ 장미꽃 불을 켜요	10	VV	등잔이나 양초 따위에 불을 붙이다
키	2	못 찾겠다 꾀꼬리/ 끝없는 날개짓 하늘로	3	NN	사람이나 동물이 똑바로 섰을 때의 길이
타인	2	자존심/ 사랑해요	2	NN	다른 사람
표정	2	모나리자/ 도시의 Opera	4	NN	마음속에 품은 감정이나 정서 따위의 심리 상태가 겉으로 드러남
하다	2	정부의 여자/ 나도 몰라	4	VV	어떤 결과를 이루어 내다

어휘	출현 곡수	곡명	출현 횟수	출현 품사	의미
한번	2	나도 몰라/ 목련꽃 사연	3	MA	어떤 일을 시험 삼아 시도함을 나타내는 말
함께하다	2	그대를 사랑해/ 작은 천국	3	W	경험이나 생활 따위를 얼마 안 더불어 하다
행복하다	2	알면답지 믿을래야/ 나의 노래	3	VA	생활에서 충분한 만족과 기쁨을 느끼어 흐뭇하다
하양	2	꽃버림/ 아재랑 곰속에서	2	NN	흰 빛
함성	2	내버려둔의 추억/ 끝없는 날개짓 하늘로	5	NN	함께 지르는 고함 소리
활홀하다	2	내가 아직 아픈 적이/ 나무야	10	VA	눈이 부시어 아찔아찔할 정도로 찬란하거나 화려하다
후	2	I LOVE YOU/ 야이마마	3	NN	뒤나 다음
휘감다	2	한잔/ 숨은 베이트리제	3	W	어떤 물체를 다른 물체에 휘 감기거나 친친 둘러 감다
흥리다	2	흑적의 외미/ 도시의 Opera	2	W	적걸을 섞어서 맑지 아니하게 하다
희다	2	장부의 여자/ 고추잠자리	5	VA	눈이나 우유의 빛깔과 같이 밝고 선명하다
힘들다	2	작은 천국/ 태양의 눈	6	VA	힘이 쓰이는 면이 있다
And	1	나도 몰라	8	EX	
Asia	1	아시아의 불꽃	6	EX	
Firecracker	1	아시아의 불꽃	6	EX	

어휘	출현 빈도	곡명	출현 횟수	품사	의미
Forget	1	서울 서울 서울	4	EX	
IC희로	1	우주여행 X	1	EX	
MISS	1	I LOVE YOU	7	EX	
My	1	서울 서울 서울	4	EX	
Never	1	서울 서울 서울	4	EX	
Runner	1	고독한 Runner	3	EX	
See	1	나도 몰라	8	EX	
TV	1	임상	1	EX	
Wanna	1	나도 몰라	8	EX	
가득하다	1	아는 날 귀로에서	4	VA	분량이나 수효 따위가 어떤 범위나 한도에 꽉 찬 상태에 있다
가로지르다	1	With	2	W	양쪽 사이에 기다란 막대나 줄 따위를 가로로 놓거나 긋다
가만히	1	애상	1	MA	움직이지 않거나 아무 말 없이
가슴	1	비련	4	NN	배와 목 사이의 앞부분 모든 마음이나 생각
가슴속	1	소망	2	NN	마음의 속
가슴앓이하다	1	서울 1987년	1	W	안타까워 마음속으로만 애를 파하다
가시다	1	일편단심 민들레야	1	W	어떤 상태가 없어지거나 달라지다

어휘	출현빈수	뜻명	출현빈수	품사	의미
가시밭길	1	험난다난 민들레야			
가을빛	1	고추잠자리	2	NN	가을과 어울려 산한 경물을 비유적으로 이르는 말
가져가다	1	서쪽 서쪽 서쪽	2	NN	가을을 느낄 수 있는 경치나 분위기
가족	1	우주여행 X	1	W	무엇을 한 지점에서 다른 지점으로 옮겨 가다
간곳없다	1	어제밤 꿈속에서	1	NN	부부를 중심으로 한 친족 관계에 있는 사람들의 집단
간밤	1	꽃바람	1	VA	갑자기 자취를 감추어 온데간데 없다
간양록	1	간양록	1	NN	바로 어젯밤
간힘듭니다	1	숨은 베아트리체	1	NN P	강중이 임전했을 때 일본에 잡혀가서 보고 들은 바를 적은 책
거기	1	꿈의 요정	3	NP	벽이나 울타리가 있는 일정한 장소에서 밖으로 나오지 못하게 되다
거세다	1	태양의 눈	4	VA	듣는 이에게 가까운 곳을 가리키는 지시 대명사
거짓	1	숨은 베아트리체	2	NN	사물의 기세 따위가 몹시 거고 세차다
거칠다	1	작은 천국	2	VA	나무나 살결 따위가 결이 곱지 않고 험하다

부록 | 279

어휘	출현 곡수	곡명	출현 횟수	품사	의미
걱정되다	1	우주여행 X	1	VV	안심이 되지 않아 속이 타다
걷	1	꿈꾸던 사랑	1	NNB	사물, 일, 현상 따위를 추상적으로 이르는 말
걷	1	목련꽃 사연	1	NP	그것이가 줄어든 말
걷다	1	나무야	1	VV	두 다리를 계약이나 내가의 땅 보듬 섬다
걷다	1	생명	2	VA	촛이나 먹의 빛깔과 같이 어둡고 진다
걷무른다	1	서울 1987년	1	VA	걷은발을 따면서 무르다
걷	1	술 오렌드 기뻐 내일도	2	NN	한 해의 내일 기운에 냄새 칠
견우직녀	1	흉진이	1	NN	견우와 직녀를 이울러 이르는 말
결국	1	나무야	1	NN	일의 마무리되는 마담이나 일의 결과가 그웋게 돌아감을 이르는 말
계곡	1	여행을 떠나요	1	NN	물이 흐르는 골짜기
계단	1	서울 서울 서울	1	NN	사람이 오르내리기 위하여 건물이나 비탈에 만든 층층대
고개	1	꿈의 아리랑	6	NN	산이나 언덕을 넘어 다니도록 길이 나 있는 비탈진 곳
고뇌	1	고궁	2	NN	괴로워하고 번뇌함
고단하다	1	도시의 Opera	1	VA	몸이 지쳐서 느른하다

어휘	출현곡수	곡명	출현횟수	품사	의미
고백	1	나는 네 총아	2	NN	마음속에 생각하고 있는 것이나 감추어 둔 것을 사실대로 숨김없이 말함
고추장자리	1	고추장자리	2	NN	잠자릿과의 곤충
골짜기	1	어느 날 귀로에서	2	NN	산과 산 사이에 움푹 패어 들어간 곳
과거	1	끝없는 날개짓 하늘로	2	NN	이미 지나간 때
과약	1	일상	1	MA	아니나 아니다 정말로
과연	1	여행을 떠나요	1	NN	뜻 비교 이득히 넓은 들
과연	1	일편단심 민들레야	2	NN	미친 듯이 시냇계 휩쓸아지는 거센 바람
괜찮다	1	애상	1	VA	아무 까닭이나 실수이 없다
교문	1	기다림	2	NN	몸이 마음이 편하지 않고 고통스러운 상태
교문위하다	1	판도라의 상자	2	VV	괴로움을 느끼다
교회당	1	못 찾겠다 꾀꼬리	1	NN	예수 그리스도를 주로 고백하고 따르는 신자들의 공동체
군다	1	그대를 사랑해	1	VV	무른 물건이 단단하게 되다
군라가다	1	예약 님	1	VV	어떤 곳을 곧라서 가다
군라대나다	1	꿈을 무며	1	VV	물건 따위가 일정한 자리에 있지 아니하고 이리저리 옮겨 있다 하다

부록 | 281

어휘	출현 곡수	곡명	출현 횟수	품사	의미
권하다	1	홍진이	1	VV	어떤 일을 하도록 부추기다
귀	1	산유화	1	NN	사람이나 동물의 머리 양옆에서 듣는 기능을 하는 감각 기관
귀로	1	어느 날 귀로에서	6	NN	돌아오는 길
귀엽다	1	나는 네 좋아	2	VA	예쁘고 곱거나 또는 애교가 있어서 사랑스럽다
그늘	1	이젠 그랬으면 좋겠네	3	NN	어두운 부분
그래	1	나무야	3	JX	청자에게 문장의 내용을 강조함을 나타내는 보조사
그래	1	술 오늘도 기분 내일도	2	EX	앞의 내용과 뒤의 내용이 대립될 때 쓰는 접속 부사
그렇지만	1	그대의 향기는 흩날리고	3	MA	앞의 내용과 뒤의 내용이 대립될 때 쓰는 접속 부사
그림	1	향강	1	NN	선이나 색채를 써서 사물의 형상이나 이미지를 평면 위에 나타낸 것
고이	1	일편단심 민들레야	2	NP	여자가 다른 사람을 상대하여 그 자리에 없는 자기 남편을 가리키는 삼인칭 대명사
금침	1	홍진이	1	NN	이부자리와 베개를 아울러 이르는 말
기슭	1	숨 베아트리체	1	NN	산이나 치마 따위에서 비탈진 곳의 아랫부분

어휘	출현곡수	곡명	출현횟수	출현품사	의미
기억되다	1	흔적의 의미	3	V	이전의 인상이나 경험이 의식 속에 간직되거나 도로 떠오르다
기차	1	I Love 수지	1	NN	여객차나 화차를 끌고 다니는 철도 차량
긴	1	내 이름은 구름이야	1	MM	길고 긴
길다	1	일편단심 민들레야	2	VA	이어지는 시간상의 한 때에서 다른 때까지의 동안이 오래다
길목	1	어느 날 거문에서	2	NN	큰 길에서 좁은 길로 들어가는 어귀
짓들다	1	숲은 베아트리체	1	V	아늑하게 자리 잡다
깨득하다	1	고흐	2	VA	거리가 매우 멀어 보이는 것이나 들리는 것이 희미하다
깔리다	1	잊을 수 없는 너	2	V	널리 퍼져 있다
깨물다	1	비련	3	V	아랫니와 윗니가 맞닿을 정도로 세게 물다
까지다	1	축복(祝福)	6	V	불 따위가 사라져 없어지거나 걸렸던 시동이 도로 죽다
적이다	1	일편단심 민들레야	2	W	물체가 구부러져 다시 펴지지 않게 되거나 아주 굽어지다
꼬마	1	난 아니야	1	NN	어린아이를 귀엽게 이르는 말
꽃그늘	1	난 아니야	1	NN	꽃나무의 그늘
꽃다발	1	단발머리	4	NN	꽃으로 만든 다발

어휘	출현 곡수	곡명	출현 횟수	품사	의미
꽃을	1	난 아니야	1	NN	꽃을 품강으로 하여 듣이는 물
꽃바람	1	꽃바람	6	NN	꽃이 필 무렵에 부는 봄바람
꽃상여	1	술 베이트리체	1	NN	꽃으로 꾸민 상여
꽃씨	1	서울 1987년	2	NN	화초의 씨앗
꽃잎	1	지울 수 없는 꿈	1	NN	꽃을 이루고 있는 낱낱의 조각
꾀꼬리	1	못 찾겠다 꾀꼬리	28	NN	까마귓과의 새
꿈	1	아이엠미	2	NN	잠자는 동안 여러 가지 사물을 보고 듣는 정신 현상
꿈결	1	나비런의 추억	3	NN	꿈을 꾸는 아렴풋한 동안
꿈길	1	달밤머리	2	NN	꿈에서 이루어지는 일의 과정
꿈많았다	1	모나리자	2	VA	계속하거나 이어져 있던 것이 끊어지거나 아니하다
꿈이었다	1	애상	1	W	꿈이당기어 았다
끝나다	1	나무야	1	W	일이 다 이루어지다
끼리	1	우주여행 X	1	EX	
나가다	1	서울 서울 서울	1	W	일정한 지역이나 공간 안에서 밖으로 이동하다
나날	1	끝없는 날까지 하늘로	2	NN	계속 이어지는 하루하루의 날
나누다	1	정미꽃을 카요	6	NN	못을 분배하다
나누다	1	도시의 Opera	2	W	하나를 둘 이상으로 가르다

어휘	출현곡수	곡명	출현횟수	품사	의미
나다	1	황진이	1	VV	길, 통로, 창문 따위가 생기다
나비리본	1	나비리본의 추억	3	NN	나비 모양의 리본
낙엽	1	일편단심 민들레야	2	NN	말라서 떨어진 나뭇잎
날개	1	생명	2	NN	새나 곤충의 몸 양쪽에 붙어서 날아다니는 데 쓰는 기관
날아오다	1	나비리본의 추억	3	VV	공중으로 날아서 오다
남	1	나는 내 춤이	2	NN	자기 이외의 다른 사람
남자	1	억압 남	2	NN	남성으로 태어난 사람
남색	1	생명	2	NN	남의 빛깔과 같이 푸르스름한 회색
낯설다	1	미지의 세계	4	VA	전에 본 기억이 없어 익숙하지 아니하다
낯익다	1	예상	1	VA	여러 번 보아서 눈에 익거나 친숙하다
내놓다	1	황진이	1	VV	물건을 바깥으로 옮기거나 꺼내놓다
내다	1	마도로스	1	VX	앞의 행동이 스스로의 힘으로 끝내 이루어짐을 나타내는 말
내다	1	서울 1987년	1	VV	소리, 냄새 따위를 바깥으로 드러내다

어휘	출현부수	곡명	출현횟수	품사	의미
내려왔다	1	회색의 도시	1	W	먼지, 새, 비행기 따위가 아래로 내려와 있다
내리다	1	도시의 Opera	1	W	위에 있는 것을 낮은 곳 또는 아래로 끌어당기거나 들어뜨리다
나무다	1	아이야미	2	MA	나무를 강조하여 이르는 말
넋	1	숨은 베아트리체	2	NN	사람의 몸에 있으면서 몸을 거느리고 정신을 다스리는 비물질적인 것
넓다	1	미지의 세계	2	VA	면이나 바닥 따위의 면적이 크다
넘다	1	일편단심 민들레야	3	W	높은 부분의 위를 지나가다
넬	1	고곤	3	NNB	헤를 세는 단위
노	1	항강	1	NN	물을 해쳐 배를 나아가게 하는 기구
노도	1	서울 1987년	1	NN	무섭게 밀려오는 큰 파도
노랑나비	1	난 아니야	1	NN	네바물 흰나비과에 속하는 나비
놀다	1	서울 서울 서울	1	W	장기나 쥐고 있던 물체를 일정한 곳에 두다
놀다	1	파도요	1	W	놀이의 대상으로 삼다
눈길	1	나도 물라	1	NN	눈이 가는 곳

어휘	출현 쪽수	곡명	출현 횟수	품사	의미
눈보라	1	일편단심 민들레야	1	NN	바람에 불려서 휘몰아쳐 날리는 눈
눈앞	1	서울 1987년	1	NN	눈으로 볼 수 있는 가까운 곳
늪	1	늪	2	NN	땅바닥이 우묵하게 늘 물이 괴어 있는 곳
다가가다	1	늪	1	W	어떤 대상 쪽으로 가까이 가다
다가서다	1	추억이 잦는 거리	3	W	어떤 대상이 있는 쪽으로 더 가까이 서다
다발	1	꿈꾸던 사랑	1	NN	꽃이나 푸성귀, 돈 따위의 묶음
단발머리	1	단발머리	3	NN	귀밑이나 목덜미 언저리에서 머리털을 가지런히 자른 머리
단청	1	고궁	2	NN	옛날식 집에 여러 가지 빛깔로 그림이나 무늬를 그림
달래다	1	내 이름은 구름이야	2	W	슬퍼하거나 고통스러워하거나 흥분한 사람을 기분을 가라앉히다
달려가다	1	고독한 Runner/ With	6	W	달음질하여 빨리 가다
달콤하다	1	너의 만자리	2	W	감칠맛이 있게 달다
담기다	1	슬픈 오늘도 기쁜 내일도	1	W	어떤 물건이 그릇 따위에 놓여 지다
답답하다	1	태양의 노	1	VA	숨이 막힐 듯이 갑갑하다

어휘	출현횟수	곡명	출현횟수	품사	의미
닿다	1	기억록	1	VV	어떤 물체가 다른 물체에 맞붙어 사이에 틈이 없게 되다
대다	1	우주여행 X	1	VV	무엇을 어디에 닿게 하다
대답	1	미지의 세계	2	NN	부르는 말에 응하여 어떤 말함
대문	1	추억에도 없는 이별	2	NNB	어떤 상태나 행동이 나타나는 족족
대신	1	꿈을 꾸며	1	NN	어떤 대상의 자리나 구실을 바꾸어서 새로 맡음
댕기	1	난 아니야	1	NN	길게 땋은 머리 끝에 드리는 장식용 헝겊이나 끈
더욱	1	고중	1	MA	정도나 수준 따위가 훨씬 심하게 거나 높게
덜하다	1	작은 천국	2	VV	더 보태어 늘리거나 많게 하다
던지다	1	비련	3	VV	손에 든 물건을 다른 곳에 떨어지게 공중으로 내보내다
덧없다	1	꿈의 아람함	1	VA	알지 못하는 가운데 지나가는 시간이 매우 빠르다
데려가다	1	단발머리	2	VV	함께 거느리고 가다
도둑	1	그대의 향기는 흩날리고	1	EC	연결어미
도박사	1	나무야	1	NN	노름을 직업으로 하는 사람
돌이보다	1	회색의 도시	2	VV	지난 일을 다시 생각하여 보다

어휘	출현빈도	곡명	출현횟수	품사	의미
돌아가다	1	어느 날 귀로에서	2	W	원래 향하고 있던 방향에서 반대쪽으로 돌리다
돌째가	1	고종	2	NN	문짝을 여닫게 하기 위하여 사방을 짜 맞추어 만드는 한 벌의 물건
동쪽	1	내가 아직 어렸을 적에	2	NN	네 방위의 하나
동화	1	꽃의 요정	1	NN	어린이를 위하여 동심을 바탕으로 지은 이야기
누근거리다	1	꽃의 요정	1	W	몹시 놀라거나 불안하여 가슴이 자꾸 뛰다
두려움	1	어느 날 귀로에서	1	W	두려운 느낌
두렵다	1	나무야	2	VA	어떤 대상을 무서워하여 마음이 불안하다
뒤돌아보다	1	숲은 오늘도 기둘 내일도	1	W	뒤쪽을 돌아보다
뒤돌아서다	1	목련꽃 사연	1	W	뒤로 돌아서다
뒤교하다	1	소망	2	W	뒤에 두다
뒷산	1	간양록	1	NN	마을이나 집 뒤쪽에 있는 산
듣다	1	나의 노래	3	W	아래에 있는 것을 위로 올리다
들려오다	1	꽃의 요정	3	W	소리나 소문 따위가 들리다
들이다	1	난 아니야	1	W	물감, 색깔, 물기, 소금기를 스미게 하거나 배게 하다
들풀	1	꽃바람	1	NN	들에 난 풀
딥다	1	이젠 그랬으면 좋겠네	1	W	디디디의 준말

어휘	출현 횟수	곡명	출현 횟수	품사	의미
따다	1	고추잠자리	2	V	붙어 있는 것을 잡아떼다
따뜻하다	1	장미꽃 불을 켜요	2	VA	덥지 않을 정도로 온도가 알맞게 높다
따라	1	단발머리	3	JX	특별한 이유 없이 그 경우에만 공교롭게도 꼭 그러하다는 뜻을 보조사
따라서	1	아래밭 곡속에서	1	MA	앞에서 말한 일이 뒤에서 말할 일의 원인이 됨을 나타내는 접속부사
따돌다	1	나무야	1	V	정한 곳 없이 이곳저곳을 옮겨 다니다
딸구다	1	해바라기	2	V	시선을 아래로 향하다
딸기	1	얼떨결이 만들레야	2	NN	식물의 한 부리에서 여러 개의 줄기가 나와 더북하게 된 무더기
또다시	1	판도라의 상자	2	MA	거듭하여 다시
뛰다	1	나는 너 좋아	2	V	맥박이나 심장 따위가 벌떡벌떡 움직이다
뛰어가다	1	고독한 Runner	4	V	달음박질로 빨리 가다
뜯다	1	건방독	1	V	붙거나 닫은 것을 떼거나 찢다
뜰	1	고궁	2	NN	집 안의 울타리 좌우로 가까이 딸려 있는 빈터

어휘	출현 곡수	곡명	출현 횟수	품사	의미
솟대도	1	나무야	1	MA	마음먹은 대로
떡으다	1	흰색의 도시	2	W	물 위에 있게 하거나 위쪽으로 솟아오르게 하다
따다	1	나도 물감	1	W	감정이나 기운 따위를 나타내다
캠프	1	꽃의 요정	1	NN	기계의 작동 상태나 과정 따위를 나타내 보이는 등
로부터	1	어제밤 꿈속에서	1	JK	어떤 행동의 출발점이나 비롯되는 대상임을 나타내는 격조사
로켓	1	우주여행 X	2	NN	고온 고압 가스의 반동으로 추진하는 장치
리본	1	나비리본의 추억	2	NN	끈이나 때 모양의 물건을 들어 이르는 말
마냥	1	신유화	1	MA	언제까지나 줄곧
마도요	1	마도요	10	NN	도요과의 겨울 철새
마른다	1	고등	2	NN	도로과의 겨울 철새
마시다	1	서울 서울 서울	2	W	물이나 술 따위의 액체를 목으로 넘기다
마음속	1	작은 천국	2	NN	마음의 속
마음	1	자존심	1	NN	앞의 내용에 상당한 수량이나 정도임을 나타내는 말
말	1	자존심	1	B	정도임을 나타내는 말
맡다	1	아이마미	1	VX	앞말이 뜻하는 행동이 끝나 실현됨을 나타내는 말

어휘	출현 횟수	곡명	출현 횟수	품사	의미
맑다	1	술은 베이트리체/물결 속에서	2	VA	잡스럽고 탁한 것이 섞이지 아니하다
망설이다	1	아이야미	1	VA	이러저리 생각만 하고 태도를 결정하지 못하다
맞이하다	1	어느 날 귀로에서	1	VV	오는 것을 맞다
맞추다	1	추억 속의 재희	1	VV	서로 떨어져 있는 부분을 제자리에 맞게 대어 붙이다
맹세하다	1	물결 속에서	1	VV	일정한 약속이나 목표를 꼭 실천하겠다고 다짐하다
맺다	1	일편단심 민들레야	1	VV	관계나 인연 따위를 이루거나 만들다
머리	1	추억 속의 재회	1	NN	사람이나 동물의 목 위의 부분
머릿결	1	나비라본의 추억	1	NN	머리카락의 질이나 상태
머무르다	1	눈물을 보이는 그대	1	VV	도중에 멈추거나 일시적으로 어떤 곳에 묵다
먹구름	1	서울 1987년	1	NN	몹시 검은 구름
먹다	1	꿈	2	VV	음식 따위를 입을 통하여 배 속에 들여보내다
먼동	1	여행을 떠나요	1	NN	날이 밝아 올 무렵의 동쪽
멀리	1	우주여행 X	1	MA	매우 멀리
멀리하다	1	그대여	1	VV	친근하게 사귀지 아니하고 피하거나 간격을 두다

어휘	출현 횟수	곡명	출현 횟수	품사	의미
메다	1	여행을 떠나요	1	VV	어깨에 걸치거나 올려놓다
몫	1	고주	2	NR	그리 많지 않은 얼마만큼의 수를 막연하게 이르는 말
모나리자	1	모나리자	17	NNP	이탈리아의 화가 레오나르도 다 빈치의 작품
모래성	1	꿈을 꾸며	2	NNG	모래로 성처럼 쌓은 것
모래알	1	일몰	2	VV	불확실한 사실에 대한 짐작이나 의문의 뜻을 나타낸다
모르다	1		4	VV	현대 한자지다
모이다	1	우주여행 X/ 해바라기	6	VV	한데 합쳐지다
목	1	마도요	1	NN	척추동물의 머리와 몸통을 잇는 잘록한 부분
목련	1	고주	2	NN	목련과의 자목련, 백목련 따위를 통틀어 이르는 말
목련꽃	1	목련꽃 사연	2	NN	목련의 자목련, 백목련 따위를 통틀어 이르는 말
목련다	1	I LOVE YOU	3	VA	몸 따위가 몹시 먹고 싶다
목메다	1	일몰	2	VV	감정이 북받쳐 속이울렁 그 기운이 목에 엉기어 막히다
몰래	1	With	2	MA	남이 모르게 살짝
몰려오다	1	서울 1987년	1	VV	여럿이 떼를 지어 한쪽으로 밀려오다

어휘	출현 곡수	곡명	출현 횟수	품사	의미
몸	1	여와 남	1	NN	사람이나 동물의 형상을 이루는 전체
무겁다	1	애상	1	VA	무게가 나가는 정도가 크다
무덤	1	서울 서울 서울	1	NNB	죽음
무성하다	1	못 찾겠다 꾀꼬리	1	VA	푸성귀나 나무같은 것이 우거져 성질이나 기세 따위가 무성시 남다
묵다	1	동백초	2	VV	고, 초 따위를 매듭으로 만들다
문	1	꿈의 요정	3	NN	드나들거나 물건을 넣었다 꺼냈다 하기 위하여 만들어 놓은 곳
문턱	1	꿈	1	NN	문짝의 밑이 닿는 문지방의 부분
문다	1	나의 노래	6	VV	무엇을 밝히거나 알아내기 위하여 대답이나 설명을 요구하는 내용으로 말하다
문하다	1	끝없는 날개짓 하늘로	2	VV	물건이 들어가 다른 물건 속에 넣어져 보이지 않게 덮이다
물건	1	이젠 그랬으면 좋겠네	1	NN	일정한 형제를 갖춘 모든 것 대상
물망초	1	물망초	2	NN	지칫과의 여래해살이풀
물방울	1	물결 속에서	1	NN	작고 둥글둥글한 물의 덩이

어휘	출현 곡수	곡명	출현 횟수	품사	의미
물어보다	1	비련	9	VV	무엇을 밝히거나 알아내기 위하여 상대편에게 묻다
미안	1	우주여행 X	2	NN	남에게 대하여 마음이 편치 못하고 부끄러움
미움	1	고독한 Runner	1	NN	미워하는 일이나 미워하는 마음
미치다	1	I LOVE YOU	2	VV	정신에 이상이 생겨 말과 행동이 보통 사람과 다르게 되다
미들메	1	얼쑤덩실 미들레야	8	NN	국화과의 여러해살이풀
말아	1	산유화	1	NN	남이 못 알아듣게 비밀히 하는 말
담다	1	달맞이	2	VA	모양, 생김새, 행동거지 따위가 마음에 들지 않거나 눈에 거슬리다
미덥결	1	이별의 인사	1	NN	일정한 방향으로 부는 바람의 움직임
바로	1	술을 오늘도 기분 내일도	1	NN/B	일정한 방향이나 곳 또는 부분을 이르는 말
바퀴	1	약앞 남	1	NN	돌리거나 굴리려고 테 모양으로 둥글게 만든 물건
부에	1	내가 아직 아픈을 적엔	1	JX	그것 이외에는의 뜻을 나타내는 보조사
반	1	약아 남	1	NN	둘로 똑같이 나눈 것의 한 부분
반기다	1	여행을 떠나요/ 고향/ 꽃의 아리랑	4	VV	반가워하거나 반갑게 맞다

어휘	출현 곡수	곡명	출현 횟수	품사	의미
반짝이다	1	단발머리	3	V	작은 빛이 잠깐 나타났다가 사라지다
밤말	1	회색의 도시	2	NN	밤 아래쪽의 땅을 받는 평평한 부분
밤늘	1	Jungle City	1	V	밤이 지나고 훤해지며 새날이 오다
밝다	1	여왕 밤	1	V	불빛 따위로 어두운 곳을 환하게 하다
밝히다	1	여왕 밤	1	NN	밤사이의 추월
밤새	1	도시의 Opera	1	NN	밤사이의 준말
밤	1	너버리보의 추억	3	NN	사람이 살기나 일을 하기 위하여 벽 따위로 막아 만든 칸
방	1	어제, 오늘, 그리고	2	NN	정한 곳 없이 이리저리 떠돌아 다님
방황하다	1	어제, 오늘, 그리고	2	V	이리저리 헤매어 돌아다니다
배	1	한강	1	NN	물 위로 떠다니도록 나무나 쇠 따위로 만든 물건
배낭	1	여행을 떠나요	1	NN	물건을 넣어서 등에 질 수 있도록 만든 가방
배반	1	술은 배이트러제	1	NN	믿음과 의리를 저버리고 돌아섬
배우다	1	내가 아직 이름을 적연	2	V	새로운 지식이나 교양을 얻다
배끌	1	황진이	1	NN	죽은 사람의 몸이 썩고 남은 뼈

어휘	출현 국수	국명	출현 횟수	품사	의미
빵빵	1	고추잠자리	2	MA	일정한 좁은 범위를 자꾸 도는 모양
벗어나다	1	여행을 떠나요	1	W	공간적 범위나 경계 밖으로 빠져나오다
베고니아	1	서울 서울	1	NN	베고니아과의 여러 해살이풀 통틀어 이르는 말
베다	1	황진이	1	W	날이 있는 연장 따위로 무엇을 끊거나 자르거나 가르다
베아트리체	1	숨은 베아트리체	2	NNP	이탈리아 피렌체의 귀부인
벨	1	꿈의 요정	3	NN	전기를 이용하여 소리가 나도록 한 장치
박제수	1	황진이	1	NN	풀빛이 맑아 무르게 보이는 시냇물
벽련화	1	고고	1	NN	지무른 새깔의 연꽃
별리	1	황진이	1	NN	서로 갈리어 떨어짐
보고	1	작은 천국	2	W	눈으로 대상의 존재나 형태적 특징을 알다
보다	1	작은 천국	1	MM	말하는 이가 생각하고 있는 대상을 가리킬 때 쓰는 말
보랏빛	1	내게라믄의 추억	5	NN	파랑과 빨강의 중간 빛

어휘	출현 곡수	곡명	출현 횟수	품사	의미
보채다	1	I Love 수지	1	W	아기가 울며불며 스스럼을 내며 어뜸게 해 달라는 뜻으로 칭얼거리다
부드럽다	1	추억 속의 재회	1	VA	닿거나 스치는 느낌이 거칠거나 뻣뻣하지 아니하다
부닺치다	1	작은 천국	2	W	마주치다
부르다	1	추억 속의 재회	1	W	무엇이라고 가리켜 말하거나 이름을 붙이다
부서지다	1	품을 꾸며	2	W	단단한 물체가 깨어져 여러 조각이 나다
부풀다	1	꽃의 아리랑	3	W	희망이나 기대 따위가 마음에 가득하게 되다
북	1	총진이	1	NN	타악기의 하나
불	1	장미꽃 불꽃 카요	6	NN	물질이 산소와 화합하여 높은 온도로 빛과 열을 내면서 타는 것
불다	1	I LOVE YOU	1	W	입길을 내거나 바람을 일으키다
불불	1	술픈 베이트리체	2	NN	없어지거나 사라지지 아니함
비추다	1	태양의 눈	4	W	빛을 내는 대상이 다른 대상에 빛을 보내어 밝게 하다
빈자리	1	너의 빈자리	4	NN	사람이 앉지 아니하여 비어 있는 자리

어휘	출현 곡수	곡명	출현 횟수	품사	의미
빗다	1	단발머리	3	V	머리털을 빗 따위로 가지런히 고르다
빗물	1	풀잎초	4	NN	비가 와서 고이거나 모인 물
빗속	1	I LOVE YOU	2	NN	비가 내리는 가운데
빠져들다	1	추억에도 없는 이별	2	V	점점 더 깊이 들어가다
뼘	1	미련	3	NN	엄지와 다른 손가락들 사이에서 턱 위까지의 길이 많은 부분
뿌리	1	나무야	4	NN	수분과 양분을 빨아올리고 줄기를 지탱하는 작용을 하는 기관
뿐	1	이별의 인사	1	B	오직 그렇게 하거나 그러하다는 것을 나타내는 말
사	1	못갖춘 사연	1	NR	셋에 일을 더한 수
사냥꾼	1	Jungle City	1	NN	사냥하는 사람
사로잡다	1	꿈꾸던 사랑	1	V	사람이나 짐승 따위를 산 채로 잡다
사막	1	도시의 Opera	4	NN	강수량이 적어서 식생이 보이지 않는 지역
사진	1	꿈의 요정	1	NN	물체의 형상을 찍어 오랫동안 보존할 수 있게 만든 영상
산	1	얼떠덤얼 멈블래아	2	NN	평지보다 높이 솟아 있는 땅의 부분

어휘	출현 곡수	곡명	출현 횟수	품사	의미
산고	1	서울 1987년	2	NN	아이를 낳을 때에 느끼는 고통
산유화	1	산유화	6	NN	김소월이 지은 시
산중	1	여행을 떠나요	2	NN	산의 속
살그머니	1	그대의 향기는 춤을빌리고	1	MA	남의 눈에 띄지 않게 가만히
살아가다	1	흔적의 의미/ Jungle City	4	W	목숨을 이어 가거나 생활을 해 나가다
살짝	1	아이매미	1	MA	남의 눈을 피하여 재빠르게
살풀이	1	흥진이	1	NN	타고난 살을 풀기 위하여 하는 굿
살피다	1	일상	2	W	두루두루 주의하여 자세히 보다
삼경	1	건양록	1	NN	햇볕을 오경으로 나눈 셋째 부분
상자	1	판도라의 상자	3	NN	물건을 넣어 두기 위해 만든 네모난 그릇
상하다	1	지존심	2	W	근심, 슬픔, 노여움 따위로 마음이 언짢아지다
새	1	나비처럼의 추억	3	NN	사이의 준말
새기다	1	해바라기	2	W	글씨나 형상을 파다
새다	1	With	1	W	기체, 액체 따위가 틈 사이로 조금씩 빠져 나오다
새롭다	1	판도라의 상자	2	VA	지금까지 있은 적이 없다
새벽달	1	건양록	1	NN	음력 하순의 새벽에 보이는 달

어휘	출현 국수	곡명	출현 횟수	품사	의미
새갈	1	서울 1987년	1	NN	빛의 파장에 따라 나타나는 특유한 빛
샘	1	솔튼 베아트리체	1	NN	물이 땅에서 솟아 나오는 곳
생각	1	못 찾겠다 꾀꼬리	1	NN	어떤 사람이나 일 따위에 대한 기억
생각나다	1	못 찾겠다 꾀꼬리	1	VV	어떤 사람이나 일 따위에 관한 기억이 떠오르다
서울라이에	1	Jungle City	1	NN	청장에 매달아 드리운 방사형 모양의 등
서두르다	1	서울 서울 서울	1	VV	일을 빨리 해치우려고 급하게 바삐 움직이다
서리	1	간양록	1	NN	대기 중의 수증기가 지상의 물체 표면에 얼어붙은 것
서리서리	1	홍진이	1	MA	얽히거나 뒤엉키지 않고 풀어놓은 모양
서성이다	1	내 이름은 구름이여	3	VV	한곳에 서 있지 않고 주위를 왔다 갔다 하다
서울	1	서울 서울 서울	36	NN	한 나라의 중앙 정부가 있는 곳
서양	1	With	2	NN	저녁때의 햇빛
서울	1	도시의 Opera	1	NN	남에게 어떤 물건 따위를 선사함
산	1	간양록	1	NN	조상의 무덤

어휘	출현 곡 수	곡명	출현 횟수	품사	의미
살풋	1	한강	2	NN	사람에게 느껴지는 마음
섬	1	숨은 베이트리체	1	NN	주위가 수역으로 완전히 둘러싸인 육지의 일부
세다	1	못 찾겠다 꾀꼬리	1	VA	사물의 수효를 헤아리거나 꼽다
세어일	1	나무야	1	NN	세상에서 일어나는 일
소원	1	꿈의 요정	1	NN	어떤 일이 이루어지기를 바람
소음	1	여행을 떠나요	1	NN	불규칙하게 뒤섞여 불쾌하고 시끄러운 소리
속다	1	Jungle City	4	W	남의 거짓이나 꾀에 넘어가다
속삭임	1	목련꽃 사연	1	NN	낮지만 똑소리로 가만가만히 하는 이야기
속절없다	1	홀짝이	1	VA	단념할 수밖에 달리 어쩔 도리가 없다
손마디	1	넌 아니야	1	NN	손가락의 마디
손수건	1	눈물을 보이는 그대	2	NN	몸에 지니고 다니며 쓰는 작은 네모진 수건
손잡다	1	불결 속에서	1	W	손과 손을 마주 잡다
손짓	1	눈물을 보이는 그대	1	NN	손을 놀려 어떤 사물을 가리키거나 자기 생각을 남에게 전달하는 일
솟아오르다	1	고독한 Runner	1	W	아래에서 위로 또는 안에서 밖으로 불쑥 나타나다

어휘	출현 횟수	곡명	출현 횟수	품사	의미
수업이	1	끝없는 날개짓 하늘로	2	MA	헤아릴 수 없을 만큼 그 수가 많이
수줍다	1	서울 1987년	1	VA	다른 사람 앞에서 말이나 행동을 하는 것이 어렵거나 부끄럽다
수지	1	I Love 수지	1	NNP	조카 조수지
순	1	순 베아트리체	9	NNP	순순히 따름
술	1	술	2	NN	술
술래	1	못 찾겠다 꾀꼬리	11	NN	술래잡기 놀이에서 숨은 아이들을 찾아내는 아이
술래잡기	1	못 찾겠다 꾀꼬리	1	NN	아이들 놀이의 하나
술잔	1	출적의 의미	1	NN	술을 따라 마시는 그릇
숨죽이다	1	생명	2	VV	숨소리가 들리지 않을 정도로 조용히 하다
숱하다	1	목련꽃 사연	1	VA	아주 많다
쉬이	1	풍진이	1	MA	어렵거나 힘들지 아니하게
슬퍼지다	1	꿈	2	VV	연민한 일을 겪거나 불쌍한 일을 보고 마음이 아프고 괴롭게 되다
시선	1	모나리자	2	NN	눈이 가는 길
신문	1	일상	1	NN	신문 기사를 실은 종이

어휘	출현 횟수	곡명	출현 횟수	품사	의미
신비하다	1	목련꽃 사연	2	VA	일이나 현상 따위가 이해할 수 없을 만큼 신기하고 묘하다
신혼	1	고독한 Runner	1	NN	일정한 부호, 표지 따위로 특정한 내용 또는 정보를 전달하거나 지시함
신다	1	서울 1987년	1	W	무엇인가를 옮기기 위하여 탈 것, 수레, 비행기, 짐승의 등 위에 올리다
심그럽다	1	With	1	VA	성실하고 믿음직하기가 있다
색	1	서울 1987년	1	NN	처음 돋아나는 어린잎이나 줄기
샘다	1	꿈을 꾸며	2	W	여러 개의 물건을 겹겹이 포개어 얹어 놓다
손아지다	1	생명	2	W	어떤 일이나 대상, 현상이 한가번에 많이 생기다
쏘다	1	서울 서울 서울	1	W	도구로 종이 따위에 힘을 고이 서울정한 글자의 모양이 이루어지게 하다
쏘라지다	1	고독한 Runner	3	W	힘이 빠져 서 있는 상태에서 바닥에 눕는 상태가 되다
쓸리다	1	고곳	1	W	쏠 따위에 문질러져서 닳게 되다
쓸쓸히	1	이별의 인사	1	MA	외롭고 적적하게

어휘	출현 횟수	곡명	출현 횟수	품사	의미
씨	1	일편단심 민들레야	1	NN	식물의 열매 속에 있는 장차 싹이 터서 새로운 개체가 될 단단한 물질
식	1	나무야	1	EX	
싯기다	1	서울 1987년	1	VV	때나 더러운 것이 없어지다
셋다	1	미도요	1	VV	물이나 다른 약품으로 때나 더러운 것을 없게 하다
아가씨	1	난 아니야	1	NN	시집갈 나이의 여자를 이르거나 부르는 말
아기새	1	처음 느낀 사랑이야	1	NN	아기 새를 귀엽게 이르기 위해 만든 말
아니	1	나는 네 좋아/ 우주여행 X	3	MA	부정이나 반대의 뜻을 나타내는 말
아득하다	1	물결 속에서	2	VA	보이는 것이나 들리는 것이 희미하고 매우 멀다
아련하다	1	추억이 잠든 거리	1	VA	똑똑히 분간하기 힘들게 아렴풋하다
이름	1	향강	1	NNB	두 발을 옮겨놓게 만든 물체 얹어 탈 만한 물건을 세는 단위
아람	1	꿈의 아람	21	NNP	우리나라의 대표적인 민요의 하나
아리아람	1	꿈의 아람	2	NNP	우리나라의 대표적인 민요의 하나

어휘	출현빈도	곡명	출현빈도	품사	의미
이마	1	고추장자리	4	MA	미묘어 직작하거나 생각하여 볼 때 그럴 가능성이 크다는 뜻을 나타내는 말
이무엇	1	추억에도 없는 이별	1	NP	특별히 정해지지 않은 어떤 것 일체
이물다	1	이젠 그랬으면 좋겠네	3	VV	부스럼이나 상처가 다 나아 살 껄이 맞붙다
이스팔트	1	회색의 도시	2	NN	석유를 정제할 때 잔류물로 얻어지는 고체나 액체
아시아	1	아시아의 불꽃	6	NN	육대주의 하나
아이마미	1	아이마미	9	NNP	이름답고 이성적이며 마음씨 고운 미인
이주	1	내가 아직 아픔을 적엔/ 소망	4	MA	보통 정도보다 훨씬 더 넘어선 상태로
아파하다	1	아는 날 귀로에서	1	VV	몸이나 마음에 아픔을 느끼다
안	1	내버려분의 추억	3	NN	어떤 물체나 공간의 둘레에서 가에서 기운데를 향한 쪽
안기다	1	처음 느낀 사랑이야	1	VV	두 팔을 벌린 가슴 쪽으로 달겨지게 되다
안녕	1	꽃비람	11	EX	일, 만남, 물건 때위가 좋게 이루어지지 않다
안되다	1	나무야	1	VV	

어휘	출현 횟수	곡명	출현 횟수	품사	의미
안타깝다	1	모나리자	2	VA	못마땅 돼지 아니하거나 보기에 딱해서 가슴 아프고 답답하다
알리다	1	우주여행 X	2	W	사물이나 상황에 대한 지식을 알게 하다
잇다	1	슬픈 베이트리체	1	W	빼앗거나 가로채다
앞서가다	1	마도요	4	W	남보다 앞서서 가거나 먼저 가다
애	1	못 찾겠다 꾀꼬리	8	NN	아이의 준말
애기	1	생명	4	NN	아기
애슷하다	1	너의 빈자리	1	VA	무정한 행동이나 그런 행동을 한 사람이 섭섭하게 여겨지다
애원다	1	숨은 오늘도 기를 내일도	1	W	몹시 삶이 빠져 조금 파리하게 되다
약속하다	1	꿈결 속에서	2	W	다른 사람과 앞으로의 일을 어떻게 할 것인가를 미리 정하여 두다
양귀비	1	훙짓이	1	NNP	중국 당나라 현종의 비
어김없다	1	흔들리는 나무	2	VA	어기는 일이 없다
어깨너머	1	흔들리는 나무	1	W	남이 하는 것을 곁에서 보거나 들음 하 함

어휘	출현 국수	구문	출현 횟수	출현 품사	의미
아는	1	회색의 도시	1	MM	관련되는 대상이 특별히 제한되지 않음을 이를 때 쓰는 말
아느새	1	자들 수 없는 꿈	1	MA	어느 틈에 벌써
아련	1	어제, 오늘, 그리고	5	MM	사람이나 사물의 특징, 내용, 상태, 성격이 무엇인지 물을 때 쓰는 말
아리다	1	술은 베이트리체	1	VV	눈에 눈물이 조금 괴다
아바이	1	간옹독	1	NN	아버지와 아버지를 이룰러 이르는 말
아여쁘다	1	우주여행 X	1	VA	예쁘다를 예스럽게 이르는 말
아인	1	일편단심 민들레야	2	MM	어찌 된 예스럽게 이르는 말
아즈바	1	황진이	2	EX	아저라는 가문
아지검	1	고추잠자리	2	NN	물을 체대로 가누 수 없이 정신이 흐리고 얼얼하다
아자럽다	1	고추잠자리	2	VA	어찌하다의 준말
아재라	1	판도라의 상자	1	VV	못밭에 우연히
아재가	1	나무야	1	MA	어쩌 된 까닭인지의 준말
아셋지	1	장미꽃 물을 켜요	2	MA	어떤한 방법으로 하다
아째하다	1	아이마이	2	VV	이렇게 하든지 저렇게 하든지
아치피	1	일몰	2	MA	
역	1	한강	5	NN	NN 1억 년이라는 뜻으로 매우 오래고 긴 세월을 이르는 말

어휘	출현 국수	국명	출현 횟수	출현 품사	의미
약	1	술은 베이드리체	1	NN	맡은 약속함
얻다	1	나무야	1	W	거저 주는 것을 받아 가지다
얼룩지다	1	끝없는 날개짓 하늘로	2	W	가족에 얼룩이 생기다
없다	1	미도요/ 고궁	3	VA	사람, 동물, 물체 따위가 실제로 존재하지 않는 상태이다
여미다	1	한강	3	W	벌어진 옷깃이나 장막 따위를 바로 합쳐 단정하게 하다
여울지다	1	솔뮌 미소	2	W	생각 따위가 천천히 떠오르는 물결처럼 일어나다
역사	1	축복[축뷸]	4	NN	어른이 된 여자
역인	1	우주여행 X	1	W	인류 사회의 변천과 흥망의 과정
역다	1	꿈의 요정	1	NN	여러 가닥을 얽거나 이리저리 엇걸어 어떤 물건을 만들다
역기	1	홍집이	1	NN	무엇이 물에 될 때에 생겨나는 흐릿한 기체나 기운
연분	1	애상	1	NN	서로 관계를 맺게 되는 인연
연속	1	꿈에 애상	1	NN	끊이지 아니하고 죽 이어지거나 지속함
연약하다	1	축복[축뷸]	3	VA	무르고 약하다
연다	1	여행을 떠나요	1	W	모임이나 회의 따위를 시작하다

어휘	출현 곡수	곡명	출현 횟수	품사	의미
열사	1	서울 서울 서울	1	NN	우편 요금을 냈다는 표시로 종이에 인쇄한 딱지 종류
열	1	이젠 그랬으면 좋겠네	3	NN	사물의 오른쪽이나 왼쪽의 면
옛날	1	태양의 눈	2	NN	지난 지 꽤 오래된 시기를 막연히 이르는 말
옛일	1	내 이름은 구름이야	2	NN	지나간 과거의 일
오다	1	꿈의 요정	3	VV	움직여 위치를 옮기다
오다	1	풍앙초	1	VV	비, 눈, 서리나 추위 따위가 내리거나 닥치다
오랜	1	그대여	1	MM	이미 지난 동안이 긴
오순도순	1	우주여행 X	1	MA	정답게 이야기하거나 의좋게 지내는 모양
오후	1	꿈의 요정	1	NN	정오부터 밤 열두 시까지의 시간
온밤	1	I LOVE YOU	3	NN	온 하룻밤
온다	1	미도요	1	VA	사리에 맞고 바르다
옷	1	I LOVE YOU	2	NN	몸을 싸서 가리거나 보호하기 위하여 만들어 입는 물건
옷깃	1	내버린분의 추억	1	NN	저고리나 두루마기의 목에 둘러 대어 앞에서 여밀 수 있도록 된 부분

어휘	출현 수	극명	출현 횟수	품사	의미
와	1	꿈꾸던 사람	2	MA	여원이 한꺼번에 몰려 움직이는 모양
왕자	1	장미꽃 불꽃 키우	2	NN	임금의 아들
외기러기	1	어제밤 꿈속에서	1	NN	짝이 없는 한 마리의 기러기
외치다	1	정의 마음	2	VV	남의 주의를 끌기 위하여 큰 소리를 지른다
요정	1	꿈의 요정	4	NN	요사스러운 정령
욕심	1	나무야	2	NN	분수에 넘치게 무엇을 탐내거나 누리고자 하는 마음
용서하다	1	비련	3	VV	지은 죄나 잘못한 일에 대하여 꾸짖거나 벌하지 아니하고 덮어주다
우기다	1	마도요	1	VV	억지를 부려 제 의견을 고집스럽게 내세우다
우연히	1	정의 마음	1	MA	어떤 일이 뜻하지 아니하게 저절로 이루어져 공교롭게
우주	1	우주여행 X	4	NN	무한한 시간과 만물을 포함하고 있는 끝없는 공간의 총체
우체부	1	서울 서울 서울	1	NN	우편, 보험, 전신 전화 수탁 업무 따위를 맡아보는 기관
운명	1	처음 느낌 사랑이야	2	NN	인간을 포함한 모든 것을 지배하는 초인간적인 힘

어휘	출현 횟수	곡명	출현 횟수	품사	의미
울음이다	1	어느 날 궁전에서	1	VV	나무 둘리거나 두레워서 가슴이 두근거리다
울리다	1	도시의 Opera	3	VV	어떤 물체가 소리를 내다
울먹이다	1	축의 속의 채희	1	VV	울상이 되어 자꾸 울음이 터져 나오려고 하다
울부짖다	1	숲 베아트리체	1	VV	감정이 격하여 마구 울면서 크게 소리를 내다
움직이다	1	애상	1	VV	멈추어 있던 자세나 자리가 바뀌다
웃음	1	나는 너 좋아	2	NN	웃는 일
옷	1	황진이	1	NN	오릿과의 물새
올	1	목련꽃 사연	1	NN	한 달 동안
이웃	1	아이머미	2	NN	따뜻한 말이나 행동으로 괴로운 물어 주거나 슬픔을 달래 줌
유난히	1	그대여	1	MA	언행이나 상태가 보통과 아주 다르게
유리	1	축억의 잠든 거리	1	NN	석영, 탄산 소다, 석회암을 섞어서 만든 물질
유혹	1	생명	2	NN	꾀어서 정신을 홀미하게 하거나 좋지 아니한 길로 이끎
은색	1	생명	2	NN	은의 빛깔과 같이 반짝이는 색

어휘	출현 횟수	곡명	출현 횟수	품사	의미
은하수	1	그대여	1	NN	은하를 강에 비유하여 일상적으로 이르는 말
음성	1	I LOVE YOU	4	NN	사람의 목소리나 말소리
이	1	눈물을 보이는 그대	2	NNB	사람의 말을 나타내는 말
이	1	자존심	1	NP	가까이 있거나 생각하고 있는 대상을 가리키는 지시 대명사
이	1	미지의 세계	1	MM	말하는 이에게 가까이 있는 대상을 가리킬 때 쓰는 말
이것	1	작은 친구	2	NP	말하는 이에게 가까이 있거나 생각하고 있는 사물을 가리키는 지시 대명사
이쪽	1	간양록	1	NN	일정한 곳을 따위가 전하 다른 남의 나라
이끼	1	고수	2	NN	선태식물에 속하는 은화식물들을 통틀어 이르는 말
이러하다	1	나든 물라	2	VA	이들다의 본말
이루어지다	1	그대여	2	VV	어떤 대상에 의하여 일정한 상태나 결과가 생기거나 만들어지다
이르다	1	물결 속에서	2	VV	어떤 장소나 시간에 닿다
이리저리	1	목련꽃 사연	1	MA	일정한 방향이 없이 이쪽저쪽으로

어휘	출현곡수	곡명	출현횟수	품사	의미
이성	1	판도라의 상자	1	NN	수량이나 정도가 일정한 기준보다 더 많거나 나음
이유	1	술픈 베이트리체	2	NN	어떠한 결론이나 결과에 이른 까닭이나 근거
이재야	1	눈물로 보이는 그대	1	MA	말하고 있는 이때에 이르러서야 비로소
이토록	1	모나리자	2	MA	이러한 정도로까지
익다	1	이젠 그랬으면 좋겠네	2	VA	자주 경험하여 조금도 서투르지 않다
익숙하다	1	아는 널 귀로에서	1	VA	어떤 일을 여러 번 해여 서투르지 않은 상태에 있다
인연	1	인연	2	NN	사람들 사이에 맺어지는 관계
인형	1	I Love 수지	2	NN	사람이나 동물 모양으로 만든 장난감
일렁이다	1	추억 속의 재회	1	VV	크고 긴 물건 따위가 이리저리 크게 흔들리다
일편단심	1	일편단심 민들레야	6	NN	진심에서 우러나오는 변치 아니하는 마음을 이르는 말
입	1	정익 마음	1	NN	입에서 나오는 말은 곧
입다	1	꽃바람	1	VV	받거나 당하다
입맞춤	1	슬픈 베이트리체	1	NN	성애의 표현으로 상대의 입에 자기 입을 맞춤

어휘	출현 곡수	곡명	출현 횟수	품사	의미
잎	1	서울 1987년	1	NN	식물의 영양 기관의 하나
입새	1	회색의 도시	2	NN	나무의 잎사귀
자국	1	난 아니야	1	NN	다른 물건이 닿거나 묻어서 생긴 자리
자다	1	이젠 그랬으면 좋겠네	1	VV	눈이 감기면서 한동안 의식 활동이 쉬는 상태가 되다
자국	1	눈물을 보이는 그대	1	NN	자국 다른 물건이 닿거나 묻어서 생긴 자리
자욱하다	1	눈물을 보이는 그대	1	VA	연기나 안개 따위가 진득 끼어 있다
자유롭다	1	이별의 인사	3	VA	구속이나 속박 따위가 없이 제 마음대로 할 수 있다
자장가	1	I Love 수지	3	NN	어린아이를 재우기 위하여 부르는 노래
자존심	1	자존심	2	NN	남에게 굽히지 아니하고 자신의 품위를 스스로 지키는 마음
자취	1	고궁	1	NN	어떤 것이 남긴 표시나 자리
작별	1	눈물을 보이는 그대	1	NN	인사를 나누고 헤어짐
잠들다	1	참부인 여자	2	VV	비유적으로 사물이 움직이지 않게 되다 또는 죽음의 뜻
잠시	1	With	2	NN	짧은 시간
잠자다	1	도시의 Opera	3	VV	자는 상태에 있다

어휘	출현 곡수	곡명	출현 횟수	품사	의미
잡초	1	간양독	1	NN	가꾸지 않아도 저절로 나서 자라는 여러 가지 풀
잡히다	1	나의 노래	3	VV	붙들리다
창고	1	홍진이	1	NN	창구의 옛말
장난감	1	꿈을 꾸매	1	NN	아이들이 가지고 노는 여러 가지 물건
정의	1	일편단심 민들레야	2	NN	정의과 정의속의 관열을 통틀어 이르는 말
재촉하다	1	서울 1987년	1	VV	어떤 일을 빨리하도록 조르다
저녁	1	정미출 볼볼 켜요	1	NN	해가 질 무렵부터 밤이 되기까지의 사이
저녁노을	1	고독한 Runner	1	NN	해가 질 때의 노을
저물다	1	난 아니야	2	VV	해가 져서 어두워지다
적	1	내가 아직 어릴 적에	3	NNB	그 동작이 진행되거나 그 상태가 나타나 있는 때
적다	1	간양독	1	VV	어떤 내용을 글로 쓰다
적	1	기다림	2	NN	막연한 과거의 어느 때를 가리키는 말
전봇대	1	못 찾겠다 꾀꼬리	1	NN	전선이나 통신선을 늘여 매기 위하여 세운 기둥
전부	1	판도라의 상자	2	NN	어떤 대상을 이루는 낱낱을 모두 합친 것

어휘	출현 곡수	곡명	출현 횟수	품사	의미
탄생	1	애상	1	NN	이 세상에 태어나기 이전의 생애를 이른다
절망	1	솔로 배이트리체	1	NN	바랄 것이 없게 되어 모든 희망을 끊어 버림
젊은이	1	아시아의 물꽃	6	NN	나이가 젊은 사람
점점	1	그대여	2	MA	조금씩 더하거나 덜하여지는 모양
젖다	1	한강	1	VV	고르게 스미도록 손이나 기구 따위를 내용물에 넣고 이리저리 돌리다
젖	1	Jungle City	1	NN	큰 나무들이 빽빽하게 들어선 깊은 숲
정답다	1	이별의 인사	2	VA	따뜻한 정이 있다
정말	1	꿈의 요정	3	NN	거짓이 없이 말 그대로임
정치	1	어제, 오늘, 그리고	1	NN	정한 곳
젖다	1	고추잠자리	2	VV	어떤 심정에 잠기다
제일	1	나의 노래	3	VV	여럿 가운데서 첫째가는 것
조각	1	산유화	1	NN	한 물건에서 따로 떼어 내거나 떨어져 나온 작은 부분
조각나다	1	헤바라기	2	VV	깨어지거나 갈라져서 여러 조각이 되다
종이배	1	흑색의 도시	1	NN	종이를 접어서 만든 배

어휘	출현 횟수	곡명	출현 횟수	품사	의미
좋아하다	1	I Love 수지	2	VV	어떤 일이나 사물 따위에 대하여 좋은 느낌을 가지다
집	1	애상	1	NN	얹혀있거나 도리에 벗어난 행위
주어지다	1	판도라의 상자	3	VV	일, 환경, 조건 따위가 갖추어지거나 제시되다
주저앉다	1	정의 마음	2	VV	서 있던 자리에 그대로 힘없이 앉다
줄	1	간양록	2	NN	무엇을 묶거나 동이는 데에 쓸 수 있는 가늘고 긴 물건을 이르는 말
즐겁다	1	여행을 떠나요	1	VA	마음에 거슬림이 없이 흐뭇하고 기쁘다
지내다	1	소망	1	VV	사람이 어떤 장소에서 생활을 하면서 시간이 지나가는 상태가 되게 하다
지다	1	추억 속의 재회	1	VV	어떤 현상이나 상태가 이루어지다
지루하다	1	슬픔 오늘도 기는 내일도	2	VA	시간이 오래 걸리거나 같은 상태가 오래되어 따분하고 싫증이 나다
지붕	1	못 찾겠다 꾀꼬리	1	NN	집의 맨 꼭대기 부분을 덮어 씌우는 덮개
지상	1	일몰	2	NN	땅의 위

어휘	출현 곡수	곡명	출현 횟수	품사	의미
지켜보다	1	태양의 눈	3	V	주의를 기울여 살펴보다
진실하다	1	Jungle City	1	VA	마음에 거짓이 없이 순수하고 바르다
질문	1	미지의 세계	2	NN	알고자 하는 바를 얻기 위해 물음
질다	1	잊을 수 없는 너	2	VA	그림자나 어둠 같은 것이 아주 뚜렷하거나 빛깔이 아주 검은색이 있다
짙어지다	1	지울 수 없는 꿈	1	V	짙게 되다
짐	1	서툴 서툴	1	EX	
차다	1	간당톡	1	VA	몸에 닿는 물체나 대기의 온도가 낮다
차마	1	도시의 Opera	3	MA	부끄럽거나 안타까워서 감히
착각	1	자존심	9	NN	어떤 사물이나 사실을 실제와 다르게 지각하거나 생각함
찬란하다	1	꽃바람	1	VA	빛깔이나 모양 따위가 매우 화려하고 아름답다
참	1	애상	1	MA	사실이나 이치에 조금도 어긋남이 없이 과연
창	1	고대의 향기는 플랫테리고	1	NN	공기나 햇빛을 받을 수 있도록 벽이나 지붕에 낸 문, 창문

부록 | 319

어휘	출현 국수	국명	출현 횟수	품사	의미
창문	1	그대의 향기는 돌날리고	1	NN	공기나 햇빛을 받을 수 있도록 벽이나 지붕에 낸 문
창	1	고공	1	NR	벽의 열 때는 지붕에 낸 문
천국	1	작은 천국	2	NN	하늘님이나 신불이 있다는 이상 세계
천사	1	꿈꾸던 사랑	1	NN	신의 뜻을 인간에게 전하고 인간의 기원을 신에게 전하는 사자
철부지	1	꽃바람	4	NN	철없이 보이는 어리석은 사람
청산	1	꽃잔이	1	NN	풀과 나무가 무성한 푸른 산
청초	1	꽃잔이	1	NN	싱싱하고 깨끗함
촛불	1	촛불(촛불)	10	NN	초에 켠 불
천선	1	인성	2	NN	가장 좋고 훌륭함
축복	1	들리는 나무	3	NN	행복을 빎
춘풍	1	꽃잔이	1	NN	봄철에 불어오는 바람
출렁이다	1	한강	3	VV	물 따위가 큰 물결을 이루며 흔들다
춤		춤잔이	NN		장단에 맞추거나 홍에 겨워 팔 다리와 몸을 율동적으로 움직여 뛰노는 동작
춤추다	1	생명	2	VV	비유적으로 불시 기뻐 날뛰다
춥다	1	꿈	1	VA	대기의 온도가 낮다

어휘	출현 곡 수	곡명	출현 횟수	출연 품사	의미
취하다	1	꿈의 요정	1	W	어떤 기운으로 정신이 흐려지고 몸을 제대로 가눌 수 없게 되다
치다	1	알맹단심 믿음레야	1	W	바람이 세차게 불거나 비, 눈 따위가 세차게 뿌리다
치다	1	황진이	3	W	순이나 물건 따위를 부딪쳐 소리 나게 하다
카다랗다	1	못 찾겠다 꾀꼬리	1	VA	매우 크다 또는 아주 굵직하다
카지다	1	추억에도 없는 이별	2	W	금이 가게 되다
카페숖	1	Jungle City	1	NN	커피차를 파는 가게
크다	1	못 찾겠다 꾀꼬리	1	VA	사람이나 사물의 외형적 길이, 넓이, 높이, 부피 따위가 보통 정도를 넘다
타령하다	1	판도라의 상자	2	W	어떤 일을 자꾸 입버릇처럼 하다
털어놓다	1	아이미미	1	W	속에 든 물건을 모두 내놓다
톡톡	1	그대의 향기는 들불같고	6	JX	말이 나타내는 정도나 수량에 다 차기까지는 모을 나타내는 보조사
톡톡	1	슬픈 베아트리체	1	NN	소리를 높여 숨을 쉼
투명하다	1	추억이 젖은 거리	1	VA	물 따위가 속까지 환히 비치도록 맑다

어휘	출현 곡수	곡명	출현 횟수	품사	의미
트다	1	여행을 떠나요	1	V	막혀 있던 것을 치우고 통하게 하다
파고들다	1	잊을 수 없는 너	2	V	깊이 스며들다
파도치다	1	정의 마음	1	V	바다에 물결이 일어나다
판도라	1	판도라의 상자	3	NN	그리스 신화에 나오는 인류 최초의 여성
퍼지다	1	도시의 Opera	3	V	끝 쪽으로 가면서 점점 커지다 / 넓적하게 벌어지다
편하다	1	이젠 그랬으면 좋겠네	2	VA	몸이나 마음이 거북하거나 괴롭지 아니하여 좋다
펼치다	1	약약 남	1	V	펴서 드러내다
평화	1	아시아의 들꽃	4	NN	평온하고 화목함
포옹하다	1	비련	2	V	사람을 또는 사람끼리 품에 안다
표시	1	고독한 Runner	1	NN	표를 하여 외부에 드러내 보임
풍물	1	단발머리	3	NN	풍물의 일
품	1	처음 느낀 사랑이야	1	NN	두 팔을 벌려서 안을 때의 가슴
품다	1	서울 1987년	1	V	품속에 넣거나 가슴에 대어 안다
풍선	1	나무야	1	NN	얇게 된 주머니에 가벼운 기체를 넣어 공중에 높이 올라가도록 만든 물건

어휘	출현곡수	곡명	출현횟수	품사	의미
피눈물	1	건망증	1	NN	몹시 슬프고 분해야 나는 눈물
피어나다	1	해바라기	3	VV	꽃 따위가 피게 되다
피우다	1	얼떨결에 믿을래야	1	VV	꽃봉오리 따위를 벌어지게 하다
필요하다	1	장미꽃 한 송이	1	VA	반드시 요구되는 바가 있다
하나	1	아시아의 불꽃	13	NN	뜻, 마음, 생각 따위가 한결같거나 나 일치한 상태
하루해	1	나무 젊이요	4	NN	해가 떠서 질 때까지의 동안
한	1	홍잇이	2	EX	
한강	1	홍잇이	2	NN	우리나라 중부를 흐르는 강
한걸음	1	적은 천국	2	NN	쉬지 아니하고 내쳐 걷는 걸음이나 움직임
한곳	1	흘들리는 나무	3	NN	일정한 곳
한낮	1	난 아네아	1	NN	낮의 한가운데
한겨레울	1	애상	1	NN	함가불게 보내는 세월
한없다	1	풍잎추	2	VA	끝이 없다
한잔	1	일출	2	NN	간단하게 한 차례 마시는 차나 술 따위
한참	1	풍의 요정	2	NN	시간이 상당히 지나는 동안
함성	1	서울 1987년	1	NN	여러 사람이 함께 외치거나 지르는 소리

부록 | 323

어휘	출현 곡수	곡명	출현 횟수	품사	의미
햇살	1	서울 1987년	1	NN	여러 사람이 목소리를 맞추어서 노래를 부름
해	1	슬픈 오늘도 기쁜 내일도	2	NN	지구가 태양을 한 바퀴 도는 동안
해바라기	1	해바라기	7	NN	국화과의 한해살이풀
해보다	1	아이야미	1	VV	대들어 맞겨루거나 싸우다
했다	1	찬밖의 여자	4	VV	인용의 경우 이르거나 말하다
허리	1	홍진이	1	NN	사물의 가운데 부분
허전하다	1	마도요	1	VA	주위에 아무것도 없어서 공허한 느낌이 있다
헐하다	1	폼	2	VA	물의 흐름새가 빠를 디디기 어려울 만큼 사납고 거세르다
헤어나다	1	어제, 오늘, 그리고	1	VV	힘든 상태를 헤치고 벗어나다
혹성	1	우주여행 X	1	NN	중심 별의 주위를 도는 천체
혼	1	서울 1987년	2	NN	사람의 몸 안에서 정신을 다스린다는 비물질적인 것
화분	1	서울 서울 서울	1	NN	꽃을 심어 가꾸는 그릇
화살	1	슬픈 베아트리체	1	NN	활시위에 매겨서 당겼다가 놓아서 멀리 날아가도록 만든 물건
화신	1	애상	1	NN	어떤 추상적인 특질이 구체화된 또는 유형화된 것
황금빛	1	여행 떠나요	1	NN	황금의 빛깔과 같은 누런빛

어휘	출현곡수	곡명	출현횟수	품사	의미
황진이	1	황진이	3	NNP	조선 시대의 명기
화색	1	회색의 도시	7	NNG	재의 빛깔과 같이 흰빛을 띤 검정
후회	1	흔적의 의미	2	NNG	이전의 잘못을 깨치고 뉘우침
훼파람	1	I LOVE YOU	1	NNG	입술을 좁게 오므리고 혀끝으로 입김을 내어 맑게 내는 소리
휴일	1	휴일 오전	1	NNG	일요일이나 공휴일 따위의 일을 하지 아니하고 쉬는 날
흔들거리다	1	흔들리는 나무	2	VV	이리저리 자꾸 흔들리다
흩날리다	1	그대의 향기는 흩날리고	2	VV	흩어져 날리다

부록 | 325